utb 4453

Eine Arbeitsgemeinschaft der Verlage

Böhlau Verlag · Wien · Köln · Weimar
Verlag Barbara Budrich · Opladen · Toronto
facultas · Wien
Wilhelm Fink · Paderborn
A. Francke Verlag · Tübingen
Haupt Verlag · Bern
Verlag Julius Klinkhardt · Bad Heilbrunn
Mohr Siebeck · Tübingen
Nomos Verlagsgesellschaft · Baden-Baden
Ernst Reinhardt Verlag · München · Basel
Ferdinand Schöningh · Paderborn
Eugen Ulmer Verlag · Stuttgart
UVK Verlagsgesellschaft · Konstanz, mit UVK/Lucius · München
Vandenhoeck & Ruprecht · Göttingen · Bristol
Waxmann · Münster · New York

Astrid Kaiser

Reiseführer für die Unikarriere

Zwischen Schlangengrube und Wissenschaftsoase

Verlag Barbara Budrich
Opladen & Toronto 2015

Die Autorin: Prof. Dr. Astrid Kaiser (im Ruhestand) lehrte an der Universität Oldenburg.

Bibliografische Information der Deutschen Nationalbibliothek
Die Deutsche Nationalbibliothek verzeichnet diese Publikation in der Deutschen Nationalbibliografie; detaillierte bibliografische Daten sind im Internet über http://dnb.d-nb.de abrufbar.

Gedruckt auf säurefreiem und alterungsbeständigem Papier.

www.budrich-verlag.de

UTB-Bandnr. 4453
UTB-ISBN: 978-3-8252-4453-8

Satz: R + S, Redaktion + Satz Beate Glaubitz, Leverkusen
Umschlaggestaltung: Atelier Reichert, Stuttgart
Druck: Friedrich Pustet, Regensburg
Printed in Germany

Inhalt

0 Vorwort: Warum dieses Buch?

Bereits als kleines Kind hatte ich viele Fragen an die Welt. Ich wollte wissen, was wohl hinter der Kleinstadt liegen könnte, die ich im Westen sah. Und ich fragte mich häufig: „Wo ist die Welt zu Ende?“ Meine Gedanken kreisten oft um ein Problem, das ich für mich so formulierte: „Es kann doch nicht irgendwo ein Bretterzaun sein, der die Welt begrenzt, dahinter müsste ja wieder etwas sein.“[1]

Ich überlegte oft: Sehen andere Menschen die Farben, die ich sehe, genauso wie ich, oder nehmen sie diese anders wahr und sagen zum Beispiel nur „grün“ zu Blättern, weil das die allgemeine Bezeichnung dafür ist, erkennen aber in Wirklichkeit etwas anderes? Nicht nur diese Frage beschäftigte mich in meinen Gedanken. Ich war generell wissbegierig und las viele Bücher. In meinem Dorf und im Nachbarort war ich gleichzeitig Mitglied in drei Bibliotheken, da man pro Bibliothek nur zwei Bücher pro Woche ausleihen durfte. Entdecker und Erfinder interessierten mich am meisten. Von daher war es für mich ein Traum, einmal selbst Forscherin zu werden. Er schien mir jedoch unerreichbar. Darum sagte ich immer, ich wolle später einmal Lehrerin werden, und glaubte viele Jahre fest an diesen Wunsch. Für mich war die Lehre an einer Schule schon genug Aufstieg im Vergleich zu meinen Eltern, die täglich harte Feldarbeit verrichten mussten, um unseren Lebensunterhalt zu sichern.

Ich stellte es mir paradiesisch vor, mit Forschen und Lesen sein Leben füllen und gleichzeitig seinen Lebensunterhalt bestreiten zu können. Als wir im achten Schuljahr einen Aufsatz zum Thema „Klassentreffen in 25 Jahren“ verfassen sollten, beschrieb ich mich in diesem Phantasietext als Forscherin, die gerade von Forschungsreisen aus Afrika zum Klassentreffen eingetroffen war. Lange war für mich

---

1 Gedanken, die ich als Kind hatte, habe ich in einer Erzählung unter dem Titel „Was ist hinter Langelsheim?“ zusammengefasst. In: Kaiser, Astrid (Hrsg.) (1997): Geschichten für den Sachunterricht. Essen: Verlag neue deutsche Schule, S. 164-165.

die Hochschule – selbst in der Position als Studentin – eine Denkschule, die mir helfen würde, meinen späteren Beruf als Lehrerin ergreifen zu können. Diese Insel des Denkens und Lernens fand ich himmlisch. Ich versäumte keine Lehrveranstaltung und hatte das Gefühl, die Hochschule sei voll und ganz ein Ort der Wissensbereicherung. Die Universität verstand ich nie als abgeschotteten Elfenbeinturm, sondern glaubte viele Jahre fest daran, dass sie eine Oase sei, in der sich nicht nur die Studierenden, sondern auch die in ihr tätigen Menschen entfalten könnten.

Das frische Wasser scheint aus ihren Brunnen unendlich zu fließen und produktiv das Wachsen und Gedeihen von Pflanzen anzuregen. Oasen haben etwas Besonderes an sich. Sie unterscheiden sich deutlich von der sie umgebenden trockenen Wüste und schaffen Leben. Menschen können dort Dattelpalmen und andere Pflanzen anbauen, die sie ernähren, obwohl die Umgebung karg und öde ist.

Erst sehr spät lernte ich, dass eine Universität keinesfalls immer eine Oase des Denkens und Forschens ist, bei der es sich lohnt, lange Wege durch die Wüste zurückzulegen, um sich dann an der Frische des Wassers und dem Pflanzenwachstum zu erfreuen. Dies verstand ich jedoch erst im Laufe der Zeit, als ich selbst zu einem Teil des akademischen Betriebs wurde und als Mittelbausprecherin in diverse organisatorische Querelen persönlich eingebunden war. Dabei lernte ich die Universität aus einer anderen Perspektive kennen. An meiner damaligen Hochschule wurden neue Strukturen des Fachbereiches geplant. Während dieses Umwandlungsprozesses wurde ich zur Vorsitzenden der Strukturkommission gewählt. In dieser Position musste ich mit allen Professoren[2] verhandeln und erlebte sehr skurrile Reaktionen. Ich merkte, dass ich Seilschaften bilden musste, wenn überhaupt etwas umgesetzt werden sollte.

Noch viel später erfuhr ich die Abgründe der von mir so hochgeschätzten Wissenschaftsoase, die mich dazu brachten, immer häufiger die Metapher von der Schlangengrube zu verwenden. Je öfter ich Studierende, Mitarbeiterinnen und Doktorandinnen[3] auf ihrem Karriereweg

---

2 Damals gab es ausschließlich Professoren am Fachbereich und keine Professorinnen. Deshalb werde ich in diesem Buch vorwiegend die männliche Form verwenden, um damit auszudrücken, dass auch heute noch die Mehrheit der Hochschullehrenden männlichen Geschlechts ist.

3 Hier wird bewusst die weibliche Form gewählt, um zu betonen, dass der Anteil der Frauen am wissenschaftlichen Nachwuchs steigt. Im weiteren Verlauf wird das generische Maskulinum verwendet, wenn es sich um ein generelles Problem für beide Geschlechter handelt. Wenn spezifische Probleme des weiblichen wissenschaftlichen Nachwuchses angesprochen werden, wird dies auch in der

durch die Institution beraten konnte, umso mehr warnte ich sie davor, sich in den universitären Fallstricken zu verfangen. Das Bild der Schlangengrube nahm in dem Maß an Komplexität zu, in dem ich Detailerfahrungen dazu sammelte. So baute ich diese Veranschaulichung von möglichen Gefahren im akademischen Feld immer gezielter in meine Beratungen über die wissenschaftliche Laufbahn ein. Denn ich wollte wirklich erreichen, dass meine „Schützlinge" es schafften, erfolgreich in der Wissenschaft tätig zu sein. Meine Ratschläge waren tatsächlich nachhaltig. Denn viele der Nachwuchskräfte, die ich „gecoacht" hatte, konnten gute Positionen an Hochschulen erlangen. Später erzählten mir viele von ihnen weitere Beispiele aus ihren Erfahrungen, die das Bild aufs Neue mit anderen konkreten Aspekten untermauerten.

Zur Konsequenz, auf der Basis meiner Erfahrungen dieses Buch zu schreiben, haben mich im Laufe der Jahre viele ehemalige Studierende und insbesondere Doktorandinnen und Doktoranden motiviert, weil ich ihnen beim Erteilen von Ratschlägen in Karrierefragen oft drastische kritische Einschätzungen des universitären Umfeldes gegeben und sie gleichzeitig ermuntert hatte, nicht zu resignieren. Die Dankbarkeit für meine Empfehlungen zeigte mir, dass meine oft überzeichneten sarkastischen Beschreibungen des universitären Betriebs hilfreich waren.

Schließlich überkam mich bei einer langen einsamen Wanderung auf der Insel Wangerooge bei heftigem Sturm die Idee, dass so ein Buch ein Reiseführer zum Überwinden von Widrigkeiten sein könnte. Denn auch beim Wandern merkte ich: Der starke Wind machte es nicht leicht, aber es war wunderbar, endlich die herrliche Ostplate zu erreichen. Ähnlich verhält es sich auch mit der Universitätskarriere. Der Weg ist hart, aber lohnt sich, wenn man versucht, auf ihm voranzustreben. Doch das universitäre Umfeld ist schwer zu erkunden und für viele Menschen Neuland. Ohne Reiseführer fällt das Orientieren im Wissenschaftsbetrieb und das Erreichen des gewünschten Karriereziels nicht leicht. Deshalb nenne ich dieses Land, aus der Welt des Science-Fiction entlehnt: „Academia". Dort gelten spezielle Regeln und ungeschriebene Gesetze. Von daher ist ein besonderer Name sinnvoll.

Nach und nach sammelte ich immer mehr Ideen zu meinem Buchprojekt und nahm mir vor, nach meiner Pensionierung – mit etwas mehr Muße und weniger Vereinnahmung durch den universitären Alltag – an solch einem Ratgeberbuch zu schreiben. Anfangs hatte ich den Buchtitel „Ratgeber für den Unidschungel" vor Augen. In der

---

weiblichen Form ausgedrückt. Wenn der beschriebene Tatbestand auf beide Geschlechter unterschiedliche Auswirkungen hat oder unterschiedliche Erscheinungen aufweist, werden beide Geschlechter erwähnt.

Praxis verwendete ich bei meinen Ratschlägen jedoch mit zunehmender Häufigkeit die Metapher von der Schlangengrube. Dabei betonte ich, wie viel schöne Vegetation es am Rande einer Schlangengrube zu entdecken gibt – ähnlich wie im Wissenschaftsbetrieb. Gleichzeitig wies ich darauf hin, dass es in der Tiefe der Schlangengrube gefährlich ist und man leicht hineinrutschen kann, wenn man sich nicht gut genug am Rand festhält. Jedes Mal, wenn ich dieses Bild gebrauchte, bemerkte ich ein Lächeln im Gesicht meines jeweiligen Gegenübers. Etliche fanden, dass in diesem Bild viel Wahrheit steckt. So wurde mir klar, dass diese Metapher tatsächlich hilfreich ist, das System kritisch zu analysieren, um nicht in die negativen Abgründe zu geraten.

Meine zweite Überlegung war deshalb, diesem Buch den Titel „Reiseführer durch die akademische Schlangengrube“ zu geben. Allerdings weist er nicht auf die produktive Seite der Universität hin. Bei meinem Reiseführer sollte die Wissenschaftsoase als positives Ziel erreichbar sein und nicht allein das Versinken in der Schlangengrube drohen. Dazu ist es wichtig, diese besondere Welt, auf welche die Unikarriere hinzielt, in ihren Stärken und Abgründen zu begreifen. Es sollte zudem deutlich werden, wie komplex das Land Academia und wie vielfältig der darin geltende Verhaltenskodex sein kann. Um beiden Aspekten gerecht zu werden, lautet der finale Titel des Buches: „Reiseführer für die Unikarriere. Zwischen Schlangengrube und Wissenschaftsoase“. Darin drückt sich aus, dass es durchaus schmale Wege gibt, auf denen man voranschreiten und sich der Wissenschaftsoase annähern kann.

Diese engen Pfade werde ich in den folgenden Kapiteln aufzeigen. Manchmal sind es Wege zwischen Scylla und Charybdis, zweier Ungeheuer in einer Meerenge, gegen die sich Odysseus behaupten muss. Deshalb wird deutlich vor den Fallstricken gewarnt, in die man auf dem universitären Karriereweg geraten kann. Diese Warnung soll keine Abschreckung sein, sondern eine realistische Vorbereitung. Denn nur wenn man die Gefahren vorher kennt, kann man sich dagegen wappnen und letztlich davor schützen. Denn wie der Held aus Homers Odyssee kann man es schaffen, zwischen den Gefahrenstellen hindurch zu schiffen. Letztlich geht es darum, Academia als Utopia der kooperativ Forschenden und Lehrenden zu erreichen und seine Wissenschaftsoasen zu genießen.

Um den Vergleich mit der gefahrvollen Reise noch einmal weiterführend zu erklären: Es existieren tatsächlich viele Parallelen zwischen der akademischen Karriere und dem Aufbrechen in gefährliche Gebiete: In manchen Regionen der Welt gibt es Orte, die nur für Eingeweihte begehbar sind. Unbedarfte Neulinge geraten in Hinterhalte, verirren sich oder verlieren gar ihr Hab und Gut.

Vor einigen Jahrzehnten war der Inka-Trail nach Machu Picchu beispielsweise ein undurchschaubares und für manchen gar ein unentrinnbares Gebiet. Es ereigneten sich viele Überfälle auf Wandernde, die einsam im Zelt übernachteten, weil sie praktisch gefangen waren – der Weg zum Ziel war zu weit, der Weg zurück ebenfalls: Nach unten drohten dornige Sträucher und steile Abhänge; der Aufstieg auf die Berghöhen war ebenfalls zu beschwerlich und wegen des lockeren Gerölls hochriskant. Solche Orte gibt es überall auf der Welt. Man gelangt relativ leicht auf die Pfade dorthin, geht ein Stück weiter und gerät plötzlich in unerwartete Gefahrensituationen, aus denen man sich nicht so einfach befreien kann. Der Dschungel ist ein ideales Beispiel – irgendwie gerät man hinein, doch der Weg durch die dichte Pflanzenwelt ist nicht mehr erkennbar.

Insbesondere große Institutionen wirken auf Newcomer wie undurchdringbare Dschungelgebiete, in denen unklar ist, was zu tun ist. Man wandert einen kleinen Abschnitt hinein, um dann erst die Verworrenheit zu erkennen. Bald verfängt man sich in allerhand unbekannten Fallstricken, die wie Lianen den Weg säumen, und weiß eigentlich nicht genau, warum man nicht voranzuschreiten vermag. Zu spüren sind nur Lähmung und unbestimmte Kräfte, die beim Vorwärtsgehen hindern. Zu diesen Institutionen gehört auch die Universität. Sie sieht auf den ersten Blick klar durchschaubar aus. Außenstehende glauben, hier ginge es nur darum, eine gute Ausbildung der Studierenden in den verschiedenen Fächern zu erzielen. Kaum jemand außerhalb der Institution erkennt, dass innen Machtgerangel und Kampf um knappe Ressourcen dominieren.

In Anlehnung an den amerikanischen Nachkriegsfilm „The Snake Pit“, in dem eine Psychiatrie als irrationale Institution den einzelnen Menschen in Bedrängnis bringt, habe ich in diesem Buch für die unangenehme Seite der Institution Universität die Metapher Schlangengrube aus dem Film übertragen. Er wurde nach dem Roman von Mary Jane Ward gedreht und zeigt ziemlich deutlich, wie stark in einem derartigen System Irrationalität reproduziert wird.

Auch im akademischen Feld drohen dem Einzelnen unberechenbare Gefahren, wenn er die Regeln des Systems nicht beachtet. Aber er muss in derartigen Institutionen nicht zwangsläufig verloren gehen. Es gibt durchaus Möglichkeiten, sich durchzuschlagen, ohne vergiftet zu werden. Um alle Fallen und Stolperstellen zu überwinden, braucht man allerdings eine gute Anleitung. Deshalb habe ich dieses Buch wie einen Reiseführer verfasst. Es geht mir darum, den Reisenden in der Institution Universität zu helfen, voranzukommen und sich nicht in ihr zu verlaufen oder gar zu verheddern. Dazu muss man das Land

Academia genauer kennenlernen. Denn wer in die Irre läuft, versucht nur noch zurück zum Ausgangspunkt zu gelangen, anstatt das Ziel anzusteuern. Ein Reiseführer kann helfen, derartige Irrläufe zu vermeiden. Es soll ja darum gehen, am Ende eine Unikarriere zu erreichen.

Wie jeder Reiseführer ist dieses Buch in verschiedene typische Abschnitte eingeteilt. Natürlich geht es ebenso um die Sehenswürdigkeiten Academias bzw. die Must-go-Areas wie die Gefahrengebiete und entsprechende Insidertipps. Ein sehr wichtiger Abschnitt handelt von der An- und Abreise. Hier gibt es Antworten unter anderem auf folgende Fragen: Wie gelange ich in das Gebiet Academia, wie vermeide ich dabei den Sturz in die Schlangengrube, wie komme ich weiter und wie gelange ich notfalls wieder heraus? Details zur Ausrüstung bzw. zum Gepäck klärt ein guter Reiseführer vorweg. Diesem Unterpunkt widmet sich das Buch im Kapitel „Gepäckfragen. Was muss ich mitbringen?"

Ein niveauvoller Reiseführer bietet ferner einen Überblick über die Geschichte des Ziellandes. Denn Wissen zu seinem historischen Kontext ist unerlässlich, um es zu verstehen und sich vor allem angemessen darin zu bewegen. Auch dieses Buch enthält einen Kurzabriss zur Geschichte von Academia: Wie wurden Universitäten zu Schlangengruben? Darin wird die Aufmerksamkeit vor allem auf ihre Schattenseiten gelenkt.

Im Zentrum eines Reiseführers stehen die Sehenswürdigkeiten. Alle Reisenden wollen wissen, wohin man im jeweiligen Land gehen sollte und was es dort zu sehen gibt. Diese Zielpunkte sind unerlässlich. Um Motivation zum Durchhalten zu sammeln, sollte man in Academia die Sehenswürdigkeiten möglichst genau betrachten und genießen. Ebenso wichtig ist die Frage, wo man seine Zelte aufschlagen, welche Unterkunft also letztlich das eigene Reisedomizil werden sollte. Für eine erfolgreiche Reise sind obendrein Tipps selbstverständlich, an welche Orte man sich lieber nicht begibt. Wenn sie ohne Schwächeanfälle verlaufen soll, sind Hinweise für gutes Essen und Trinken unverzichtbar. Jeder gute Autor/jede gute Autorin von Reiseführern gibt ferner Tipps, was im Notfall zu tun ist, und nennt die wichtigsten Adressen und Telefonnummern von Botschaften, Konsulaten und anderen Institutionen. Es geht darum zu wissen, woher man Hilfe bekommt, wenn etwas schiefgeht. Bei einer Reise im Gebiet der akademischen Schlangengrube muss dieses Kapitel selbstverständlich ausführlicher sein als in klassischen deutschsprachigen Reiseführern, in denen die Adressen und Telefonnummern der Schweizer, der Österreichischen und der Deutschen Botschaft in der Regel ausreichen.

Der kritische Tenor dieses Buches erinnert an den Titel von Wolf Wagner über den Uni-Bluff (Wagner 1992). Jener Band richtet sich jedoch vor allem an Studierende und versucht, analytisch zu klären, welche psychodynamischen Mechanismen hinter dem System Universität und ihren Protagonisten stehen. Dieser Reiseführer dagegen will nicht erklären und analysieren. Er nimmt die Gegebenheiten zwar unter die Lupe und kritisiert sie, zeigt aber primär Möglichkeiten für den wissenschaftlichen Nachwuchs auf, in diesem System das Karrierebestreben zu verfolgen, ohne in der Schlangengrube zu versinken. Er soll ein Wegweiser zur Wissenschaftsoase sein, um dort langfristig forschen und lehren zu können. Die Kunst ist, sich dabei nicht zu tief in die Schlangengrube hineinzubegeben.

Dieses Buch ist nicht nur ein Anleitungsbuch für das wissenschaftliche Arbeiten, wie es etliche gibt, die vor allem an Studierende gerichtet sind (vgl. Rischka 1987). Es ist vielmehr eines, das den Wissenschaftsbetrieb kritisch hinterfragt, gleichzeitig aber Orientierung gibt, wie man sich trotz aller Widrigkeiten darin zurechtfindet, ohne sich völlig anzupassen. Es ist nicht wie viele Karriereratgeber für Frauen (Weiner 2014) allgemein gehalten, sondern lebt vor allem von den Schilderungen der Besonderheiten des akademischen Sumpfes. Denn nur, wer die dunklen Seiten von Academia kennt, wird die lichten Seiten schätzen lernen und den Weg dorthin finden.

In der Metapher der Schlangengrube sehe ich die wichtigste Hilfe darin, dass sie vor Augen führt, welche Eigenschaften oder Haltungen nötig sind, um sich im akademischen Feld zu behaupten. Wie bei allen Aufstiegspositionen braucht man ein hohes Risikobewusstsein. Das Bild der Natternkuhle versucht, dies zu vermitteln. Insbesondere das Aushalten von Neid und Machtstreben anderer gehört dazu, um sich in einer derartigen Welt durchzusetzen. Wer Geschwisterliebe sucht, sollte sich nur in harmonischen Familien aufhalten, wenn auch dort Streit unvermeidbar ist. Universitäten sind formelle Institutionen, in denen Machtkämpfe gang und gäbe sind – und zwar in besonders ausgeprägter Form. Dies von vornherein zu sehen und keine falschen Erwartungen zu hegen, ist eine essenzielle Voraussetzung dafür, mit dem System zurechtkommen und es hinterher unbeschadet verlassen zu können. Vorrangig ist am Ende vor allem das Gefühl, produktiv gearbeitet und interessante Forschungsergebnisse hervorgebracht, also zur blühenden und wachsenden Oase beigetragen zu haben. Es geht folglich darum, die Gefahren zu sehen und sie als alltäglich zu betrachten, aber sich dennoch nicht vor den Fallen einer Schlangengrube zu fürchten und wegzulaufen. Nur wer weiß, wie viel Neid und Konkurrenzstreben es gibt, kann damit umgehen und sich relativ ungeschoren auf der Karriereleiter nach oben begeben.

Bei der Reise durch Academia steht nicht allein im Fokus, möglichst viel Wissen anzuhäufen und Erkenntnisse hervorzubringen.

Auch das Vermögen, kooperative Beziehungen aufzubauen, genügt nicht als Schlüssel zum akademischen Erfolg. Vielmehr geht es um die besondere Fähigkeit, sich in der professionellen Welt behaupten und dabei seinen eigenen Weg finden zu können. Dieses Buch soll dazu dienen, nicht nur die notwendige kognitive und emotionale Intelligenz, sondern darüber hinaus eine ‚professionelle Intelligenz' (Dueck 2011) zu entwickeln. Nur so kann man in Academia die schönen Seiten entdecken und das eigene Karriereziel auch tatsächlich erreichen.

Um den Fallen und Fangstricken auf dem Karriereweg auszuweichen, ist es hilfreich, diese erst einmal überzeichnet darzustellen. Auf diese Weise sind sie besser in der eigenen Realität zu erkennen. Gleichzeitig lässt sich das eigene Verhalten mit dieser Sichtweise leichter ändern. Deshalb bedient sich dieses Buch an einigen Stellen karikierender Darstellungen.

1 Was ist eine Schlangengrube? Wie kommt man zur Oase?

Schlangengruben sind nicht per se gefährlich und sollten nicht prinzipiell großräumig umgangen werden. Vielmehr sind sie zugleich artenreiche Biotope, die einen Besuch lohnenswert machen. Gerade die Pflanzenvielfalt in ihrem Umfeld ist schön und interessant. Schlangengruben müssen also nicht generell gemieden werden, jedenfalls solange man sich in ihren Randzonen aufhält, aus denen ein Entrinnen möglich ist. Wer sich strategisch klug verhält, kann darin gut überleben. Schlangengruben haben oft eine wunderschöne tropische Vegetation am Rand. Sie sind quasi grünende und blühende Oasen – es ist ein Genuss, sie zu sehen und zu erleben.

Allerdings haben sie einen gefährlichen Abgrund. Das entspricht der Arbeit in der Wissenschaft: Einerseits erlebt man bei neuen Erkenntnissen Momente des Glücks und die Freude, diese Erkenntnisse an andere vermitteln zu können. Andererseits besteht die Gefahr, in die Tiefe einer Schlangengrube hinabzurutschen. Hier wie in der Schlangengrube gilt aber, dass das Risiko nicht daran hindern sollte, das Positive dieser Umgebung zu genießen. Viel sinnvoller als Flucht ist nämlich, die eigene Person vor dem Absturz in die Tiefe der Grube zu schützen und die Schönheit der Blüten und Pflanzen in den Vordergrund der eigenen Wahrnehmung zu stellen. Ganz ähnlich verhält es sich, wenn man die Universität genauer zu betrachten beginnt. Eigentlich ist sie eine wunderbare Einrichtung. Es geht letztlich darum, Antworten auf die offenen Fragen der Welt zu finden, sich selbst mehr Kenntnisse anzueignen und anderen Kompetenzen zu vermitteln, also wirklich eine Wissenschaftsoase zu entdecken. Und das alles geschieht prinzipiell in relativ großer Gestaltungsfreiheit. Welches Berufsfeld bietet schon solch ideale Voraussetzungen? Ein alter Witz zeigt allerdings auf, wo der Haken bei dieser Überfülle an schönen Möglichkeiten liegt:

„Als Gott die Welt in sieben Tagen erschaffen hatte, entschloss er sich am achten Tag, den idealen Beruf zu erzeugen. Dieser genießt hohe Achtung

in der Bevölkerung, erzielt ein relativ hohes Einkommen, bietet viel Gestaltungsfreiheit und die Möglichkeit, sich mit interessanten Fragen zu beschäftigen. Er schuf den Beruf des deutschen Universitätsprofessors. Dieses Werk Gottes sah der Teufel voller Missgunst und sann auf Rache. Am nächsten Tag schuf der Teufel den Kollegen."

Es gibt also in der Universität neben der Ebene der Inhalte, bei der es um Forschung und Lehre geht, auch die Ebene der Beziehungen, bei der das Gerangel zwischen Kollegen und Teilgruppen des Kollegiums im Fokus steht. Dieses „Hin und Her" im Kräftemessen kann die ursprünglichen Aufgaben ganz überlagern, sodass besonders die Lehre in den Hintergrund zu rücken droht. Dazu nenne ich nur ein paar Beispiele, die sich tatsächlich an deutschen Universitäten zugetragen haben:

Im Zuge der Umstrukturierung eines großen Fachbereiches sollten Arbeitsgruppen gebildet werden. Eine Kommission schlug vor, thematisch zueinander passende Professuren jeweils in eine Arbeitsgruppe einzuordnen. Dabei kam auch der Vorschlag auf, die beiden historisch klingenden Fächer, Geschichte von XY mit Geschichte der VZ, zusammenzulegen. Die beiden Professoren XY und VZ waren sich aber spinnefeind und verachteten jeweils die politische Einstellung des anderen. Als der Ordinarius von VZ von diesem Vorschlag erfuhr, kommentierte er wütend: „Das ist Verrat an der Geschichte der VZ." Unabhängig von dieser Einschätzung konterte XY: „Mit diesem Dummkopf werde ich keine Sekunde verbringen und keinen Bleistift teilen."

Ein Physiker hatte ein hochleistungsfähiges Forschungsgerät auf seinen Antrag vom Forschungsministerium bewilligt bekommen. Da er besorgt war, dass dieses Forschungsgerät zugleich von anderen Kollegen genutzt werden könnte, ließ er um das Gerät Mauern ziehen und darin eine Tür mit Sicherheitsschloss einbauen, um alleinigen Zutritt zu diesem Gerät zu haben.

Professor M für Internationale Wirtschaftsbeziehungen konnte Professor N für International Trade nicht ausstehen, sie mussten jedoch an derselben Fakultät lehren. Nach mehreren heftigen Auseinandersetzungen trat N aus der Fakultät aus, um nicht mit M zusammen in Gremien sitzen zu müssen. Das Rektorat ließ diesen Austritt aus der Fakultät nicht zu. Darauf veröffentlichte N in einer überregionalen Zeitschrift im Wirtschaftsteil einen Artikel, der zeigen sollte, dass M die Regeln der modernen Volkswirtschaft nicht beherrschte.

Professor XY für außereuropäische Kulturen forschte jahrelang über eine bestimmte afrikanische Stammessprache im Norden Malis. Sorgfältig wurden über Jahre Tonbandaufzeichnungen der Sprache von einer Protagonistin dieser Sprache, der ältesten Frau des Stammes, aufgenommen und von Doktoranden ausgewertet. Es gab bereits Anfragen von der Pres-

se über die bisher noch nicht erforschte Sprache. Ein Kollege aus der Indogermanistik neidete ihm diesen Erfolg und kritisierte auf einem Fachbereichskolloquium, die Protagonistin habe einen Sprachfehler wegen einer Zahnlücke, daher könne dies nicht die Sprache in ihrer Reinform sein. Professor XY wollte diese Kritik nicht auf sich sitzen lassen und sagte, er werde seine Doktoranden noch einmal nach Afrika schicken, um mit neuen Aufnahmen bei jüngeren Stammesmitgliedern zu belegen, dass die Sprachaufzeichnungen tatsächlich richtig ausgewertet worden waren. Als die Doktoranden nach einer langen Dürreperiode in Mali ankamen, war der Stamm bereits ausgestorben.

Derartige Beispiele könnten von jeder Hochschule ergänzt werden. Oft sind die Machtkämpfe nicht so offensichtlich skurril, laufen aber unter der Oberfläche umso verletzender ab. Auf der Prozessebene wird die Universität so zu einer spannungsgeladenen Wettkampfarena. Die pessimistische Voraussage Wagners über die Hochschule, sie produziere Angst, Einsamkeit und Langeweile (Wagner 1992, 27), bezieht sich nur auf das individuelle Verhältnis einzelner Menschen in der Wissenschaft, deren Forschungsinteressen durch den generellen Bluff-Betrieb abgetötet würden. Auf der Beziehungsebene ist die Hochschule – positiv betrachtet – spannender und dynamischer als jede Sportmeisterschaft. Denn der Machtkampf erfolgt nicht nach vorher festgelegten Regeln, sondern nach Regeln, die sich die Beteiligten selbst vor Ort schaffen. So birgt er ständig Überraschungen und sich stets verändernde Kräfteverhältnisse.

Allerdings ist das Bild einer Schlangengrube nicht nur für Hochschulen naheliegend. Auch andere unregierbare Institutionen mit „vermachteten Strukturen und wechselseitig verkrachten Mitarbeitern“ (Sturm 2014), unter denen Misstrauen weit verbreitet ist, werden von Journalisten als Schlangengrube bezeichnet. Diese Metapher hat sogar mehrfach Schriftsteller inspiriert. So gibt es im deutschsprachigen Raum gegenwärtig mindestens drei lieferbare Romane mit dem Titel „Die Schlangengrube“ (Holt/Längsfeld 2014; Isegawa/Heller 2002; Ward/Firmer 1948).

Doch trotz aller tatsächlich stattfindenden Machtkämpfe hat das Ansehen von Universitäten in der Öffentlichkeit bislang wenig gelitten. Die akademischen Weihen sind immer noch hoch angesehen – und zwar je höher, umso bildungsferner die Menschen sind, die sich über Universitäten wertend äußern. Nicht ohne Grund gibt es so viele bekannte Personen, die sich den Doktorhut auch auf fragwürdigen Plagiatswegen aufzusetzen versuchen. Man gilt durchweg mehr mit diesem Titel vor dem Namen. Deshalb wird alles daran gesetzt, dieses Ziel zu erreichen. Manche zahlen für obskure mittelamerikanische Institute viel Geld, andere erkaufen sich Texte von heimischen „Doktorschmieden“, etliche kopieren sogar heimlich aus bereits gedruckten Werken.

Sollten Universitäten und ihre Weihen wirklich so attraktiv sein, dass sich die harten Jahre des Aufstiegs auf der Karriereleiter zur Professur lohnen, sollte man einen ehrlichen und ehrbaren Weg wählen, dorthin zu gelangen, und sich nicht vorzeitig im Würgegriff der starken Kräfte verausgaben. Dieser geradlinige Weg ist allerdings dornig. Man wird auf dem Karriereweg kaum vorwärts gehen können, wenn man die teils magisch anmutenden Kräfteverhältnisse in der akademischen Welt nicht berücksichtigt. Diese Welt muss man genauer kennen, wenn man in der Wissenschaft aufsteigen will.

Dabei ist klar: Ohne ortskundige Reiseführer geht es nicht. Denn Academia ist ein Land, das nicht einfach zu verstehen ist. Um letztlich den richtigen Weg zu beschreiten, muss man die lokalen Besonderheiten kennen und sich dazu von Experten beraten lassen. Den Weg als Individualtourist zu beschreiten ist hochriskant – eine Schlangengrube ist tief; man kann hineinfallen und von unsichtbaren Kräften hinabgezogen werden, bevor man standfest genug geworden ist. Wie in einem Hamsterrad bemühen sich viele, die Karriereleiter höher hinaufzusteigen, kommen aber einfach nicht weiter. Von innen betrachtet – so ein bekannter Kabarettist – sehe das Hamsterrad wie eine Karriereleiter aus, von außen betrachtet werde allerdings deutlich, dass es sich nur im vertikalen Kreis drehe. Diese Erkenntnis bedarf einer fachkundigen Reiseleitung.

Und es lohnt sich durchaus, die Schlangengrube zu besuchen, wenn man sich auf dem Weg nach Academia befindet. Man wird sie ohnehin nicht meiden können. Doch es gilt aufzupassen, dass man nicht in die Tiefe hinabrutscht. Dort ist es gefährlich, weil kaum jemand die glatten und glitschigen Abhänge wieder hinauf klettern kann. Damit junge Menschen mit dem Berufswunsch Wissenschaftler zu dieser Schlangengrube gelangen können, ohne hinabgezogen zu werden, sind die folgenden Ratschläge geschrieben worden. Sie richten sich in erster Linie an Nachwuchswissenschaftlerinnen, aber auch an Nachwuchswissenschaftler, die eine akademische Laufbahn anstreben, also sich selbst in Academia niederlassen wollen. Ebenso können Studierende beiderlei Geschlechts aus den Einschätzungen in diesem Buch Mut schöpfen und die Universität realistischer betrachten lernen.

Selbst wenn bislang nur Beispiele aus der Universität genannt wurden, ist die Universität – wie oben bereits beschrieben – nicht die einzige gesellschaftliche Institution, auf die das Etikett „Schlangengrube“ anwendbar ist. Auf die Politik, die Kirchenverwaltung oder die Führungsetagen großer Konzerne ist das Muster der Schlangengrube anwendbar, das in der Tiefe aus einem Mix aus Fallenstellen, Vergiften und Erwürgen besteht.

Hier soll nur die Wissenschaft thematisiert werden, weil dort eine Schlangengrube am wenigsten erwartet wird. In der Politik wird dagegen durch das Konstrukt von Opposition und Regierung vorausgesetzt, dass es um Machtkampf und das Recht des Stärkeren geht. In der Hochschule stimmen diese Muster nicht mit den Erwartungen überein. Die Universitäten werden gemeinhin als reine Forschungsoasen und Quell der klugen Lehre angesehen. Wer diesem trügerischen Bild folgt, dem sei ein guter Orientierungssinn angeraten – denn er läuft einer Fata Morgana hinterher. Es ist wichtig, zugleich die gefährlichen Abgründe zu kennen und beim eigenen Weg zu berücksichtigen, um nicht selbst in die Tiefe zu fallen. Um nachhaltig zu den Quellen der Wissenschaftsoase vorzudringen und die Freude an der schönen Pflanzenwelt zu genießen, muss man einerseits die schroffen Felswände und Gefahren kennen und andererseits seinen eigenen Weg durch die Hindernisse finden.

2 An- und Abreise: Wie erreiche ich Academia, ohne in eine Schlangengrube zu fallen?

Academia ist ein Land, das eine große Anziehungskraft hat. In Wirklichkeit werden diejenigen, die dorthin kommen, nicht gerade gastfreundlich behandelt. Obwohl die Verträge in Universitäten zunehmend unattraktiver werden, etwa halbe oder 65-Prozent-Stellen mit Befristung für ein halbes Jahr oder auch nur drei Semestermonate[4] zu vergeben sind, gibt es immer noch Interessierte, die an einer Universität arbeiten wollen. Die einen sehen diese Anfangsjahre als Übergangsphase bis zur großen Forschungskarriere an und halten durch; die anderen denken, das sei ein Einzelschicksal, und hoffen einfach auf eine glückliche Fügung. Auf jeden Fall bleiben nur diejenigen im akademischen Betrieb hängen, die ein außerordentlich hohes Durchhaltevermögen aufweisen. Oder sie haben eine so ausgeprägte Zielstrebigkeit, dass sie die vielen Unsicherheiten und Teilzeitbeschäftigungsverhältnisse vor der akademischen Dauerposition einfach ertragen und durchstehen.

Grundsätzlich verbleiben auf diesen Ausbeutungsstellen meist nur diejenigen, die wirklich am Wissenschaftsbetrieb und den dort gebotenen Positionen interessiert sind bzw. aufgrund der eigenen fachlichen Schwerpunkte auf dem übrigen Arbeitsmarkt keine Chance haben. Denn selbst wenn man einen Vertrag mit halbem Deputat innehat, heißt das nicht, dass das Arbeitsvolumen auf 50 Prozent begrenzt ist. Im Gegenteil: Eine der Feuerproben für die akademische Laufbahn ist die Frage, ob man es aushält, freiwillig mehr zu arbeiten, als man nach Stunden bezahlt wird. Wer seinen Aufwand mit der Stechuhr misst, gehört nicht zur Wissenschaftsklientel. Dort gilt unbezahlte Mehrarbeit quasi als Markenzeichen.

Aber selbst diese Selektion an motivierten Menschen, die unbedingt an der Universität tätig sein wollen, braucht Unterstützung auf

4 Nach dem zweiten „Bundesbericht Wissenschaftlicher Nachwuchs 2013“ arbeiten 90 Prozent aller wissenschaftlichen Beschäftigten an Hochschulen unterhalb der Professuren befristet.

dem Weg, um möglichst ohne große Verluste an Selbstachtung und Kräften die Karriereleiter aufwärts zu steigen. Denn einladend ist dieser Betrieb keineswegs. Es gibt keine durchgehende Schnellstrecke zum akademischen Zielbahnhof, der Lebenszeitprofessur. Derartige Positionen sind nur auf verschlungenen Pfaden zu erreichen. Dazu ist ein ständiges Um- und Aussteigen nötig. Zwar gewinnt man so an Erfahrungen und wird flexibler, verliert jedoch gleichzeitig Kraft: Je mehr man aus- und an anderer Stelle wieder einsteigen muss, um ein paar Kilometer voran zu kommen, desto undurchschaubarer wird die Reise. Diese schwierigen und undurchsichtigen Abschnitte des Weges erhöhen die Wahrscheinlichkeit, dass man im Trüben unbeabsichtigt in eine Schlangengrube fällt.

Niemand durchschreitet unwegsame Gebiete ohne Führer an der Seite. Dies gilt auch für den Wissenschaftsbetrieb. Dort heißt das Prinzip des Geleits Seilschaft oder Zitierkartell. Wie beim Bergsteigen wird die nachkommende Person von den höher Positionierten mit Haken und Stricken nach oben gezogen. Analog ist dies auch im Wissenschaftsbereich. Wer zur Seilschaft gehört, kann sich geborgen fühlen, denn er ist persönlich vernetzt. Er kann auf verschiedene helfende Hände und Verbindungen vertrauen. Das sind beispielsweise Leute, die Sicherungshaken befestigen können, damit man nicht in die Tiefe der Grube fällt. Diejenigen Personen, die man als Begleitung auf seinem Weg zur Wissenschaftsoase aussucht, sind die wichtigsten. Es ist also klug, als Betreuer der Studienarbeiten und Begleiter der beruflichen Karriere Wissenschaftler zu gewinnen, die in der Scientific Community einen hohen Rang besitzen. Sie können junge Wissenschaftler nachhaltig nach oben ziehen. Ähnliches gilt für die Zitierkartelle. In ihnen werden nur bestimmte Schriften hervorgehoben. Dieses Bündnis sorgt für die Vernetzung und Verbreitung der Schriften und trägt zur wissenschaftlichen Bekanntheit bei.

Um im Bild zu bleiben: Man braucht für die Unikarriere mindestens einen allgemein anerkannten Reiseleiter. Individuelles Backpacking ohne genauen Plan ist in diesem Gebiet nicht zielführend. Man sollte wissen, wohin man will, und dieses Ziel auch tatsächlich anstreben. Außerdem sollte man nach Academia nicht alleine fahren, sondern sorgfältig geplant und möglichst mit einer Gruppe Gleichgesinnter. Es ist die einzige Strategie, um wirklich das Ziel, also die Wissenschaftsoase von Academia, zu erreichen. Eine Karriere in der Wissenschaft ist wie die Reise in ein sehr gefährliches Gebiet, da sollte man sich auch nicht schutzlos als einzelne Person sehen lassen, sondern die Sicherheit einer Gruppe und vor allem einer kompetenten Reiseleitung suchen, die mit den anspruchsvollen Behörden Ein- und Durchreiseerlaubnis erwirken kann und viele andere Hindernisse aus dem Weg zu räumen imstande ist.

Mir wurde vor 25 Jahren in einem Interview für eine Doktorarbeit zum Thema universitärer Karrieren von Frauen folgende Frage gestellt: „Wenn eine Studentin Sie fragt, was sie unbedingt tun müsse, um in der Wissenschaft Karriere zu machen, was würden Sie dieser Studentin empfehlen?“ Damals hatte ich eigenbiografisch geglaubt, nicht mehr in den Hochschulbereich zurückkehren zu können. Deshalb antwortete ich zu jener Zeit überspitzt:

„1. Mit den richtigen Männern ins Bett gehen.
2. Mit den richtigen Männern in Gremien sitzen.
3. Mit den richtigen Männern Kaffee trinken.“

Obwohl diese pointierte Einschätzung mit einzelnen Gegenbeispielen widerlegt werden kann und ich die erste dieser Strategien auf keinen Fall empfehle, enthält sie dennoch einen Kern Wahrheit. Ich habe tatsächlich im Laufe der Jahre mehrere Fälle erlebt, bei denen diese Punkte wichtige Mittel waren, um die Karriereleiter leichter hinaufzusteigen. Generell gilt, dass es essenziell ist, von wichtigen Männern gefördert zu werden. Dies habe ich einmal als Außenstehende in einer entfernten Universität beobachten können. Dort fiel in einem Institut etwa die Hälfte aller Habilitanden beim abschließenden Vortrag vor der versammelten Professorenschaft[5] durch.

Sie hatten vorher viele Jahre an einer Habilitationsschrift gearbeitet, deren Qualität sie sich von drei erfahrenen Gutachtern hatten bestätigen lassen, und nun die gesamten Unterlagen für den letzten mündlichen Prüfungsschritt, den Habilitationsvortrag, eingereicht. Laut Habilitationsordnung mussten mehr als 60 Prozent der Professoren den Vortrag für hochrangig genug halten, damit der Kandidat oder die Kandidatin den Titel Privatdozent/Privatdozentin erhalten konnte. Manchen gelang es, diesen Titel im letzten Schritt des Rituals zu erwerben, manchen nicht. Ich merkte bald, dass der springende Punkt war, welcher Kollege der Hauptgutachter war. Am sichersten war ein Verfahren für den Habilitanden, bei dem eine überregional bekannte Fachkapazität zum Gutachterkollegium gehörte. Selbst in der Rolle des Drittgutachters war jener noch hilfreich, denn das Wort dieser Autorität wog schwer. Mit seinem wissenschaftlichen Segen war der Kandidat bzw. die Kandidatin

5 Ich verwende in diesem Buch oft nur die maskuline Form „Professor“, um die tatsächliche Dominanz von Männern in dieser Position auszudrücken. Nur wenn ich gezielt Doktorandinnen oder andere weibliche Personen meine, wähle ich exklusiv die weibliche Form.

schon durchgekommen. Ich fing an, aus dieser Beobachtung für mich ein Ratespiel zu machen. Ich fragte andere Kollegen, welche Gutachter hinter dem jeweiligen Kandidaten standen, und riet, ob er oder sie durchfallen würde oder nicht. Mit großem Schrecken stellte ich im Laufe der Jahre fest, mit welch hoher Trefferquote ich im Voraus sagen konnte, ob es sich um ein erfolgreiches oder nicht erfolgreiches Habilitationsverfahren handeln würde. Dabei hatte ich weder die Schrift gesehen oder den Habilitationsvortrag gehört, noch wirklich Ahnung vom jeweiligen Fachgebiet. Diese Erfahrung war derart einschneidend für mich, dass ich seitdem den Wissenschaftsbetrieb äußerst kritisch betrachte.

Ich war insbesondere erschüttert, nachdem ich eine dieser Habilitationsschriften, die in mein eigenes Fachgebiet hineinragte, gelesen hatte. Das theoretische Gedankenkonstrukt hielt ich eigentlich für sehr schwach, weil die wichtigen Erkenntnisse meines Faches nicht einmal erwähnt, geschweige denn verarbeitet worden waren. Aber diese Schrift lief unter der Betreuung der angesehenen Kapazität an jenem Institut und wurde mit Glanz und Gloria angenommen – und natürlich gleichfalls der anschließende Vortrag. Dieses Erlebnis gab mir das Gefühl, dass im akademischen Geschehen nicht alles mit rechten Dingen zugeht, sondern viel mit Macht, Einfluss oder Angst vor Autoritäten zu tun hat und wenig mit kritischer Urteilsfähigkeit zusammenhängt – jedenfalls weniger, als man gemeinhin dem akademischen Bereich zuschreibt.

Damit wäre allerdings nur geschildert, wie man ins Kerngebiet von Academia hineinkommt, nämlich durch die anerkannten Führungskräfte der Seilschaft. Diese ziehen zwar nach oben, garantieren jedoch nicht, dass es beständig weiter nach oben geht. Denn einem Aufstieg über Seilschaften kann möglicherweise sehr schnell ein Absturz folgen. Dabei ist das Risiko hoch, direkt in die Tiefe der Schlangengrube hineinzufallen.

Ich versuche dagegen, in diesem Buch Ratschläge zu entwickeln, wie man gerade nicht in die Abgründe der Schlangengrube gerät, sondern sich immer nur im oberen Randgebiet bewegt. Denn bei einem Fall in die Tiefe wird man entweder vergiftet, erwürgt oder entwickelt sich selbst zu einer gefährlichen Viper. Dies sollte schon allein aus ökologischen Motiven vermieden werden, damit die tropische Artenvielfalt um die Schlangengrube herum erhalten bleibt.

Das erklärte Ziel muss immer sein – selbst wenn man sich in die Nähe oder an den Rand des Schlundes der Schlangengrube begibt –, dass man sich zuvor einen Ausweg offenhält. Wichtige Ratschläge dazu finden die Leserinnen und Leser im Kapitel 11 über das Wohnen. Der entscheidende Haken zum fest Anseilen, um nicht in die Tiefe zu fallen und notfalls nach oben aus der Grube heraus zu gelangen, ist die eigene Forschungsarbeit. Sie muss einem selbst so wertvoll sein, dass man sich daran festhalten kann.

Eine besondere Rutschgefahr in die Tiefe besteht, wenn man selbst nicht mehr in die gewohnten Fußstapfen treten kann. Das ist immer dann der Fall, wenn die eigene Kraft nachlässt, um sich selbst im akademischen System zu verankern und Halt zu finden. Dies ist nicht nur bei Eintritt in den Ruhestand der Fall, sondern bereits bei jungen Wissenschaftlern, die kundgetan haben, dass sie bald an eine andere Hochschule wechseln werden. Binnen Kürze verlieren sie ihre gewohnte Anerkennung und Achtung. Die anderen wissen, dass sie keine Konterschläge gegen Angriffe vornehmen können, weil sie bald nicht mehr vor Ort sein werden. Sie können nicht mehr zurückbeißen und werden so Opfer von Beißwut. Wer diesen Mechanismus nicht bewusst einkalkuliert und sich vorher klar macht, kann ins Strudeln geraten. Wenn man eine Universität verlässt, muss vorher klar sein, dass man gleichzeitig an Einfluss verliert. Wer dies nicht bedenkt, kann selbst angespannt und unruhig werden. Diese Hektik kann dazu führen, dass man tiefer in die Schlangengrube hineinrutscht, als man ursprünglich gedacht hatte. Die einzige Alternative ist, sich den kommenden Machtverlust bewusst zu machen und sich nicht daran zu stören oder gar sich abzustrampeln, die verlorene Macht im letzten Moment wieder zu ergattern. Man ist nicht mehr im Gefüge der alten Universität und muss sich einfach gedanklich aufs Neue einstellen und nicht versuchen, die eigene Machtposition noch erhalten zu wollen. Sie schwindet automatisch mit der Annahme des Rufs an eine andere Hochschule.

3 Gepäckfragen: Was muss ich mitbringen?

Gemeinhin heißt es, dass man für den Eintritt in eine Universität in Dozentenfunktion beste Zeugnisse braucht, also einen guten Abschluss in einem Studienfach wie Diplom, Master oder Staatsexamen. Für höhere Weihen ist der Doktortitel erforderlich und für ganz hohe die Habilitation oder Gutachten, welche die Gleichwertigkeit der bereits erbrachten wissenschaftlichen Leistungen zur Habilitation belegen.

Diese Dokumente werden jedoch von Hochschule zu Hochschule und von Fach zu Fach unterschiedlich gewertet. Es kommt vor allem darauf an, welche Maßstäbe die jeweiligen Autoritäten oder Entscheider an dieser oder jener Universität haben. Deshalb ist es besonders wichtig, das Risiko zu minimieren, beim eigenen Karriereweg auf das falsche Pferd zu setzen.

Die erste Grundregel lautet, eine von der betreuenden Professorin/dem betreuenden Professor akzeptierte Arbeit zu schreiben. In der Regel ist die Diplomarbeit oder Masterarbeit eine kleine Nummer in der Vielzahl der Arbeiten, die ein Professor zu betreuen hat – sie fällt gewöhnlich kaum auf. Doch man kann es auch in dieser Phase schaffen, Beachtung zu finden. Und diese Beachtung ist wesentlich, um weiter gefördert zu werden. Genauer gesagt, beginnt der Weg zum akademischen Schwergewicht schon beim Studienanfang. Je mehr Beachtung im Karrierekoffer ist, desto leichter findet man Einlass an der Grenzkontrolle zu Academia.

Ehe sie jedoch für die Reise eingepackt werden kann, muss man sie sich erarbeiten. Dazu gibt es verschiedene Strategien:

Strategie 1: Aktive Seminarbeiträge
Professoren sind Wissenschaftler, die einen langen Qualifikationsweg zurückgelegt haben. Um ihn durchzuhalten, braucht man eine gehörige Portion Motivation. Was sie selbst aufbringen mussten, erwarten sie auch von anderen Menschen. Deshalb sind motivierte Studierende gern gesehene Seminarteilnehmer. Denn so ähneln sie zumindest in einer Charaktereigenschaft der Professorin bzw. dem Professor. Des-

halb ist das Klügste, das ein Studierender tun kann, sich von Anfang an motiviert zu zeigen. Das lässt sich machen, indem er sich meldet, mehr bzw. detailliertere Informationen zu einem Thema erbittet oder Fragen stellt, etwa ob dieser Lösungsansatz auch auf andere Probleme übertragen werden kann. Man muss noch nicht viel wissen. Wichtig ist vielmehr, sich interessiert zu zeigen. Da Professoren immer die Gebiete, über die sie lehren, lieben bzw. über diejenigen Inhalte bevorzugt lehren, die sie selbst besonders interessant finden, freuen sie sich automatisch, wenn die von ihnen geschätzten Inhalte bei den Studierenden auf Resonanz stoßen.

So merkt sich im besten Fall die Professorin oder der Professor das Gesicht des aufmerksamen Studierenden. Allerdings sollte er seine Profilierungsversuche nicht übertreiben. Sobald Professoren das Gefühl haben, dass ihnen nur Honig um den Bart geschmiert wird, gehen sie auf Abstand. Professoren verfügen meist über ein hohes intellektuelles Niveau und wollen nicht für dumm verkauft werden. Darum gilt: Bloßes nach dem Mund Reden ist tabu. Das Interesse an den Inhalten sollte erkennbar echt sein.

Fängt man bereits früh im Studium an, sich in Seminaren zu äußern, schwimmt man sich von der Gefahr frei, sich aus Angst vor Abwertung immer mehr zu verstecken und die eigene Unwissenheit zu verbergen (vgl. Wagner 1992, S. 27). Mit aktiven Beiträgen steht man dagegen zu sich selbst und seinen Ansichten, bei Fragen sogar zu seinem Nichtwissen. Das stärkt die Persönlichkeit. Denn der Studierende muss nicht stets davor auf der Hut sein, dass die eigenen Wissenslücken aufgedeckt werden, sondern steht offen dazu. Damit kann er sich gleichzeitig mehr den Inhalten widmen.

Eine weitere wichtige Voraussetzung, von Professoren bei einer Sprechstunde positiv wahrgenommen zu werden, sind ein sicheres Auftreten und eine gute Vorbereitung. Es ist nicht ratsam, die Zeit des Professors mit vagen Hilferufen zu verschwenden wie: „Ich bin hier, weil ich noch nicht weiß, worüber ich meine Hausarbeit schreiben soll." Zielführender ist es dagegen, sich bereits darüber im Klaren zu sein, welches Thema man bearbeiten möchte, und nur noch präzise Detailfragen zu stellen. So wird der Professorin oder dem Professor deutlich, dass sein Gegenüber sich bereits über die Sache informiert hat. Egal in welchem Stadium der akademischen Karriere man sich befindet: Immer ist es wesentlich, die Sprechzeit gut vorzubereiten und im Vorfeld präzise Fragen zu formulieren.

Viele Professoren empfinden die Sprechstunden als Zusatzpflicht, die ihnen von der Forschungszeit abgeht. Deshalb fallen so viele Sprechstunden aus. Für Studierende bieten sie aber besondere Chancen. Nutzen sie diese kostbare Zeit nicht produktiv, werden sie eher negativ als positiv auffallen.

Strategie 2: Arbeit als Hilfskraft
Hat ein Studierender es geschafft, sich beim Professor bekannt zu machen, sollte er sich möglichst in frühen Semestern in der Sprechstunde vorstellen und sich als studentische Hilfskraft in einem Forschungsprojekt anbieten. Wenn sich der Professor dann daran erinnert, dass die vor ihm sitzende Person bereits sehr interessiert in den Seminaren Fragen gestellt hat, dann wird er bei Bedarf wahrscheinlich auf den nächsten Einstellungstermin hinweisen. Und die Arbeit als studentische Hilfskraft, abgekürzt HIWI, ist das wirkliche Sprungbrett zur nächsten Stufe der akademischen Karriere. Es ist die erste Station auf der Reise nach Academia.

In dieser Hinsicht kann ich aus meiner Erfahrung als Professorin sprechen. Meine besten studentischen Hilfskräfte sind später überdies meine Doktorandinnen und Doktoranden geworden. Und ich habe während meines Studiums nie so viel gelernt wie in der Zeit, als ich selbst studentische Hilfskraft in der Forschungsstelle für Jugendfragen in Hannover war. Damals musste ich sämtliche wissenschaftliche Zeitschriften der DDR durchforsten und Artikel finden, die vielleicht für die verschiedenen Projektschwerpunkte der Wissenschaftler des Instituts interessant sein könnten bzw. die deren Arbeitsbereich inhaltlich berührten. Ich suchte also in der Landesbibliothek im Archiv bei den dicken Folianten der wissenschaftlichen Zeitschriften zunächst nach Themengebieten. Wenn ich fand, dass es eine inhaltliche Korrespondenz zu den Arbeitsgebieten einer der drei in der Forschungsstelle arbeitenden Wissenschaftler gab, las ich den Artikel durch, fertigte ein Exzerpt mit wichtigen Zitaten und inhaltlichen Ergebnissen an und gab dies getippt an die Fachleute weiter. So übte ich zum einen, effektiv und schnell wissenschaftliche Literatur durchzuchecken. Zum anderen lernte ich, wie der wissenschaftliche Arbeitsprozess abläuft, und bekam sogar inhaltlich allerhand mit von der Forschung über Jugendliche. Später habe ich an meine eigenen studentischen Hilfskräfte derartige Rechercheaufgaben vergeben. Dabei erkannte ich, wer von ihnen hilflos in der Literatur herumsuchte und wer mitdachte. Letztere bekamen ihre Verträge stets verlängert, schlicht und ergreifend weil ihre Arbeitsergebnisse außerordentlich produktiv waren und mir bei meiner Forschungsarbeit weiterhalfen.

Mehrere meiner früheren studentischen Hilfskräfte wurden später Doktorandinnen oder Doktoranden, einige haben mittlerweile selbst eine Professur.

Das Gute an der Beschäftigung als studentische Hilfskraft ist nicht nur die intensive Beziehung zum anleitenden Professor, sondern die Arbeit selbst, da man so sehr genau den Wissenschaftsbetrieb von innen kennenlernt. Außerdem verdient man Geld und erfährt gleichzeitig viel Wichtiges für das Studium. Das ist inhaltlich deutlich ertragreicher als morgens früh um sechs Uhr am Bahnhof Brötchen zu verkaufen oder um Mitternacht Getränke zu servieren. Und angesichts der allgemeinen Studienfinanzierungslage brauchen fast alle Studierenden eine Möglichkeit, etwas Geld zusätzlich zu den stets knapp bemessenen Fördersätzen zu verdienen.

Strategie 3: Hausarbeiten mit Forschungsfrage

Stellt man sich ein bisschen geschickt an, kann das persönliche Gespräch mit der Professorin/dem Professor eine Weiche für das weitere Vorankommen bedeuten. Normalerweise drehen sich die Gespräche bei den Sprechstunden um Fragen zur Anerkennung von Prüfungsleistungen oder zur Vorbereitung einer Prüfung. Nicht selten werden zudem Beschwerden wegen einer Note vorgetragen. Umso spannender ist es für Professoren, wenn in der Sprechstunde einmal eine interessante inhaltliche Frage gestellt wird. Wenn Sie nämlich eine Forschungsfrage anbieten, die Sie mit wenig Aufwand bereits auf dem Niveau einer Seminarhausarbeit vermutlich werden beantworten können, sollten Sie Ihre Idee in der Sprechstunde dem Professor präsentieren und ihn um Rat bitten.

Um eine Forschungsfrage als Studienanfängerin oder als Studienanfänger zu bewältigen, braucht man Beratung. In diesem Fall ist das persönliche Gespräch keine Zeitverschwendung in den Augen nahezu aller Hochschullehrender, sondern kann im Gegenteil eine Bereicherung sein. Er oder sie wird dem Studierenden sagen können, ob diese Frage mit einfachen Mitteln zu beantworten oder vielleicht ein aufwändiges Forschungsprojekt dafür notwendig ist. Doch egal wie die Antwort ausfällt: Sie haben sich mit dieser Frage als zukünftige Forscherin/als zukünftiger Forscher profiliert[6]. Denn normalerweise sind Studierende in den ersten Semestern Rezipienten. Wenn Sie eigene Forschungsfragen haben, fallen Sie positiv auf. Dies gilt auch, wenn Sie ein vorgeführtes Experiment nur um eine kleine Variable verändern wollen und sich für dieses oder jenes spezielle Ergebnis interessieren.

---

6 Hier fängt die Ratgeberfunktion dieses Buches an. Deshalb gibt es eine direkte Ansprache der Wissenschaftlichen Mitarbeiter. Dieser Duktus wird im Buch bei allen weniger analytischen Abschnitten, bei denen es um Ratschläge geht, aufgenommen.

Wie Wagner (1992) schreibt, sind Professoren grundsätzlich negativ gegenüber der studentischen Klientel eingestellt. Sie teilen die Studierenden gedanklich in eine große passive Masse und wenige Elitestudierende ein (Wagner 1992, S. 52). Entdecken sie aber einen außergewöhnlichen Studenten, dann vergleichen sie ihn mit sich selbst während der Studienzeit, widmen ihm mehr Zeit und fertigen ihn nicht so schnell ab wie die Mehrheit der Studierenden (Wagner 1992, S. 53). Wenn es tatsächlich klappt, dass Sie Ihre Hausarbeit zum Seminar mit einer Forschungsfrage bearbeiten dürfen, dann haben Sie doppelt gewonnen: Zum einen in Bezug auf das gestiegene Ansehen Ihres Hochschullehrers, zum anderen in Bezug auf die Hausarbeit selbst.

Denn forschendes Lernen ist immer spannender als bloßes Zusammentragen von Fakten. Sie werden merken, wie aufregend es ist, wenn man die Daten geordnet und strukturiert hat, anschließend mit der Auswertung beginnt und sich immer wieder im Inneren fragt, ob die eigene Hypothese tatsächlich zutrifft. Wenn Sie eine erste kleine Forschungsaufgabe im Rahmen eines Seminars erfolgreich abgeschlossen haben, werden Sie merken, dass das Forschen auch heute noch ein Abenteuer mit offenem Ausgang ist. Diese erste Forschungserfahrung kann Ihnen niemand nehmen, sie ist zudem eine wunderbare Ausgangsbasis für die nächsten Forschungsschritte.

Die eigene Forschungsfrage stellt zugleich einen Selbsttest dar. Wenn Sie selbst nichts Interessantes finden, das Sie näher wissen oder erkennen wollen, dann sollten Sie sich selbstkritisch sagen: „Ich bin nicht der Typ für eine wissenschaftliche Laufbahn." Sie sollten nach anderen beruflichen Alternativen suchen. Denn mit einer positiven Haltung im Hinblick auf das Stellen und Bearbeiten von Forschungsfragen wird bereits im Studium der Grundstein für die weitere wissenschaftliche Karriere gelegt; ohne einen solchen Grundstein entsteht nur ein hohles und damit wackeliges Gebäude. Wenn Sie tatsächlich die Wissenschaftsoase erreichen wollen, müssen Sie sich schon im Vorfeld als Pfadfinder erweisen und den jeweiligen Fragen nachgehen wollen und können. Denn Sie werden aller Wahrscheinlichkeit nach eine lange Durststrecke aushalten müssen. Falls nicht genug persönliches Forschungsinteresse im Vorfeld vorhanden ist, sollte man darum von einer Karriere in der Wissenschaft absehen. Es gibt genug akademische Berufe, die auf Anwendung wissenschaftlichen Wissens ausgerichtet und gut bezahlt sind.

Strategie 4: Eigenes Interessensgebiet ausbauen und zugehörige Fragestellungen entwickeln

Die ersten studentischen Arbeiten sind meist thematisch vorgegeben. Gelangt man dennoch schon zu eigenen Forschungsfragen, sollte man diese Fähigkeit gegen Ende des Studiums weiter ausbauen. Es lohnt sich beispielsweise, für die Bachelorarbeit genauer zu überlegen, wo die eigenen Interessensgebiete liegen und innerhalb dessen eine eigene Forschungsfrage zu entwickeln. Je mehr man sich aus innerem Interesse für Wissenschaft interessiert, umso anziehender wird sie.

Eine weitere Möglichkeit besteht darin – besonders in den Naturwissenschaften –, sich während des Studiums für die laufenden Forschungsprojekte im Fach zu interessieren und sich so intensiv damit zu beschäftigen, dass man seine Bachelorarbeit in diesem Bereich schreiben möchte und dazu selbst offene Fragen entdeckt.

Weil wissenschaftliches Arbeiten immer ein Vertiefen von Inhalten bedeutet, sollte dem Nachdenken über ein Problem Zeit eingeräumt werden. Wie in einem andauernden Heißhungeranfall immer wieder neue Literatur zu verschlingen, ist nicht zielführend. Vielmehr sollte zunächst das Gelesene ruhig und konzentriert verdaut werden. Es lohnt sich sehr, etwa vor dem Spaziergang oder Ausdauersport einen Artikel zu lesen und darüber nachzudenken, welche Aspekte man beachtenswert oder interessant findet. Je mehr man über das Gelesene unter dem Licht betrachtet: „Was sagt mir das? Wie stehe ich dazu?“, umso persönlicher wird der Bezug zu den Inhalten und umso eher wird es möglich, eigene Interessen zu sehen und zuzuspitzen.

Schärft man seine eigenen Interessen, Fragestellungen und Ziele im wissenschaftlichen Feld, kann man autonomer mit Wissenschaft umgehen und den Lehrenden zeigen, dass man eine wissenschaftlich denkende Persönlichkeit ist. Dies gelingt nur, wenn das eigene Interesse wirklich authentisch ist und nicht aufgesetzt. Nur wer authentische Botschaften hat, kann sich langfristig im Wissenschaftsbetrieb behaupten, ohne persönlich Schaden zu nehmen.

Strategie 5: Prüfungsstrategien beherrschen

Die universitäre Laufbahn ist gespickt mit verschiedenen Prüfungsformen und -abschnitten. Auch in den neuen BA-/MA-Strukturen mit ihrer Modularisierung sind mündliche Prüfungen prinzipiell möglich. Sie stellen eine besondere Herausforderung dar, denn man muss in einer vorgegebenen Zeit – meist beschränkt sie sich auf nur eine halbe Stunde – all jenes Wissen präsentieren, das man sich in Monaten oder gar Jahren angeeignet hat. Viele Studierende nehmen bei Prüfungen die Rolle eines Kaninchens an, das ängstlich vor der Schlange sitzt und auf seine Fragen wartet. Meist gibt es derart viele inhaltliche Bereiche, die in einer mündlichen Prüfung abgefragt werden könnten, dass eine einzige Person unmöglich in allen wirklich firm sein kann.

Der Typ „Kaninchen“ fürchtet sich vor der Prüfung. Er geht nicht als Bluffer und Möchtegern-Vielkönner in sein Examen, sondern voller Angst vor einem Misserfolg. Er fürchtet, dass Wissenslücken aufgedeckt werden. Bereits die erste Prüfungsfrage deutet er so, als würde sie auf sein fehlendes Wissen abzielen. Tatsächlich wirkt eine Prüfungsfrage nicht selten deshalb kompliziert oder unverständlich, weil die prüfende Person im Augenblick unkonzentriert war oder an zwei Aspekte gleichzeitig gedacht hat, weshalb die Frage nicht klar formuliert wurde. Das Problem liegt in diesem Fall also eigentlich bei der prüfenden Person und sollte ihr vorsichtig zurückgemeldet werden.

Allerdings kann Prüfungsangst dazu führen, dass die Kandidatin oder der Kandidat das Unvermögen in der eigenen Person sieht, zu stottern beginnt und/oder um eine Antwort ringt. Stattdessen wäre es viel sinnvoller für beide Seiten, bei Unklarheiten durch Rückfragen an die prüfende Person wie: „Ist diese Frage so gemeint, dass wir hier über die verschiedenen Varianten von XY sprechen?“ oder „Ist diese Frage so gemeint, dass ich jetzt über den methodischen Hintergrund meiner Forschung sprechen soll?“ Klarheit zu schaffen. So gewinnt der Prüfling außerdem etwas Zeit, noch einmal über mögliche Antworten nachzudenken. Durch Rückfragen gibt man den Ball an die prüfende Person zurück, grenzt eventuell selbst das Gebiet ein und könnte sogar – stellt man es geschickt an – eine Variante der Frage anbieten, zu der man definitiv etwas sagen kann. So nimmt der Prüfling wieder das Heft in die Hand, anstatt sich wie ein Kaninchen von der gefährlichen Schlange hypnotisiert zu fühlen. In der Regel wird er zu einer Nachfrage eine bestätigende Antwort erhalten, dass das gefragt sei, was er vorgeschlagen hat.

Es kommt nicht selten vor, dass ein Prüfender vorher nicht genau genug über das Ziel seiner Frage nachgedacht hat. Nutzen Sie diese Situation zu Ihrem Vorteil: Sie können den Prüfungsverlauf in die Hand nehmen und durch einen inhaltlichen Vorschlag zur Deutung der Frage auch die inhaltliche Richtung einschlagen, zu der Sie etwas Fundiertes sagen können.

Neben der Rückfrage- oder Nachfragestrategie gibt es die Brückenstrategie. Dabei tut man so, als würde man die Frage beantworten, greift ein Stichwort auf und fasst die Inhalte zur Fragestellung zusammen. Dabei lenkt man gleichzeitig auf ein Wissensgebiet hin, das man sicher beherrscht. Dazu gibt es einen kleinen Witz, der diese Teilstrategie überzogen demonstriert:

Ein Prüfungskandidat hat sich auf das Thema „Würmer“ gründlich vorbereitet. Dann wird er gegen seine Erwartung vom Professor zum Thema „Elefant“ befragt. Er greift dies auf und sagt: „Der Elefant hat einen wurm-

förmigen Rüssel. Die Würmer teilt man ein in Spulwürmer, Bandwürmer, Plattwürmer ...“

So lenkt der Kandidat assoziativ von der Frage weg und hin zu seinen eigenen Wissensschwerpunkten. Stellt er sich schlau an, wird es ihm gelingen, die ganze Prüfung mit seinem Fachgebiet Wurm zu bestreiten, und das Thema Elefant, zu dem er nur wenig sagen konnte, einfach weitgehend zu umschiffen.

Es kommt also insgesamt darauf an, aktiv das Prüfungsgeschehen in die Hand zu nehmen. Dabei ist entscheidend, sich nicht auf das nicht vorhandene Wissen zu konzentrieren, sondern auf das vorhandene. Das bedeutet, jede Gelegenheit zu nutzen, aktiv und viel von seinem Wissen darzubieten, aber sich möglichst nicht von Fragen unterbrechen zu lassen. Rhetorische Zwischenfragen wie: „Darf ich das noch ein wenig näher ausführen?“ helfen, den Redefluss bei den Prüfenden abzusegnen und sich sicher zu fühlen. Je mehr man selbst redet, umso weniger kann man durch Fragen verunsichert werden.

Wichtig ist, sich selbst durch aktives Verhalten aus der Position des sich duckenden Kaninchens heraus bzw. sich gar nicht erst hinein zu begeben.

Ein besonders drastisches Beispiel für den Typ „Kaninchen“ habe ich selbst einmal in einer mündlichen Prüfung beobachtet und protokolliert. Während der ersten fünfzehn Minuten der Prüfungszeit konnte ich die folgenden Sätze der Kandidatin protokollieren, mit der sie uns als Prüfungskommission nachhaltig signalisierte, wie dünn ihr Wissen war:

- Wie soll ich das sagen?
- Die Bestandteile ... soll ich?
- Ich weiß gar nicht, ob das wichtig ist.
- Mehr weiß ich nicht.
- Habe ich was vergessen?
- Ich hab das nicht im Detail gelernt, weil mir das zu hoch war.
- Ja, ist das so wichtig?
- Nicht, dass ich jetzt was Falsches sage.
- Ja, das war’s.
- Ach so?
- Also da fällt mir nur ein...
- Was soll ich noch dazu sagen?“

Besonders Studentinnen neigen dazu, derartige selbstabwertende Floskelsätze zu verwenden, mit denen sie ihr eigenes Unwissen kundtun. So kann man keine Prüfung erfolgreich bestehen.

Um in der Universität seinen Platz zu behaupten, darf man sich nicht gleich als Kaninchen zum Fraß anbieten, sondern muss der

Schlange zeigen, dass man keine Angst hat. Nur dann hat man die Chance, seinen Weg in Academia weiterzugehen.

Das Wichtigste in allen Prüfungssituationen, die im Hochschulbereich von der kleinen Seminarleistungskontrolle bis zum Vortrag vor der Berufungskommission reichen, ist eine positive mentale Orientierung. Dabei hilft es, sich durch Autosuggestion vorzustellen, dass es sich eigentlich nur um ein Gespräch handelt. Die Prüfungssituation wird in Gedanken heruntergespielt, damit sie sich leichter anfühlt. Denn eigene Erwartungshaltungen und Imaginationen können die Wahrnehmung der Realität beeinflussen. So kann man sich beispielsweise vorstellen, man säße nicht vor einer Prüfungskommission, sondern vor einer Gruppe von Eltern, Laboranten, Kaufleuten oder sonstigen Adressaten, die man von den eigenen Positionen überzeugen möchte. Wichtig ist, alles dafür zu tun, um nagende Selbstzweifel zu verhindern. Andauernde Überlegungen, ob man genug kann, führen zur Selbstzerfleischung und beeinträchtigen das eigene Selbstbewusstsein und kreative Denkvermögen.

Nicht zuletzt äußert sich die Selbstwahrnehmung in der Körpersprache. Wenn Sie sich selbst nicht viel zutrauen, dann werden andere das spüren und Ihnen ihrerseits nicht viel zutrauen. Die besten mündlichen Doktorprüfungen, die ich miterlebt habe, waren diejenigen, in denen die Doktorandinnen in die Disputation mit der Haltung gingen: „Endlich kann ich mal einem Publikum vermitteln, was alles bei meiner Dissertation herausgekommen ist.“ Die einzige Gefahr dabei ist, den Zeitrahmen nicht einzuhalten. Die aber lässt sich durch kluge Planung und Erprobung des Vortrags im Vorfeld vor einem kleinen Publikum ausräumen. Dem Ziel, etwas vermitteln zu wollen, um die eigene Prüfungsangst besser im Zaum zu halten und die Prüfenden von sich überzeugen, steht dann nichts mehr im Wege.

Eine wichtige Strategie bei der Vorbereitung von mündlichen Prüfungen ist die Abkehr von der Defizitstrategie hin zur „Das-Glas-ist-halb-voll-Strategie“. Zuvor fällt den Prüflingen immer wieder ein, was sie noch nicht gelesen haben und was sie noch nicht können. Daraus kann Panik erwachsen und das Gefühl, nicht genug zu wissen. Aber: Negative Selbstbewertung kann bei Prüfungen zu schlechteren Ergebnissen führen. Viel sinnvoller ist es, die Prüfung umgekehrt anzugehen, sich also selbst vom eigenen Können zu überzeugen.

Das kann ganz simpel vonstattengehen. Man notiert sich jeden Tag stichpunktartig das, was man weiß oder schon aus der Vorbereitungsliteratur zur Kenntnis genommen hat. Nicht wenige sind überrascht, wie viel Detailwissen sie sich in nur einer Woche angeeignet haben. Anschließend sollte man diese Stichworte jeweils in Sätze einbauen und die Zeit stoppen. So merkt man, dass sich mit dem angeeigneten Wissen deutlich mehr als 30 Minuten Prüfungszeit bestreiten lässt und man wirklich keine Angst vor dem Phänomen des „leeren Blattes“ haben muss. Das Wissen von nur wenigen Tagen reicht in der Regel aus, um zwei Stunden Prüfungszeit substanzreich zu füllen. Bei zwei Wochen Vorbereitung kann man bereits auf einen guten Fundus an Überschusswissen zurückgreifen.

So betrachtet man sich selbst nicht als defizitär, sondern muntert sich subjektiv mit der „Das-Glas-ist-halb-voll-Strategie“ auf. Jede überzeugend optimistische Haltung der Prüfungskandidaten hat spürbar positive Folgen für die Ergebnisse.

4. Geschichte: Wie wurden Universitäten zu Orten mit Schlangengruben?

Universitäten wurden ursprünglich dazu gegründet, Wissen zu erarbeiten, zu sammeln und weiterzugeben. Im Mittelalter, als Universitäten noch überschaubar groß waren, ging der Professor mit seinen Schülern durch den Park und erzählte ihnen sein Wissen über Astronomie oder Mathematik. Die Studierenden stellten Fragen und wurden weiter belehrt. Das Studieren war ein Privileg höherer Gesellschaftsschichten, während der Wissenschaftsbetrieb für den Rest der Bevölkerung unerreichbar blieb.

Der Glanz der alten Bildungsstätten, ihre Aura des Besonderen ruht noch über den Universitäten und vor allem in den Köpfen der meisten Menschen. Ihnen erscheint die Hochschule begehrenswert und attraktiv. Diese Vorstellung hält sich hartnäckig. Nicht ohne Grund lieben Kinder überall im Lande die Kinderuniversitäten und sind stolz darauf, „dabei“ gewesen zu sein. Besonders die Position des Professors ist schon in den Augen von Vorschulkindern der Inbegriff der Klugheit und des umfangreichen Wissens. Derartige öffentliche Hochachtung wird obendrein auch von der sonstigen Bevölkerung gewährt. Der Beruf des Universitätsprofessors zählt zu den am höchsten angesehenen Berufen in Deutschland.

Dieses hohe Ansehen kann die Wirkung der „Aura des Besonderen“ potenziell noch verstärken, nämlich dann, wenn sich eben jene Professoren von der Mehrheit abgrenzen, ein Elitebewusstsein entwickeln und sich weniger verantwortlich für die Menschen des Landes als vielmehr für ihren eigenen Forschungsauftrag sehen. Abgehobene Forschung und Lehre passt zum historischen Auftrag der Privilegierung und kann gegenwärtig Isolierung und Abkapselung vergrößern. Dieser ohne eigenes Zutun entstandene Mythos des Bedeutsamen trägt dazu bei, dass die Sucht nach Geltung verstärkt wird. Deshalb plustern sich Kleingeister nicht selten auf, um die eigene Bedeutung hervorzuheben.

Ein weiteres historisches Erbe durchzieht ebenfalls die heutige Hochschullandschaft: die Ausgrenzung von Frauen. Sie hatten in der Geschichte der Wissenschaft über Jahrhunderte hinweg keinen Zugang zur akademischen Welt. Erste Versuche des Eintritts gelangen vor einigen Jahrhunderten Töchtern und Schwestern berühmter Männer wie der Schmetterlingsforscherin Maria Sybilla Merian oder der Astronomin Caroline Herschel. Aber sie drangen noch nicht in die Institution Universität vor, sondern nutzten private Forscherstuben oder Kontakte, um Feldforschung betreiben zu können. So regte beispielsweise der Gouverneur von Surinam Maria Sybilla Merian im 17. Jahrhundert zu einer Reise in die niederländische Kolonie an.

Selbst als Studierende sind Frauen an den Universitäten erst seit gut einem Jahrhundert zugelassen. Als Lehrende und Forschende ist die gleichberechtigte Teilhabe beider Geschlechter an Universitäten bis heute nicht gelungen. Dies gilt besonders für Deutschland. Hier wurden in der Nazizeit Frauen nicht zur Habilitation zugelassen. Selbst in der kurzen Zeitepoche der Weimarer Republik, in der das überhaupt möglich war, schafften nur wenige Frauen, diesen akademischen Grad zu erlangen. Die erste war 1918 Adele Hartmann an der Münchener Universität. Danach waren allenfalls in Berlin einige Versuche erfolgreich (Markgraf o.J., 46). Und noch heute ist der Anteil an Frauen bei den Habilitationen, die als wichtigstes Sprungbrett auf dem Weg zur Universitätsprofessur gelten, gering: Im Jahre 2012 lag er bei 24 Prozent, im Folgejahr bei 27 Prozent; die Gesamtzahl an Habilitationen von Frauen geht sogar zurück[7].

Universitäten existieren nicht im luftleeren Raum. Vielmehr sind sie als Institution Teil der sie umgebenden Gesellschaft und werden von den jeweils aktuellen gesellschaftlichen Entwicklungen geprägt. So sind die Auswirkungen der gegenwärtigen Ellenbogengesellschaft in besonders drastischer Weise an den Universitäten angekommen. Mit staatlichen Förderprogrammen wird das Streben nach Exzellenz und damit nach Abwertung der anderen zusätzlich verschärft. Nicht Kooperation untereinander ist anerkannt, sondern Abgrenzung voneinander und Sich-Höherstellen werden zwischen Wissenschaftlern gefördert.

Dieses Streben nach den besten Bewertungen von außen prägt neben Gesellschaft und ganzen Staaten auch die Haltung an Universitäten. Universitäten wollen immer mehr erreichen – nicht nur aus Angst abzustürzen, sondern manchmal schlicht aus reiner Geltungssucht. So

---

7 http://www.sueddeutsche.de/karriere/habilitationen-in-deutschland-die-professorenstelle-lockt-1.962773. Abruf am 29.6.2014.
http://www.spiegel.de/unispiegel/studium/habilitation-zahl-der-professsoren-sinkt-meldet-destatis-a-977139.html. Abruf am 29.6.2014.
http://www.presseportal.de/pm/32102/2767687/5-weniger-habilitationen-im-jahr-2013. Abruf am 29.6.2014.

wird die Messlatte bei Forschungsprojekten und Publikationen immer höher gehängt. Manche Universitäten betrachten nur noch diejenigen Forschungsprojekte als wertvoll, welche von der Deutschen Forschungsgemeinschaft gefördert werden. Staatliche Programme wie Bundesministeriumsprojekte oder die Förderung durch das landeseigene Forschungsministerium werden nach diesen selbst gestellten Maßstäben geringer eingeschätzt und nicht mehr als erstklassig angesehen. Damit wird ein großer Forschungsanteil ausgegrenzt und erhält faktisch von etlichen Universitätsleitungen keine Unterstützung mehr.

Das A und O der Unternehmensführung gerät dabei in Vergessenheit: Neben der Hauptkomponente, die Besonderheit des eigenen Betriebes hervorzuheben, geht es insbesondere um die Kultur der personenbezogenen Wertschätzung sowie um eine vorgelebte ethische Vorbildfunktion[8]. Immer weniger Personen in universitären Leitungspositionen sind selbst die idealen Vorbilder für motivierte Forschung, sondern verstehen sich lediglich in den Techniken des Kräftespiels. Es wird gerade nicht die intrinsische Motivation gefördert, sondern durch das Pochen auf externe Maßstäbe wie Exzellenzinitiativen und hochrangige „peer reviewed" Zeitschriften geradezu das Ziel universitären Handelns umgekehrt. Nicht die Lust an Lehre und Forschung wird betont, sondern das sich Ausrichten nach externen Kriterien. Die nach diesen Maßstäben als nicht bedeutsam angesehene Forschung erfährt dabei eine Abwertung und Geringschätzung, obgleich sie vielleicht Ausdruck langen wissenschaftlichen Nachdenkens und Strebens der jeweiligen Wissenschaftlerinnen und Wissenschaftler ist.

Diese Abwertung hat Folgen besonders für das Verhalten und Empfinden junger Nachwuchswissenschaftlerinnen und -wissenschaftler. Sie wissen, dass nur die großen internationalen Zeitschriften und DFG-Projekte ihnen ein Krönchen geben können. Ohne spezielle Aufforderung passen sie ihre Forschungen den dort geforderten Kriterien und Programmen an und lösen sich von jenen Fragestellungen, die sie eigentlich interessieren würden. So wird Schritt für Schritt das hohle Streben nach Status hervorgehoben und der Wissenschaft ihre innovative und kreative Substanz entzogen. Als Folge werden Universitäten durch die sie tragenden Personen allmählich von Denkorten zu formellen Institutionen transformiert, in denen es nur noch ums Bessersein geht. Dietz (2014) formulierte diese Tendenz der Anpassung an die Geldgeber noch viel schärfer: „Die Universität erscheint hier als

8 Vergl. Artikel in der Süddeutschen Zeitung, o.V.: Zur Exzellenz geführt. Thesen zum Chefsein. http://www.sueddeutsche.de/karriere/thesen-zum-chefsein-zur- exzellenz-gefuehrt-1.2287517. Abruf am 4. Januar 2015.

ein groß angelegter und staatlich geförderter Verhinderungsbetrieb, der am eigenen Mythos des ‚kritischen Denkens' verzweifelt festhält – aus Existenzangst und ohne zu sehen, dass das ‚kritische Denken' längst selbst zu einer Ware geworden ist, die mit Drittmittelanträgen gegen echtes Geld getauscht wird."

Dieser neue Trend äußert sich unterschiedlich je nachdem, auf welche Vergangenheit diese neuen Verhaltensnormen stoßen. Denn schon im Laufe der Geschichte entwickelten sich die Universitäten nicht einheitlich. Es hängt immer davon ab, welche Individuen diesen Ort gestaltet haben. Denn kaum eine Institution ist derart stark von der Prägung durch Personen abhängig wie eine Universität. Academia hat keine einheitlichen Systemkennzeichen, sondern schlüpft von Hochschulstandort zu Hochschulstandort und von Fakultät zu Fakultät in andere Systemmerkmale. So entstehen in Universitäten alle politischen Systeme in Kleinformat, die es zugleich im großen Rahmen gibt. Ich unterscheide dabei fünf politische Systemtypen, die sowohl in der Gesellschaftsgeschichte Europas wie auch an den Hochschulen vorkommen:

4.1 Autokratie

An erster Stelle ist die traditionelle Ordinarienuniversität zu nennen, die als autokratisches System funktioniert. Eine Person an der Spitze der Fakultät oder des Instituts hat das Sagen, die anderen sind die zuarbeitenden Untergebenen. Der Chef holt sich die Meriten. Meist ist das zugleich ein „ER". Sein Name steht vorne bei der Autorenliste sämtlicher Artikel, die in seiner Arbeitsgruppe publiziert werden. Er verwaltet die Gelder und vergibt sie wie ein kleiner Potentat an seine Untergebenen, wenn sie sich wohl verhalten haben. In einer Autokratie gibt es keine Mitbestimmung. Indessen kann es bei einem gütigen Fürsten vorkommen, dass alle ein wenig von der Gnade des Herren abbekommen und gewisse Chancen des Aufstiegs erhalten. Doch die Grenzen werden sofort sichtbar, wenn einer im Hause Majestätsbeleidigung versucht oder gar die Autorität des Autokraten anzweifelt. In einer Autokratie sind alle von der Spitze abhängig.

4.2 Grabenkampfuniversität

Wie bei klassischen Grabenkämpfen gibt es zwei Seiten hinter einer Barrikade, die die Kampfgruppen trennt. Auf der einen Seite des umstrittenen Terrains steht eine bestimmte hochschulpolitische Linie, auf der anderen die oppositionelle. Gerade an wissenschaftstheoretischen

Fragen oder Forschungsmethoden bilden sich derartige Fronten. So gibt es Fakultäten, in denen sich die quantitativen Forscher mit den qualitativen bis aufs Messer bekämpfen. Mir passierte es einmal bei einem Vortrag im Zuge meines Bewerbungsverfahrens um eine Professur, dass beide Seiten schlagartig hinter den Barrikaden hervortraten. Nach meiner Präsentation, während derer ich eine meines Erachtens simple Position engagiert vorgetragen hatte, gab mir die Hälfte der anwesenden Professoren der Fakultät die Hand und sagte mir: „Wunderbar, denen haben Sie es aber gegeben!".

Dabei wollte ich eigentlich nur überzeugend für alle wirken und meine eigenen Gedanken und Haltungen vermitteln. Gerade bei einer Bewerbung um eine Professur wollte ich die Mehrheit an meiner Seite wissen und es nicht einer Gruppe „zeigen". Für mich wurde an der Reaktion sofort klar, dass ich mich offensichtlich gerade an einer Grabenkampfuniversität aufhielt. Der Gedanke, mein weiteres Berufsleben an der „Front" zu stehen bzw. von der einen Seite vereinnahmt zu werden, schreckte mich damals ab. Ich wollte nicht an so einer Universität lehren.

Die Vorteile einer Grabenkampfuniversität übersah ich damals allerdings. Denn dort gehört man entweder zum einen oder zum anderen Lager und spürt einen gravierenden Vorteil des Zugehörigkeitsgefühls, weil man im eigenen Feld immer auf Unterstützung und Zuspruch hoffen kann. Gerade angesichts der Kämpfenden auf der Gegenseite ist jeder einzelne auf der eigenen Seite wichtig und akzeptiert. Eine derartige Universität oder Fakultät bietet zusätzlich einen Schutzraum für die einzelnen dazugehörigen Wissenschaftlerinnen und Wissenschaftler. Von der Kooperation aller ist ein derartiges universitäres Gebilde jedoch weit entfernt.

4.3 Anarchie

Anarchie in Universitäten gibt es meist nur auf Fakultäts- oder Institutsebene. Dort kann sie zuweilen tatsächlich für längere Zeit vorherrschen. Diese Institutionen haben keine generellen Regeln, sondern jeder Professor macht, was er will. Dies läuft genauso ab, wie es in der politischen Anarchietheorie geschrieben steht: Der Staat als gemeinsame Regulierungsinstanz ist faktisch nicht existent. Absprachen gibt es nur, um die eigenen Freiheiten zu erhalten.

Dazu habe ich folgende Geschichte erzählt bekommen: Es handelt sich um eine Fakultät in einer attraktiven Stadt. Dort wohnt jedoch nur einer der dort lehrenden Professoren, alle anderen arbeiten seit Jahren als „Spagatprofessoren". Sie reisen von ihren jeweiligen Wohnorten für einen Tag zum Universitätsstandort an, um den für sie mehr oder weniger lästigen Lehrverpflichtungen nachzukommen. Als der Wissenschaftsminister des Landes anordnete, dass man an vier verschiedenen Wochentagen seine Lehre anzumelden habe, kam der Zusammenschluss professoraler Individuen, der Fakultätsrat, auf eine grandiose Idee: Jeder bot ein Blockseminar über drei Tage verteilt an. Ansonsten blieben alle mit ihrer Lehre bei dem einen Wochentag, an dem sie schon immer zur Universität anreisten. So konnten vier verschiedene Wochentage pro Person im Vorlesungsverzeichnis gedruckt werden. Letztlich blieb es dabei, dass die Mehrzahl der Professoren nicht am Ort der Universität, an der sie beschäftigt waren, wohnhaft war. Die Aufgabe zu lehren wurde weiterhin wenig ernst genommen. In Universitäten, die nach dem Muster der Anarchie arbeiten, halten die Professorinnen und Professoren Gremiensitzungen so kurz wie möglich. Die Sitzungen werden nicht durch lange Reden in die Länge gezogen. Stattdessen beschäftigen sich diese Wissenschaftler mit der Lektüre – nach ihrem Empfinden – interessanterer Inhalte.

4.4 Stammesgesellschaft

Eine Stammeskultur hat ungeschriebene Gesetze und Rituale, die für Außenstehende nicht leicht zu verstehen oder gar zu erlernen sind. Diese Form universitärer Systeme ist am schwierigsten zu durchschauen, weil Riten und Tänze einer Stammesgesellschaft nur durch mündliche Vermittlung weitergegeben werden. Man muss bereits dazugehören, um die Stammestänze tatsächlich ausführen zu können. Für Neulinge ist dieses System am schwersten zu durchschauen, während sich die Eingeborenen in diesem Kulturkreis natürlich wohlfühlen.

Stammeskulturen in Universitäten können sich am ehesten in universitären Neugründungen herausbilden. Gerade wenn diese Universitäten nicht seit dem Mittelalter gewachsen sind, sondern erst vor relativ kurzer Zeit neu errichtet wurden, haben die vielen Neuberufenen im informellen Kräftegerangel einen Modus Vivendi ausbalanciert. In diesem Fall bilden sich besondere ungeschriebene Regeln des Miteinanders heraus. Die persönlichen Beziehungen und Verhaltensmuster der Gründungszeit geben einer derartigen Institution das besondere Gepräge und setzen sich möglicherweise über Jahrzehnte hinweg fort.

4.5 Demokratie

Selbstredend müsste es in einer Gesellschaft mit demokratischen Strukturen und entsprechendem Selbstanspruch auch Universitäten geben, die als demokratische Einheit funktionieren. Doch diese ist meist nur äußerlich präsent. Die universitären Gremien werden gewählt, der Wahlkampf ist hochschulöffentlich sichtbar. Allerdings werden die demokratisch anmutenden Handlungsmuster letztlich von hierarchischen Prinzipien durchsetzt. Die Form der Demokratie als politisch-gesellschaftlichem System mit Minderheitenschutz und allen konstitutiven Regelungen kann man allenfalls in kleinen Hochschuluntereinheiten wie Arbeitsgruppen finden. Im größeren Rahmen ist mir bislang eine derartige Universität nicht bekannt. Wirkliche Mitbestimmung, Minderheitenschutz und demokratisches Zusammenwirken gehören zu den seltenen Erscheinungen im formal mit vielen Regeln der Demokratie ausgestatteten Hochschulbetrieb.

Unabhängig vom jeweiligen Herrschaftssystem haben sich einige generelle Strömungen im Laufe der Geschichte in den deutschen Hochschulen ausgebreitet. Insbesondere die Ökonomisierung überformt allmählich die hergebrachten Herrschaftsformen.

4.6 Universität als profitorientierter Betrieb

Ein besonderer aktueller Entwicklungsprozess ist der Weg zur Ökonomisierung der Hochschule. Diese Tendenz weisen fast alle Hochschulen auf. Danach gelten diejenigen, die möglichst viel Geld für Forschung von außen an die eigene Universität einwerben konnten, als hochrangige Professoren. Aber nicht nur die Bewertung von Wissenschaftlern richtet sich an monetären Kriterien aus, der gesamte universitäre Betrieb wird wie ein Wirtschaftsunternehmen geführt. Benchmarking, Effizienz, Profil oder Optimierung heißen die Begriffe, die im alltäglichen Handeln von Bedeutung sind.

Das Logo einer Universität erfährt viel Aufmerksamkeit. In die Abstimmung des Logos wird deutlich mehr Zeit investiert als in soziale Regelungen. Das Corporate Design einer universitären Einrichtung scheint wichtiger zu sein als die Schriften des Klassikers im eigenen Fach. Begriffe wie Wahrheitssuche, Liebe für die Sache, Geist, Mitbestimmung, soziale Verantwortung oder Nachdenklichkeit findet man in den Selbstbeschreibungen heutiger Universitäten nur noch selten. Dafür wird umso mehr von Ranking, Spitzenpositionen, Output und Erfolgsquoten geredet. Diese Ökonomisierung ist so stark, dass sie zugleich die traditionellen Politikformen nach und nach überformt. Durch diese Entwicklung können nur noch die Arten an Hochschulen überleben, die mit dieser Umgebung klarkommen und sich an diese adaptieren können, ohne dabei ihre Kraft und ihr Wesen zu verlieren.

Eng mit der Ökonomisierung verbunden ist der gesellschaftliche Konsumismus. Dabei geht es um immer mehr Verbrauch von Waren, immer exklusivere Statussymbole, immer stärkere Abgrenzung gegen vergleichsweise Unterlegene. Dieser gesellschaftliche Trend schlägt sich auch in Universitäten nieder. Was zählt, sind immer höhere Drittmittel, immer mehr Mitarbeiter, die man „unter sich" arbeiten lässt, immer längere Publikationslisten mit Artikeln in immer besser gerankten Zeitschriften. Wesentlicher Motor ist der Drang nach Ruhm (vgl. Wagner 1992, S. 75). Das quantifizierende „immer mehr" wird zum Maßstab. Alle Teilschritte hin zu mehr Ruhm werden wie Trophäen gesammelt, seien es kritische Rezensionen anderer, seien es bessere Rankingergebnisse der eigenen Universität gegenüber den anderen oder gar der eigene Sieg beim Wettbewerb um „Exzellenz".

Dem gesellschaftlich vorherrschenden Konsumismus können sich nur noch sehr kleine Kinder völlig entziehen. Dazu fällt mir ein Beispiel ein: An Ostern war ich bei Bekannten eingeladen. Vier kleine Kinder liefen im Garten herum und suchten Eier. Einige rannten eifrig in jede Ecke, um möglichst viele Exemplare zu finden. Doch auf dem Rasen saß an der Seite ein Dreijähriger und aß still und vergnügt sein Schokoladenei. Seine Tante spornte ihn an: „Such weiter nach Ostereiern." Der Kleine antwortete entwaffnend: „Ich hab schon ein Ei gefunden." So konnte er das, was er hatte, wirklich genießen und war nicht gierig auf der Suche nach immer mehr.

Diese Haltung des Wertschätzens vorhandener Mittel und Möglichkeiten geht im heutigen Hochschulsystem, das ausschließlich auf Konkurrenz ausgerichtet zu sein scheint, fast völlig verloren. Die Konkurrenz lässt Neid und Intrigen untereinander wachsen, sodass sich Universitäten, die eigentlich mal für die Wahrheitsfindung gedacht waren, immer mehr zu Schlangengruben entwickeln. Wagner nennt diese Haltung in Anlehnung an den Kulturkritiker Norbert Elias „Denken in wertendem Vergleich" (Wagner 1992, S. 29). Daraus folgt nach seiner Analyse die Anpassung an die nächst höhere Stufe in der sozialen Hierarchie bzw. an die sie repräsentierenden Menschen (Wagner 1992, S. 29). Alle diese Systemeigenschaften sollte man genau identifizieren, wenn man sich an einer universitären Einrichtung befindet. Denn in jedem System zählen andere soziale Regeln, die genau von Neulingen einzuhalten sind.

Deshalb ist es sehr wichtig, das institutionelle Regelwerk des eigenen Hochschulstandorts genau zu kennen, um nicht in Fettnäpfchen zu treten. Besonders bei einem Wechsel, der heutzutage allein durch schlechte Vertragsbedingungen immer häufiger erfolgen muss, sollte man wissen, an welcher Universität man angekommen ist und inwiefern sie sich von der vorigen unterscheidet. In einer autokratischen Universität ist anarchisches Verhalten fehl am Platz. In einer Stammesgesellschaft wird man nur schwer Einlass finden. An einer Grabenkampfuniversität sollte man nicht auf die kumpelhafte Stimmung vertrauen. In dieser Hinsicht gilt es auf dem Weg nach Academia immer wieder neue Regeln des sozialen Zusammenlebens zu erkennen und dann auf sich selbst zu übertragen und anzuwenden.

5 Flora und Fauna: Was wächst, blüht und gedeiht in Universitäten?

Auch wenn es sich bei Universitäten um sehr eng begrenzte Biotope handelt, gibt es keineswegs nur Monokultur. Die Artenvielfalt ist außerordentlich breit. In Academia lassen sich die dominierenden Lebewesen in zwei Grundtypen einteilen: die Nutznießer und die Kämpfer. Hinzu kommt noch der sehr kleine Stamm der Exoten.

Die Nutznießer stellen eine kleinere Population dar, sind jedoch gerade für Studierende besonders auffällig, weil sie so selten an ihrem Arbeitsplatz zu finden sind. Sie profitieren vom akademischen Freiraum und nutzen ihn schamlos für die persönlichen Vorteile aus. Insbesondere die Studierenden haben unter dieser Spezies zu leiden, um deren liegengebliebene Arbeitsaufgaben müssen sich jedoch die Kollegen kümmern.

Die Kämpfer wiederum prägen das System. Sie versuchen, möglichst viele Forschungsprojekte zu ergattern, oder führen sozusagen politische Planspiele durch. Der Arbeitsalltag der Kämpfer übersteigt in der Regel die Stundenzahl, die in vergleichbaren akademischen Berufen üblich ist.

Im Arbeitsumfeld dieser beiden Hauptgruppen der Academia-Lebewesen gibt es eine wachsende Vielfalt an Pflanzen und Pflänzchen, denen oft nur eine kurze Lebensdauer beschieden ist. Ihr botanischer Sammelbegriff lautet ganz sachlich „Mittelbau". Dieses Wort vermittelt vordergründig, es handele sich um feste Bauwerke. Das ist mitnichten der Fall. Unter den Mittelbau fallen oft Blümchen, die nur kurzlebig sind. Sie erhalten kurzfristige Verträge, die nach Ablauf der Projekte nicht mehr verlängert werden, und müssen sich danach neuen Boden suchen, der sie nährt.

Den Mittelbau mit Pflanzen zu vergleichen, ergibt Sinn, da sie ihren Platz nicht selbst wählen können, sondern dort wachsen müssen, wo ihre Wachstumschancen am vielversprechendsten sind. Diese Abhängigkeit existiert auch an Universitäten: Beschäftigte im Mittelbau haben in Academia nur eine Chance, wenn ein Lebewesen aus der dominierenden Fauna dieses Landes ihnen einen Platz zum Gedeihen bietet. Wegen der großen Bedeutung der Fauna werden hier besonders ausführlich die verschiedenen Spezies näher beschrieben.

Zunächst schildere ich nur einige skurrile Einzelfälle aus dem Stamm der Nutznießer, die mir teilweise bekannt sind und hier aus einzelnen Beobachtungen karikierend überzeichnet werden:

5.1 Stamm der Nutznießer

Alle Lebewesen aus dem Stamm der Nutznießer haben ein Merkmal gemeinsam: Sie profitieren von der akademischen Freiheit und nutzen sie für ihre individuellen Interessen aus. In Sprechstunden und Lehrveranstaltungen und überhaupt in Academia sind sie wenig präsent. Wie sie ihre Privilegien nutzen und gestalten, ist durchaus verschieden.

1) Heiratskönige: Die Hälfte der Prüflinge geheiratet
An einer mir bekannten Universität gab es in einer Fakultät einen Professor, der sich dadurch hervortat, dass die Prüfungen bei ihm quasi einem Himmelfahrtskommando gleichkamen. Die meisten Studierenden wollten sich nicht bei diesem Professor zur Prüfung anmelden, weil sie zu Recht schlechte Noten fürchteten. Die Folge war, dass in diesem Fach mit hunderten Studierenden die anderen Kollegen entsprechend mehr Prüfungen abnehmen mussten und demzufolge keine besonders gute Meinung von dem außergewöhnlich streng prüfenden Kollegen hatten. Ein Kollege sagte ein wenig sarkastisch über diesen „Fast-niemals-Prüfer“: „Er hat bislang nur selten geprüft, die Hälfte seiner Prüfungskandidatinnen hat er geheiratet.“ Wie oft er tatsächlich geheiratet hat, lässt sich nur spekulieren. Was sich aber durchaus festhalten lässt, ist die Vermutung, dass er kaum geprüft, jedoch selbstredend das gleiche Gehalt erhalten hat wie seine Kollegen.

2) Die Sonnengebräunten – Verschwundene im Ferienhaus in der Toskana
Ein weiterer Kollege in einem Fach mit einer überschaubaren Studierendenzahl war nicht nur durchgängig während der Semesterferien, sondern auch einen längeren Zeitraum während des Semesters nicht im Lande und demzufolge nicht an der Universität, in der er eigentlich beschäftigt war. Er hatte immer wichtige Forschungsaufgaben in seinem Ferienhaus in ländlicher Abgeschiedenheit zu erledigen. Dort war er weder telefonisch noch über andere moderne Kommunikationsmedien zu erreichen. Studierende versuchten vergebens, ihn für die Vereinbarung von Prüfungsterminen zu kontaktieren. Dementsprechend

minimierte sich das Arbeitsvolumen sehr. Gleichzeitig konnte er in der Toskana gegen Bezahlung Selbsterfahrungskurse anbieten.

Eine Unterart dieser „Sonnengebräunten“ ist die Subspezies der fernbleibenden Spagatprofessoren, die ebenfalls durch Abwesenheit glänzen. Sie verschwinden nicht in einem Ferienhaus, sondern in der eigenen Wohnung, die in einer anderen Stadt liegt als die Universität, an der sie angestellt sind: Wegen Zugverspätungen und anderer wiederholt auftauchender Widrigkeiten können sie einfach nicht rechtzeitig zu ihren Lehrveranstaltungen eintreffen.

Beide Unterarten haben allerhand Strategien entwickelt, um sich möglichst wenig an ihrem Arbeitsplatz aufzuhalten. Einige gleichen dies durch Publikationen oder lukrative Gutachten aus, andere durch die Verfeinerung der häuslichen Kochkunst oder der Rotweinexpertise. Manche Sonderwesen dieser Spezies bringen es bis auf mehrjährige Abwesenheit vom Hochschulort, sind jedoch durch einträgliche Nebentätigkeiten voll ausgelastet.

3) Prozesshanseln

Von dieser Kategorie habe ich mehrere Varianten im Laufe meiner beruflichen Laufbahn an Universitäten kennengelernt. Bei diesen prozessaffinen Professoren lassen sich mindestens drei Unterarten unterscheiden, nämlich den Typus des Grundsatzprozessierers, des subjektiv unter Verfolgung Leidenden und des Zielprozessierers. Gemeinsam versuchen sie immer wieder auf der juristischen Ebene das zu erreichen, was ihnen die Institution vermeintlich verweigert. Egal aus welcher persönlichen Motivlage heraus das Handeln bestimmt wird, dieser Typus von Hochschullehrern wählt den Weg des Kampfes mit Hilfe von Paragraphen.

Einer dieser Kollegen hatte gegen den Umbau seiner Abteilung geklagt. Dabei gelang es ihm, für viele Jahre ein Zwischenstadium zu bewirken: Die Klage war eingereicht, die Gerichtsentscheidung stand jedoch noch aus. Er erschien daraufhin weder im bereits im Bau befindlichen Institut, noch in seinem bisherigen Büro oder im Übergangsbüro für Sprechstunden. Da er meinte, ohne Vorabsprache mit den Studierenden keine Referate verteilen zu können, fanden seine Lehrveranstaltungen nicht statt. Viele Gespräche von Dekanen und Rektoratsvertretern folgten, aber der Kollege wich immer wieder aus. Wenn er tatsächlich für ein Gespräch abgefangen und dazu angehalten worden war, seinen Lehrverpflichtungen nachzukommen, meldete er sich zu den ersten zwei Sitzungen im Semester krank, kam das dritte Mal zu spät. Die Studierenden gaben die Hoffnung auf, ihren Professor jemals zu Gesicht zu bekommen, und meldeten sich zu anderen Seminaren an.

Prozesshanseln gibt es im universitären Kontext jeweils mit unterschiedlichen Zielen. Die einen kämpfen um die Verbesserung ihrer Arbeitsbedingungen, die anderen um Ruf und Ansehen, die dritten gegen andere Kollegen. Im Resultat nehmen diese Aktivitäten die Handelnden so sehr ein, dass für die eigentlichen akademischen Aufgaben, nämlich Forschung und Lehre, nicht viel Zeit übrig bleibt. Allerdings bedeutet die dauernde Prozessiererei gleichzeitig viel Stress. Diese Spezies der Nutznießerwesen ist am wenigsten ausgeruht und sieht oft bleicher aus als jede Unterart der Kämpfer.

4) Aufschieber
Für viele Anlässe und Karriereabschnitte sind professorale Gutachten erforderlich, für einige sind ausschließlich professorale Gutachten zugelassen. Aus der Sicht derjenigen, die auf diese Ergebnisse warten, fallen Professoren auf, die nach Ende der Gutachtenfrist noch gar nicht angefangen haben, ein solches zu verfassen. Viele haben einen übervollen Schreibtisch, andere machen sich ständig Gedanken und schaffen es aber nicht, einen sichtbaren Output zu Papier zu bringen. Egal wie die objektive Lage sein mag – die betroffenen Studierenden und Nachwuchskräfte sind gezwungen, zu warten, ohne etwas tun zu können.

Gerade im Falle von Promotionen, bei denen die Gutachtenfrist ohnehin mehrere Monate dauert, werden Kandidatinnen und Kandidaten vor eine harte Geduldsprobe gestellt.

5) Trickser
Einige dieser Subspezies der Nutznießer haben allerhand Tricks auf Lager, sich die Arbeit vom Halse zu schaffen, ohne dass es auf den ersten Blick auffällt. Einer dieser Tricks besteht darin, mit hohen fachlichen Ansprüchen aufzutreten. Ich habe von einem Professor erfahren, der für sein Proseminar eigene bereits vor Semesterbeginn empirisch erforschte Daten zum Themenschwerpunkt der Lehrveranstaltungen voraussetzte. Da die Studierenden laut Studienplan erst in den letzten Studiensemestern Kenntnisse in empirischer Methodik zu erwerben hatten, trauten die Studierenden sich nicht zu, diesen hohen Anforderungen zu Beginn ihres Studiums zu genügen. So konnte er sicher sein, durch seine Vorselektion die Mehrheit der Studierenden abgeschreckt zu haben. Er erschien vorschriftsgemäß zur ersten und zweiten Sitzung und tat verwundert über das so geringe studentische Interesse an seinem so hochinteressanten Seminarthema. Danach musste er leider die Veranstaltung ausfallen lassen und beklagte zudem die geringe Forschungsmotivation der Studierenden.

Ein anderer Professor vom Typ Trickser legte seine Lehrveranstaltungen immer abends auf 20 Uhr – also zu einer Zeit, während der kein

Bus mehr zum abgelegenen Campus der Universität fuhr. Da die meisten Veranstaltungen um 18 Uhr endeten und die Cafeteria und Bibliothek bereits geschlossen waren, hatten die Studierenden zu diesem Zeitpunkt schon die Hochschule verlassen. So konnte er seine Spätveranstaltung über mehrere Jahre mit großem Bedauern ausfallen lassen.

Bei den Tricksern muss zwischen zwei Unterarten differenziert werden. Neben den Lehrabwehrern gibt es noch die Forschungsanhäufer. Diese Spezies ist immer auf Ausschau nach neuen Forschungsergebnissen, die in der breiten Öffentlichkeit und besonders in der Presse hohe Resonanz erhalten haben. Sie warten ein zwei Jahre ab, um dann selbst diese Ergebnisse anderer in einem Buch zu verbreiten und dabei zu suggerieren, es handele sich um eigene Forschungsergebnisse. Andere Erkenntnisse und Wissenschaftler werden nicht angeführt. Manchmal grenzt dieses Vorgehen an offenes Plagiieren, manchmal wird der Ideenklau betrieben, indem das längst Erforschte als eigene Neuheit ausgeben wird. Dies wird mit der Formel „man weiß, dass..." so als Allgemeingut verpackt, dass es schwer ist, den Plagiatsnachweis zu führen. Es ist halt ein Trickser.

Doch nicht nur diejenigen, die sich durch die Schwächen des freiheitlichen universitären Systems vor den eigenen Arbeitsaufgaben drücken und dadurch letztlich Freizeit gewinnen, sind als besondere Arten in Hochschulen zu finden. Viel häufiger kann man die verschiedenen Klassen von Kämpfern beobachten. Die Kämpfer lassen sich nach mehreren Motivgruppen unterscheiden. Im Folgenden sollen die verschiedenen Kämpfernaturen in der Wissenschaft in groben Zügen geschildert werden.

5.2 Stamm der Kämpfer

Auch im Stamm der Kämpfer lassen sich verschiedene Arten unterscheiden. Ihr wesentliches gemeinsames Merkmal ist, dass sie alle aktiv das Geschehen an Hochschulen zu beeinflussen versuchen. Die konkreten Strategien sind dabei allerdings sehr unterschiedlich. Hier werden nur die wichtigsten Formen der Kämpfer skizziert:

1) Politprofis
Diese Spezies von Professoren liebt den Machtkampf. Sie hat in der Universität eine ideale Spielwiese für Intrigen gefunden. Tagein und tagaus kann Politik gespielt und die eigene Bedeutung zumindest für die beteiligten Akteure sichtbar werden. Denn anders als im realen Politikgeschäft hat man hier keine organisierte Opposition, welche das

eigene Handeln kritisch überwacht. An der Universität kann man sich im politischen Fight ungehindert ausleben.

Erste Erfolge für den eigenen Clan verstärken die Lust am weiteren politischen Kampf um die Verteilung der begrenzten universitären Ressourcen für das eigene Fach, die eigene Richtung, den eigenen Fachbereich oder den eigenen „Lehr"stuhl. Politprofis finden in Universitäten eine Unzahl an Gremien, in denen sie sich austoben können. Zusätzlich gibt es in politischen Hochschulgruppen noch Vorbereitungssitzungen für Gremien, in denen man durch kluge Redebeiträge wieder den intellektuellen Glanz erwerben kann, der in der Lehre oder der eigenen Forschung recht stumpf geworden ist.

Die Politprofis sind immer und überall präsent, sie kennen die aktuellen Gerüchte und wissen, wie sie sich klug mit anderen vernetzen. Sie verfügen über ein instinktives Wissen, wann es sich besonders lohnt, die eigenen Kräfte zu verausgaben. In Akademischen Senaten, Hochschulräten oder Findungskommissionen findet man diese Spezies besonders häufig. Man kann sagen, die Politprofis sind immer dort anzutreffen, wo es um tatsächliche Einflussmöglichkeiten geht.

Und je mehr Kampferfahrung sie in ihrer Berufsbiografie ansammeln, umso diffiziler werden ihre Strategien. Die Politprofis schaffen es, ganze Hochschulen aus den Angeln zu heben, und genießen in der Regel hohes Ansehen, weil sich alle vor ihnen fürchten und deshalb lieber mit ihnen positiv verbunden sein möchten. Denn die Angst ist allgegenwärtig, dass Politprofis sich gegen diejenigen wenden, die ihrem Machen und Streben im Wege stehen.

Politprofis kann man besonders gut daran erkennen, dass sie bereits im Vorfeld erahnen, welche Entwicklungen in den nächsten Jahren hochschulpolitisch vielversprechend sind. Sie schaffen es immer, selbst zum Mainstream in der Scientific Community zu zählen. Politprofis sind nie bei der wenig respektierten akademischen Minderheit zu finden. Sie solidarisieren sich niemals mit den wissenschaftlichen Underdogs, sondern sind immer per „Du" mit den Machthabern in Rektorat und Ministerium. Für unterwertige Pflanzen des akademischen Feldes haben sie kein Interesse, diese behindern lediglich den eigenen Fortschritt.

2) Platzhirsche

Eine besondere Spezies der Kämpfernaturen sind die Platzhirsche. Ihnen kommt es vor allem darauf an, auf möglichst viel Fläche zu residieren. Die Zahl der Fenster an der Außenfront ihres Zimmers ist der Wertmaßstab des eigenen Egos. Sie wollen zudem über möglichst viele Büros für Mitarbeiter und Forschungsgeräte verfügen. Mit dem Habitus eines Feldherrn wird immer mehr Platz für den eigenen Herrschaftsbereich beansprucht. Dieser wird im täglichen Arbeitsprozess oft gar nicht in vollem Maße gebraucht, doch mit höchster Empfindlichkeit wird gegen drohenden Raumverlust gekämpft.

Ich selbst habe einmal in der Abteilung eines Platzhirsches zusammen mit Studierenden kleine Siegel aus Knetgummi an die Türen geklebt. Wir wollten herausfinden, wann diese beanspruchten Räume tatsächlich genutzt werden. Einen Monat warteten wir, doch unsere aus Knetgummi geformten Versiegelungen befanden sich immer noch unangetastet zwischen den Türen und Türrahmen. Niemand hatte diese angeblich so dringend benötigten Räume tatsächlich betreten. Nach und nach ließ die Spannkraft unserer „Knetsiegel" nach. Sie wurden porös und fielen einfach ab. Dennoch ist es mir nie gelungen, durch diesen Siegelbeweis zu erreichen, dass diese Räume anderweitig sinnvoll genutzt werden: Der Platzhirsch hatte stets genügend Argumente zu bieten, um vor der Universitätsverwaltung zu belegen, dass er diese Räume tatsächlich brauchen würde bzw. dass sie ihm aus vorhergegangenen Vereinbarungen zustünden.

3) Die unter Verfolgungswahn Leidenden

Eine weitere Spezies der Kämpfernaturen sind die unter Verfolgungswahn Leidenden. Diese professoralen Universitätsmitglieder sind nicht wirklich Querulanten, sondern zeichnen sich dadurch aus, dass sie sich verfolgt fühlen und dementsprechend in einem permanenten Abwehrkampf befinden. Oft passiert das, was sie befürchten, dann tatsächlich, zum Beispiel dass ihr Studiengang gestrichen oder ihnen ein wichtiger Raum abgesprochen wird. Die unter Verfolgungswahn Leidenden verbreiten auf jeden Fall negative Stimmung in dem Fachbereich/in der Fakultät. Sie kämpfen besonders verbissen und versuchen, andere in die Tiefe der eigenen Verfolgungsängste hineinzuziehen. Je mehr sie sich verfolgt fühlen, umso mehr tatsächliche Verfolgungen erleben sie daraufhin tatsächlich.

Diese Pseudo-Verfolgten glauben:

- „Mir werden meine Räume genommen."
- „Mir werden meine Mitarbeiterstellen gestrichen."
- „Mein Studiengang wird eingestellt."
- „Mir werden aus Missgunst nur negative Forschungsgutachten ausgestellt."
- „Ich kann niemandem trauen."
- „An der Universität gibt es überall Fallen und Hinterhalte."

Die angeblich Verfolgten denken so viel über mögliche Intrigen und potenzielle Hinterhalte nach, bis sie eintreten – eine selbsterfüllende Prophezeiung.

4) Die Großmannssüchtigen

Während die Politprofis um des Kampfes willen kämpfen, die unter Verfolgungswahn Leidenden glauben, sich verteidigen zu müssen, haben die Großmannssüchtigen nur ein Ziel, nämlich selbst groß zu sein. Sie gieren nach Anerkennung. Sie wollen ihre Größe etwa anhand großer Räumlichkeiten dokumentieren und entwickeln entsprechende Begehrlichkeiten. Viel wichtiger finden die Großmannssüchtigen jedoch, der „Big Boss" zu sein, und verlangen entsprechenden Respekt von unten. Ihre Eitelkeit verlangt es, dass sie am besten mit „Herr Professor Doktor Müller" angeredet werden. Sie lassen keine Gelegenheit aus, in wichtigen Kreisen Vortragsproben ihrer Einmaligkeit und Bedeutung abzugeben. Sie wollen unter allen Umständen, dass ihnen möglichst viele zuarbeiten oder wenigstens als Personal untergeordnet sind.

Für die Forschung muss dabei nicht viel herausspringen. Ausschlaggebend ist die Größe des Arbeitsbereiches, um das eigene Ego aufzupolieren. Die Großmannssüchtigen suchen ständig nach verschiedenen hochrangigen Positionen. Verbandspräsident zu sein ist etwa ein angemessenes Ziel, selbst wenn der Fachverband im Bundesland nur wenige Mitglieder hat. Denn der schmückende Präsidententitel ist überaus attraktiv für diese Spezies der Professorenschaft. Sie sammelt wichtige Positionen wie Trophäen.

Großmannssüchtige erkennt man gut an ihrer Sprache: Sie sprechen sehr gestelzt, nutzen viele juristische Formeln und präsentieren mit jedem Satz die eigene Überlegenheit. Ihre Stimme ist meist lauter als bei den gegebenen Räumlichkeiten erforderlich. Ihre Redezeitanteile übersteigen deutlich diejenigen anderer Anwesender.

5) Die Forschungsprojektgroßmogule

Da die Vergabe von Forschungsgeldern nach dem Motto verläuft: „Wer hat, dem wird gegeben", gibt es in jedem Fach die Akkumulatoren dieser Gelder. Denn heutzutage misst sich das Ansehen von Wissenschaftlern über die eingeworbene Drittmittelsumme. Wer also erfolgreich eine möglichst hohe Summe eingeworben hat, zählt deshalb zu den wichtigen Leuten an der jeweiligen Fakultät und oft auch an der gesamten Universität. Mit ihnen zusammen bei einer Publikation in der Autorenreihe zu stehen, bedeutet so etwas wie ein Ritterschlag in Adelskreisen. Wer gar bei Projektanträgen an der Seite von Forschungsprojektgroßmogulen Gelder beantragen darf, hat deutlich mehr Chancen, diesen Antrag erfolgreich durch die Gutachtersichtung zu schleusen. Diese Mittelpunktstellung schmeichelt natürlich dem Ego der Großmogule und sie verändern dementsprechend ihren Charakter. Sie fühlen, dass sie das Sagen haben, und nutzen es zunehmend, um über andere zu bestimmen.

Großmogule brauchen vor allem Managementfähigkeiten und Organisationstalent. Denn sie müssen eine größere Arbeitsgruppe zum Arbeiten anhalten. Gleichzeitig müssen sie darauf achten, dass die nächsten Anträge rechtzeitig vorbereitet werden. Ohne hoch ausgeprägte Managementkompetenzen schafft man es nicht auf diese Position. Das Fachwissen muss dagegen nicht allzu groß sein. Ich kann mich erinnern, dass ich als studentische Hilfskraft in einem Forschungsinstitut gearbeitet habe und die Mitarbeiter der einzelnen Teilprojekte gut kannte. Der Oberboss war praktisch nie zu sehen. Als ein großes Presseinterview starten sollte, kam er und ließ sich von den verschiedenen Abteilungsleitern erklären, welche Forschungsergebnisse bisher erzielt worden waren. Ich war entsetzt, wie wenig er wusste – selbst ich als kleine Hilfskraft hätte mehr über die Projektergebnisse berichten können als der Leiter.

Selbstzweifel oder Unsicherheit findet man bei Forschungsprojektgroßmogulen selten. Im Gegenteil, sie sonnen sich in der Aura einer hochverehrten und bedeutsamen Person, die von vielen geschätzt wird. Über die Einzelergebnisse der eigenen Forschung müssen sie nichts wissen. Denn Großmogule im Forschungsfeld haben es nicht nötig, sich um derartige Details zu kümmern. Sie wissen um ihre Bedeutung und spielen sie auch aus. Einen Habitus der Bescheidenheit pflegen nur wenige.

6) Die Wissenschaftsgurus

Wissenschaftsgurus haben wie Gurus in südasiatischen Religionen Bedeutsames zu sagen und nehmen viel Einfluss auf andere. Sie sind in der Wissenschaft als Kapazitäten bekannt und pflegen diesen Status häufig sehr aktiv. Oft haben sie eine überregionales Renommee und meist viel gelesene Schriften publiziert. Die Wissenschaftsgurus werden oft zitiert. Denn Wissenschaftler glauben, in ihrer Forschung umso weniger angreifbar zu sein, je mehr sie von diesen Schriften in der eigenen Arbeit erwähnen. Journalisten lieben es, Wissenschaftsgurus zu interviewen – dadurch haben sie das Gefühl, richtig gute und wichtige Aussagen festgehalten zu haben.

Wissenschaftsgurus sind bisweilen an der eigenen Hochschule nicht beliebt, überregional jedoch immer. Vor Ort kann eine Konkurrenzsituation entstehen. In Abständen führt dies unmittelbar zur Demontage der Wissenschaftsgurus. Dadurch haben sie ein schwereres Leben als die Forschungsprojektgroßmogule, im Gegenzug aber haben in der gegenwärtigen schnelllebigen Zeit die größte Wahrscheinlichkeit, letztlich länger bekannt zu bleiben. Ihre Überlebenschancen sind deutlich größer als die anderer Arten der Bewohner von Academia.

7) Die Giftspritzer

In der Wissenschaft gibt es nicht nur die erfolgreichen Kämpfer, sondern auch Kampfgeister, denen weder die Einwerbung großer Geldsummen noch Verbreitung des eigenen Namens wirklich gelungen ist. Einige von ihnen kultivieren dann die Konkurrenzmuster als solche und beißen gegen alles und jeden. Da niemand Opfer der unerwarteten Attacken aus dem Nichts werden will, werden die Giftspritzer erstaunlich gut behandelt und geschont. Nur hinter ihrem Rücken gibt es kollegiales Gemurre.

Anders als die Giftschlangen im Tierreich sind die Giftspritzer relativ gut positioniert. Sie werden nicht gemieden und bekommen in vielen Punkten das, was sie haben wollen. Niemand möchte sich auf den Kampf mit ihnen einlassen. Die Furcht vor diesem Typus ist so groß, dass sie ziemlich sicher vor Angriffen sein können. Allerdings werden sie im beruflichen Umfeld selten Nähe und Wärme erfahren, denn die anderen Kollegen bleiben zum eigenen Schutz auf Distanz, schließlich könnten sie selbst das nächste Opfer sein.

Eine Unterart der Giftspritzer ist sehr weit verbreitet: die anonymen Giftspritzer. Sie werden auch Intrigantinnen und Intriganten genannt. Diese Subspezies trägt ihre Gefährlichkeit nicht offen zur Schau, sondern setzt sie heimtückisch ein. Hinter freundlichem Lächeln verbirgt sich der Wille, andere zu erledigen. Es wird nach Gelegenheiten gesucht zuzubeißen. Die giftige Substanz wird heimlich in der Dunkelheit und für andere nicht sichtbar verspritzt. Die anonymen Giftspritzer wird man nicht sofort erkennen. Es bedarf genauer Beobachtung, um diese Spezies zu erkennen. Für die Pflänzchen in ihrer Umgebung ist der Boden oft vom bereits abgesonderten Gift verseucht.

8) Die Eisprinzessinnen

Beim Eiskunstlauf ist es nötig, einen guten Eindruck auf die Jury zu machen und immer wieder komplizierte Sprünge zu wagen. Diese Taktik kann allerdings Niederlagen im doppelten Sinne zur Folge haben. Auch in der Wissenschaft gibt es Eisprinzessinnen, sogar männlichen Geschlechts. Dieser Typus zeichnet sich vor allem durch Empfindlichkeit aus. Sein Ziel ist es, ein möglichst schönes Bild von sich selbst abzugeben. Darauf sind all seine Bemühungen ausgerichtet. Eisprinzessinnen sind kühl bis eiskalt und publikumsfern, drehen ihre Kreise und sind tief getroffen, wenn diese nicht für gut befunden werden. Dann können sie heftig reagieren oder sogar beleidigt den Rückzug antreten. Oft versuchen sie, ihre Konkurrenz abzuwerten. Dazu setzen sie auch die Presse ein. Eisprinzessinnen sind unberechenbar, denn man kann von außen nicht ahnen, wann ihnen wieder die eine oder die andere Laus über die Leber gelaufen ist und entsprechende Wutausbrüche zu erwarten sind.

Vertreterinnen und Vertreter dieser Art können so empfindlich sein, dass sie sich an anderen festhalten und diese mit in den kalten See hinabreißen, wenn sie selbst auf der dünnen Eisdecke einzubrechen drohen.

9) Die Vaterverteidiger und die Vatermörder

Der akademische Betrieb ist als Seilschaftsbetrieb organisiert, bei dem die Doktorväter für den weiteren Aufstieg eines Nachwuchswissenschaftlers eine entscheidende Rolle spielen. Aktive Doktorväter organisieren das Feld für ihren Schützling, suchen nach geeigneten Zweitgutachtern und ermuntern Fachkollegen zu helfen, etwa indem sie den Doktoranden in Tagungssymposien aufnehmen. Sie überlegen, wann es günstig ist, den nächsten Schritt der wissenschaftlichen Qualifizierung zu machen. Die Möglichkeiten, steuernd und organisierend die Laufbahn der eigenen Doktorkinder zu fördern, sind vielfältig. Dies kostet allerhand Anstrengungen und Zeit.

Die Väter erwarten in der Regel, dass ihre Söhne und Töchter sich später für diese Karriereförderung als dankbar erweisen und die eigene wissenschaftliche Botschaft in der nächsten Generation fortführen. Dafür gibt es vielfältige Beispiele: Ein Professor für Archäologie hatte lebenslang die Idee verfolgt nachzuweisen, dass eine große Palastruine in einem fernen Land einer aus Legenden bekannten Königin zuzuordnen sei. Er forschte sogar nach seiner Emeritierung vor Ort nach Belegen. Von der übrigen Fachgesellschaft wurde er allerdings eher belächelt, obgleich er viele interessante Theorien entwickelt hatte, die das Denken im gesamten Fachdiskurs hätten verändern können. Eines Tages löschte die Universität seine Website mit allen darin eingebundenen Forschungsartikeln. Daraufhin nahmen es seine Doktoranden in die Hand, auf einer privaten Domain alle Schriften ihres Doktorvaters der Öffentlichkeit und vor allem der Nachwelt zur Verfügung zu stellen.

Diese Kategorie der Vaterverehrer ist in manchen Fachgebieten verbreitet und wie in diesem Beispiel positiv zu werten, weil wissenschaftliche Erkenntnisse vor dem Vergessenwerden bewahrt werden. Besonders in kleinen Nischenfächern findet man diese Spezies. Jedoch ergibt sich daraus auch eine Gefahr: Die Verehrung wird zuweilen so groß, dass eigenständiges und kritisches Denken nicht mehr möglich ist. Manche sehen ihre Aufgaben nur noch darin, den Glanz ihres Doktorvaters zu polieren. Andere versuchen, sich der undankbaren Nachwelt entgegenzustellen und primär die Anerkennung ihres akademischen Lehrers zu erhalten.

Neben diesem Typus des dankbaren Nachfolgers ist vor allem in den Sozial- und Geisteswissenschaften die Gattung der Vatermörder vertreten. Diese sind vorwiegend männlichen Geschlechts. Sie verdanken entweder ihre akademische Laufbahn der Förderung durch ihre Doktorväter oder sonnen sich einfach darin, potenzieller Stellennachfolger eines berühmten Professors zu sein. Diese Personen sind in der Regel selbst wissenschaftlich sehr schwach. Deshalb wollen sie sich mit dem Ruhm und der Anerkennung der Koryphäe schmücken, deren Lehrstuhl sie besetzen, indem sie alles tun, den Vorgänger vom Podest zu stürzen. Dazu glauben sie, dass sie den Doktorvater und/ oder Stellenvorgänger demontieren müssen. Sie versuchen, ihm die verbliebenen Gremiensitze oder Funktionen streitig zu machen, zweifeln sein Recht an, Habilitationskommissionen vorzusitzen. Das Spektrum der Angriffe auf Einflussmöglichkeiten und Bedeutung des Vorgängers ist breit. Manche setzen etwa Kollegen, die von ihnen abhängig sind, unter Druck, ihren Doktorvater öffentlich zu kritisieren.

Ich kenne einen Fall, in dem eine Doktorandin instrumentalisiert werden sollte, den Stellenvorgänger des Kommissionsvorsitzenden bei ihrem Disputationsvortrag negativ zu bewerten. Ein solcher Stoß vom Thron erfolgt selten durch eigene Gegenschriften, damit würde er mit offenem Visier vollzogen; meist werden kleine hinterhältige Sticheleien und massive verdeckte Stiche eingesetzt. Oft wird versucht, die Reputation des Doktorvaters bei Studentinnen und Studenten zu untergraben. Dies kann so weit führen, dass dessen Schriften aus den Empfehlungslisten für Studierende verschwinden.

Klar ist: Mit dem Vatermord soll die eigene Renommee aufgewertet werden. Tatsächlich bedeutet akademischer Vatermord, dass man viel Mühe aufwenden muss, um nicht entdeckt zu werden. Diese Energie geht dem eigenen wissenschaftlichen Werk verloren. Dadurch bleibt es klein. So wird wiederum das Motiv verstärkt, weitere wissenschaftliche Dolchstöße zu versetzen. Diese Kategorie von Nachfolgern hat ein ausgesprochen gutes Gespür dafür, was dem eigenen Doktorvater oder Vorgänger besonders wichtig war. Diese Reliquien werden möglichst gründlich zerstört.

Vatermörder erkennt man sowohl an Worten als auch an Taten, die gegen den großen Vorgänger gerichtet sind. Die Täter haben eine schwache Persönlichkeit, selbst wenn sie manchmal martialisch oder charmant auftreten. Vor ihnen als Supervisoren für die eigene Karriere sollte man sich hüten. Denn wer Blut an den Händen hat, kann sich der Förderung von Nachwuchswissenschaftlern nicht widmen.

Neben den Stämmen der Nutznießer und Kämpfer gibt es in Academia noch die Kategorie der Exoten unter den Hochschullehrern. Bei ihnen kann ich allerdings nur drei Arten samt vielen Unterarten bei der dritten Sorte unterscheiden:

5.3 Stamm der vom Aussterben bedrohten Exoten

1) Die Entertainer

Nicht alle Hochschullehrer definieren sich über die Forschung. Es gibt vielmehr einige, die sich als Entertainer in großen Hörsälen bewährt haben. Studierende gehen freiwillig in deren Vorlesungen, weil sie Spaß bereiten. Diese Entertainer suchen nach neuen Einlagen, Gags und ansprechenden Veranschaulichungsmöglichkeiten für ihre Lehrveranstaltungen und kümmern sich weniger um die Forschungsansprüche der Universität. Sie genügen sich selbst und freuen sich über positive Rückmeldung ihres Publikums. Manche Entertainer verbreiten ihre Künste in mehrfach aufgelegten Lehrbüchern. Oft bleiben sie nur vor Ort bekannt als besonders beliebte Dozenten.

Die Entertainer sind die geborenen Lehrenden. Wenn sie zu dieser Fähigkeit stehen, können sie ein zufriedenes Dasein an der Hochschule führen. Ihnen macht es Spaß, Versuchsanordnungen problemorientiert zu zeichnen oder Molekülmodelle plastisch herzustellen.

Die Entertainer werden selten Opfer von Neidattacken, weil den Kollegen Erfolg in der Lehre wenig wertvoll erscheint. Als geborene Entertainer haben sie an Hochschulen ein relativ narrenfreies Dasein, sie werden von den Studierenden verehrt und von den Kollegen mehr oder weniger in Ruhe gelassen, weil sie in der Öffentlichkeit zum guten Ruf der eigenen Fakultät beitragen.

2) Die Unbestechlichen

Die Hochschullandschaft und die darin herrschenden Bedingungen ändern sich ständig. Es gibt nur wenige Hochschullehrer – allerdings habe ich diese bislang noch nicht in Deutschland gefunden –, die sich so mit dem Konzept ihrer Hochschule identifizieren, dass sie bei gravierenden politischen Einschnitten kündigen.

Mir ist diese Art der Reaktion nur von einer Universität in einem europäischen Nachbarland bekannt. An dieser international renommierten Hochschule fanden Studierende wie Forscher lange Jahre ideale Studienbedingungen vor. Die Projekte der Wissenschaftler genossen weltweit Anerkennung. Als die Regierung des Landes drastische Sparmaßnahmen im Bildungssektor entschied und die Hochschulleitung diese umsetzte, gab es massive Proteste der Professorinnen und Professoren. Denn zu den Maßnahmen gehörten erhebliche Verschlechterungen der Studienbedingungen, während die professoralen Privilegien wenig angetastet wurden. Zu den präsidial angeordneten Sparmaßnahmen zählten, Seminargruppen um 100 Prozent zu vergrößern und vor allem zahlungskräftige Studierende zuzulassen, ohne dass deren Qualifikationsvoraussetzungen wie bisher gründlich geprüft wurden. Daraufhin verließen gleichzeitig mehrere Professoren ihre akademischen Positionen, ohne konkrete berufliche Alternativen zu haben, und taten öffentlich kund, dass sie so nicht mehr weiter lehren und forschen wollten.

Ihnen war die Qualität der Ausbildung von Studierenden so wichtig, dass sie bei deren Gefährdung bereit waren, freiwillig den Hut zu nehmen. Ihre eigene berufliche Absicherung war für sie in dieser Situation nicht relevant. Sie wollten schlicht das Projektstudium, das sie bislang erfolgreich angeleitet hatten, nicht dem Sparzwang opfern. Ihnen war also die qualitativ gut konzipierte Lehre so wichtig, dass sie eigene berufliche Unsicherheit in Kauf nahmen.

3) Die Rote Liste der vom Aussterben bedrohten Arten
Natürlich gibt es noch die sehr seltenen und daher besonders schützenswerten Pflanzen wie die begnadeten Hochschullehrer, denen es Spaß macht, der nachwachsenden Generation Wissen zu vermitteln. Desgleichen findet man die enthusiastischen Wissenschaftler älterer Forschergenerationen, die wirklich nach neuen Erkenntnissen streben. Sie würden ebenfalls auf der roten Liste der bedrohten Arten in Academia stehen. Man kann von großem Glück reden, wenn man Exemplare der bedrohten Arten während der eigenen Laufbahn an der Hochschule trifft. Allerdings helfen sie wenig beim Aufbau der eigenen akademischen Karriere, weil sie zu sehr inhaltsorientiert und nicht in der Lage sind, Netze zu knüpfen und Beziehungen spielen zu lassen. Sie sind letztlich nicht die typischen Vertreter vom heutigen Academia.

Insgesamt sind verschiedene Arten von Hochschullehrern zu unterscheiden, die allesamt auf der Roten Liste bedrohter Arten an Universitäten einzutragen wären:

- Der Forscher, der bei seinem Spezialgebiet bleibt, obgleich es dafür keinerlei Forschungsgelder gibt
- Der Forscher, der zuerst seine Ergebnisse an die Studierenden weitergibt, ehe er sie in Fachzeitschriften veröffentlicht
- Der Betreuer, der Studierenden unendlich viel Sprechzeit und Geduld widmet
- Der Hochschullehrer, der jedes Seminar genau so gründlich vorbereitet wie eine öffentlichkeitswirksame Kinderuniversitätsvorlesung
- Der Hochschullehrer, der von früh bis spät in der Universität präsent ist und sich jederzeit offen für studentische Fragen zeigt

Wenn wir gedanklich die eigene Hochschule nach diesen Typen untersuchen, werden wir lange nachdenken müssen, ehe wir Beispiele für die eine oder andere Art finden. Die Mehrheit der Kreaturen in

Academia gehört zu denjenigen, die entweder selbst Kämpfer sind oder versuchen, es ihnen nachzutun. Denn sie haben gelernt, dass nur die Kämpfertypen Beachtung finden. Da Beachtung das wesentliche Belohnungssystem im akademischen Kontext ist, versucht fast jeder, entweder Forschungsprojektgroßmogul oder wenigstens eine große wissenschaftliche Persönlichkeit zu werden.

Die hier vorgestellten Speziesgruppen der Hochschullehrer sind noch nicht erschöpfend charakterisiert worden, oft gibt es Mischformen. Wichtig ist nur zu wissen, welche Arten auftreten können, um rechtzeitig auf derartige Begegnungen vorbereitet zu sein. Wenn man Indikatoren für Machthabertypen entdeckt, sollte man sich möglichst bald aus dieser Begegnung zurückziehen.

Vom Aussterben bedrohte Arten sollten sorgsam behandelt werden, damit diesen Personen die verdiente Wertschätzung entgegengebracht wird. Begegnet man professoralen Einzelwesen, ist es immer sinnvoll, sie der passenden Typologie zuzuordnen, um nicht vom darauf folgenden Verhalten überrascht zu werden.

Jedenfalls bedeuten die Freiheitsrechte in Forschung und Lehre für Professoren, dass ihnen wenig entgegengestellt werden kann: Denn „einmal berufen, können sie tun und treiben, was sie wollen" (Wagner 1992, S. 48). Allerdings ist diese Freiheit von Forschung und Lehre nicht unbegrenzt, strukturelle Änderungen gehen auch an ihnen nicht spurlos vorbei. Doch sie macht es möglich, dass viel mehr Raum zur Kultivierung der eigenen Besonderheiten gegeben ist als in anderen Berufen.

Festgehalten werden sollte, dass im Wissenschaftsbetrieb ausschließlich Menschen agieren. Und die sind mehr durch ihre Emotionen geprägt als durch ihr Denken. Jeder Mensch in der Wissenschaft ist – vor allem auf der emotionalen Ebene – in seinen bisherigen biografischen Erfahrungen gefangen. Wer Leid erfahren hat, wer etwa von bisherigen Fachgrößen unterworfen worden ist, neigt dazu, diese Erfahrungen an die nächste Generation weiterzureichen. So setzen sich Kränkungen, Herabwürdigungen und Machtkämpfe von Generation zu Generation fort.

Dass die Hochschule ein Geflecht aus Emotionen ist, lässt sich durch ihre Außenfassade nicht sofort erkennen. Doch Academia ist eine Welt für sich, die alle Seiten menschlicher Entwicklung aufweist, also auch die Seite der emotionalen Verletzungen und Bedürfnisse.

Diese zu beachten ist wichtig, wenn man selbst in dieser Institution überleben will. Denn nur wenn man weiß, welche Kräfte und Mechanismen die Universitätswelt tatsächlich zusammenhalten, kann man sich selbst wirksam davon befreien.

6 Kultur und Besonderheiten. Sitten und Gebräuche im Volk der Wissenschaftler

Jedes Land und beinahe jede Region entwickelt im Laufe der Jahre ein bestimmtes kulturelles Gepräge. Dies gilt gleichermaßen für Academia mit seinen tiefen Schlangengruben und den in der hellen Sonne leuchtenden Oasen. Ihre Kultur wird auf den ersten Blick nicht wahrgenommen, weil viele glauben, in Universitäten ginge es um sachliche Lehre und objektive Forschung. Doch die kulturellen Muster prägen diese Institutionen mehr, als alle offiziellen Verlautbarungen es vermuten lassen.

6.1 Sandkastenspiele in Academia

Man kann sich gemeinhin nicht vorstellen, wie wichtig die zwischenmenschlichen Beziehungen und Hierarchien für den Erfolg in Academia sind. Ich habe oft die Universität mit einem Sandkasten verglichen, in dem kleine Kinder spielen. Dort sind die Abgründe menschlicher Emotionen sehr elementar zu sehen. Kinder nehmen sich die Sandspielsachen weg, einige kämpfen, andere stehen weinend da und schauen den verlorenen Schaufeln, Sandformen oder Baggern nach. Es geht immer um das „Haben" und das „Mehr-Haben". Das Recht des Stärkeren ist das dominierende Regelwerk. Drastisch ausgedrückt kann man sich die Universität als großen Sandkasten vorstellen, in dem es darum geht, wer die Schippe und den Eimer hat. Je größer ein Sandspielzeug ist, umso mehr läuft es Gefahr, Objekt der Begierde anderer Dreijähriger zu werden. Wer länger auf einer Parkbank an Sandkisten die Interaktionen der nachwachsenden Gesellschaftsmitglieder beobachtet, wird sehen, dass rote Plastikbagger im Sandkasten sofort gesichtet werden. Kaum fängt das besitzende Kind an, damit zu spielen, robben die Neider zu ihm. Bald reißen sie ihm den Bagger aus der Hand und sagen triumphierend: „Meins!" Wenn sich das ursprüngliche Besitzerkind den Übergriff nicht gefallen lassen will, wirft es den Okkupanten Sand ins Gesicht.

Diese elementaren Konkurrenzmechanismen scheinen offensichtlich im Laufe der Entwicklung eines Kindes zum Erwachsenen nicht abgebaut worden zu sein. Sie bleiben bestehen und setzen sich im Grunde fort, nur in der Form werden sie etwas kaschiert. In der Universität ist der Kampf um Ressourcen allgegenwärtig. Immer geht es darum, dass die anderen Einrichtungen weniger Mittel erhalten als der eigene Fachbereich. Doch nicht der Kampf um Besitz ist allgegenwärtig, primär ist der Kampf um Hierarchien und ihre Aufrechterhaltung.

Academia ist ein Land mit besonderen Regeln und Gesetzen, die zumeist ungeschrieben sind. Das akademische Glatteis hält sich verborgen. Leider kann man dort massiv ausrutschen, etwa wenn man die professorale Autorität nicht genug gewürdigt hat oder ihr gar missfällt.

Ebenso wie ein guter Dirigent eine Oper nicht erfolgreich dirigieren kann, ohne seine Primadonna bei Laune zu halten, ist auch in der Universität ein Weiterkommen ohne die Forschungsprojektgroßmogule und politischen Machthaber unmöglich. Sie bewegen diese an sich recht starre und traditionelle Institution in Richtung ihrer Wunschposition, die in Profilpapieren oder Stellenentscheidungen zutage tritt. So erreichen sie Schritt für Schritt den Wandel der Universität. Andere müssen sich mit diesen veränderten Strukturen arrangieren oder verlieren sich selbst. Je nach personeller Zusammensetzung der Professorenschaft an Fakultäten, Fachbereichen und Instituten entsteht ein spezielles Wertesystem und Arbeitsklima. Wer sich diesem nicht anschließt, gerät in die Außenseiterposition.

Wenn man eine neutrale Sichtweise von außen auf das akademische Gerangel einnimmt, wird man erst einmal erschrecken. Denn der erste Eindruck von dieser hochgeachteten Institution ist der eines emotional geleiteten Kräftemessens. Dieser Umstand verändert die innere Einstellung desjenigen, der Teil des Systems wird. Zunächst verliert er den hohen Respekt vor dem Wissenschaftsbetrieb und kann selbstbewusster auftreten. Anschließend ist er gewappnet gegen eigenartige emotional geprägte Ausbrüche, die er ohne seine Einblicke nicht verstehen würde. Mit der inneren Einstellung, dass an Hochschulen nicht wissenschaftliche Koryphäen, sondern Menschen mit ganz simplen emotionalen Macken und Bedürfnissen aufeinander treffen, fällt es leichter, das System distanziert zu betrachten und sich nicht persönlich davon einschüchtern zu lassen.

6.2 Berufungsrituale

Jede Kultur verfügt über mehr oder weniger ausgeprägte Rituale. Vor allem die Initiationsrituale können sich manchmal durch besondere Grausamkeit auszeichnen. Die Berufung an Universitäten hat eine ähnliche Funktion wie die Rituale des Erwachsenwerdens, neue Mitglieder werden nach bestimmten Regeln in die Gemeinschaft aufgenommen. Wenn man das Berufungsverfahren als Initiationsritus versteht, begreift man besser, was dabei tatsächlich auf der sozialemotionalen Ebene geschieht. Durch die vielen Möglichkeiten der Mitbestimmung bzw. Einflussnahme der professoralen Mächte werden etliche universitäre Entscheidungen gemäß diesem selbst geschaffenen Wertesystem geprägt. Selbst die Wahl neuer Professorinnen und Professoren erfolgt nicht nach objektiven fachlichen Qualitätsmaßstäben. Vielmehr entscheidet das Gremium, die Berufungskommission, in der nach deutschem Recht immer eine professorale Mehrheit stimmberechtigt ist, welche Person für geeignet gehalten wird und auf der Berufungsliste auf Platz 1 stehen soll. Wer in der Eignung geringer eingeschätzt wird, landet entsprechend auf Platz 2 und Platz 3.

Natürlich ist das tatsächliche Berufungsverfahren sehr viel komplizierter und differiert in Nuancen von Hochschule zu Hochschule und von Bundesland zu Bundesland. Es ähnelt sich jedoch immer darin, dass zuerst der formale Prozess der Stellenfreigabe bis hin zur Zustimmung des zuständigen Wissenschaftsministeriums durchlaufen werden muss. Liegt auf der formalen Ebene das „Ja" für die Neu- oder Erstbesetzung dieser Professur vor, beginnt der eigentliche inhaltliche Prozess. Der kann dergestalt sein, dass monatelang um den Ausschreibungstext gestritten wird. Dies mag Außenstehenden als eine müßige Auseinandersetzung erscheinen, ist jedoch als erster Machtkampf um die inhaltliche Ausrichtung der Professur zu sehen. Am Ausschreibungstext können Eingeweihte erkennen, welche Kräfte im Fachbereich/in der Fakultät beim Ringen um seine Inhalte das Oberwasser bekommen haben. In den Gremien wird dann beschlossen, welche Personen in der Berufungskommission Stimmrecht erhalten.

Neuerdings ist es üblich, dass auch auswärtige Professoren in das Berufungsgremium einbezogen werden. Allerdings ist diese Entscheidung über die Zusammensetzung das zweite Politikum. Denn nun steht fest, wem zugetraut wird, eine Auswahl zu treffen, die dem vorherigen Kräfteverhältnis am ehesten entspricht. Die so zusammengesetzte Berufungskommission wählt dann aus ihrer Mitte eine Vorsitzende/einen Vorsitzenden und entscheidet endgültig über alle Formulierungsfeinheiten des Ausschreibungstextes.

Erst nach all diesen Vorbereitungskämpfen wird entschieden, wie viel Geld für die Ausschreibung bezahlt wird, in welchen Zeitschriften die Anzeige erscheinen soll oder ob es reicht, sie elektronisch im Mitteilungskreis der Fachgesellschaft zu verbreiten. All diese Entscheidungen werden in Gremien wie Institutskonferenz oder Fakultätsrat formell, jedoch meist vorweg in internen Kreisen bereits beschlossen. Diese informellen Vorentscheidungen tauchen nirgendwo in Protokollen und amtlichen Dokumenten auf, sind aber letztlich richtungweisend. Letztlich tragen die Gremien nicht zur Entscheidungsfindung bei, sondern lediglich zur formalrechtlichen Absegnung.

Der Berufungsprozess ist ein Kooptationsprozess. Es soll diejenige Person gefunden werden, die am besten zu den Entscheidungsträgern des Faches passt. Deshalb haben die machthabenden Individuen in der jeweiligen Fakultät das meiste zu sagen und zu entscheiden. Demokratische Mitbestimmungsprozesse sind nur Makulatur, da die Hochschulgesetze vorsehen, dass in Berufungsfragen immer eine professorale Mehrheit entscheidet. Fachliches Spezialwissen wird selten gefragt, es geht bei der Professorenberufung um einen Macht- und Richtungskampf.

Ich kann mich noch sehr genau an meinen zweiten Bewerbungsprozess um eine Professur erinnern. Damals hatte ich das Gefühl, mich überzeugend vorgestellt zu haben. Ich bekam sogar von einem Mitglied der Kommission vor Ort die persönliche Rückmeldung, er habe noch nie zuvor so eine gute Präsentation erlebt. Auch andere Kommissionsmitglieder nickten mir immer wieder freundlich zu. Am Ende gelangte ich nur auf Platz 2 der Liste. Auf Platz 1 kam ein Mann, der bisher nur ein Buch zum Fach veröffentlicht hatte. Ich dagegen konnte damals schon auf eine längere Publikationsliste verweisen.

Ich fand das Ergebnis sachlich nicht gerechtfertigt und wollte diese Entscheidung eigentlich nicht akzeptieren. Folglich hatte ich mich an die Landesfrauenbeauftragte gewendet. Sie erklärte sich bereit, sich in ihrer Amtsfunktion zu erkundigen, wie diese Entscheidung zustande gekommen war. Daraufhin erhielt sie die Protokollnotiz aus der Berufungskommission: „Frau K. ist zwar eindeutig die fachlich qualifiziertere Person. Doch Herr X passt besser in das Profil des Fachbereichs“. Damit war ein Widerspruch der Frauenbeauftragten nicht mehr möglich, denn das Kriterium, wer qualifizierter sei, war begründet geändert worden: Es ging nicht um Qualifikation, sondern sozusagen um Lokalkolorit. Der Bewerber mit nur einer Publikation hatte einen Doktorvater, der aus demselben Bundesland stammte, und sprach den gängigen Dialekt an der Hochschule, welche die Professur ausgeschrieben hatte. Viele Jahre später schrieb mir ein Mitglied der Berufungskommission, er habe sich damals für mich eingesetzt und schätze mich immer noch sehr. Nun würde er gerne in einer inhaltlichen Frage mit mir kooperieren. Dieses freundliche Angebot war ein Trost angesichts der Vorgeschichte, konnte sie aber nicht mehr rückgängig machen.

Bei Berufungen gibt es neben den Verfahrensordnungen zusätzlich informelle Vorgespräche, in denen Entscheidungen im Kern vorbereitet werden. Viel wichtiger noch sind allerdings die begleitenden Telefonate. Dabei sind zwei Typologien zu unterscheiden, die die Entscheidung maßgeblich beeinflussen: die aktive Telefonstrategie und die absichernden Telefonate. Die letzte Form ist recht weit verbreitet. Sie wird eingesetzt, wenn Mitglieder der Berufungskommission auf der Suche nach genaueren Einschätzungen zu auswärtigen Bewerbern sind. Sobald sie eine Person aus der Hochschule einer Kandidatin/eines Kandidaten kennen, der sie soweit vertrauen können, dass sie ohne Probleme über Berufungsfragen reden dürfen, rufen sie dort an und erkundigen sich über diese Person.

Zwar ist dieses Vorgehen überhaupt nicht mit dem gültigen Personalrecht vereinbar, scheint jedoch eine sehr weit verbreitete Praxis zu sein. Für den Bewerber heißt der Einsatz dieser Hintergrundmethode, dass es eine kluge Investition in die Karriere ist, wenn er sich am derzeitigen Hochschulort positiv bekannt gemacht und nicht in der Studierstube verkrochen hat. Man kann das telefonische Urteil „engagiert sich" bewirken, indem man sich an seiner bisherigen Universität als aktives und fakultätsweit bekanntes Mitglied der Studienkommission erweist. Für das Urteil „interessante Forschung" reicht manchmal schon ein Vortrag im Institutskolloquium. Da insgesamt an Hochschulen eine Kommunikationswüste vorherrscht, kann man sich durch wenige Aktivitäten bereits einem größeren Kreis an potenziellen Empfängern des Telefonanrufs empfehlen.

Die aktive Telefonstrategie wird meines Wissens nur von wenigen Wissenschaftlerinnen und Wissenschaftlern eingesetzt. Das geschieht in diesen Fällen meist sehr gründlich. Hier rufen angesehene Professoren – seltener Professorinnen – ihre Fachkollegen aus Berufungskommissionen an und halten eine Empfehlungslaudatio für einen ihrer Doktoranden/Assistenten, die sich im Bewerbungsverfahren befinden. Der Bewerber kann in diesem Fall nicht viel tun, denn er weiß nicht, ob der eigene Doktorvater zur Kategorie der aktiven Telefonierer gehört.

Rechtlich betrachtet ist dieser Weg eigentlich völlig unzulässig, es sollten keine Personen in Berufungskommissionen mitwirken, die bezogen auf einen der Kandidaten befangen sind. Doch die Wirklichkeit sieht anders aus. Beide telefonischen Wege zeigen, dass es in Berufungsverfahren nicht so sehr auf die Details der eigenen Qualifikation ankommt, sondern vielmehr darauf, über ein Netzwerk positiv gesinnter Menschen zu verfügen, die im Zweifelsfall empfehlende Worte in den Telefonhörer sprechen.

Noch weniger spürbar als diese im Hintergrund ablaufenden Telefonstrategien sind Methoden des Schweigens und Verschweigens in Berufungsfragen. Da wird zuweilen die Pflicht, Professuren öffentlich auszuschreiben, in der Weise umgangen, dass eine kleine Lokalzeitung als Publikationsorgan bestimmt wird, die von den meisten potenziellen Bewerbern nicht gelesen wird. So schafft man es, den Kern der Bewerber auf die eigenen Favoriten zu beschränken. Eine Abart dieser Strategien zur Eingrenzung des Bewerberfeldes kann sein, dass etwa Informationen über Stellenausschreibungen absichtlich nicht weitergeleitet werden.

Insgesamt gesehen ist das offizielle formal geregelte Berufungsverfahren durchzogen von subjektiven Strategien der Einflussnahme. Dies zu wissen ist tröstlich für all diejenigen, die bei ihren Bewerbungen keinen Erfolg hatten: Die Absage muss nicht an der mangelnden eigenen Qualifikation liegen, sondern kann auch auf untergründige Machtkämpfe zurückzuführen sein.

6.3 Bewerbungstipps

Den Ausschreibungstext sollten Bewerbende genau lesen, denn darin steht in der Regel zwischen den Zeilen der Kompromiss aus den Verhandlungen der verschiedenen am Berufungsverfahren beteiligten Mächte. Jeder Spiegelstrich ist ein Resultat von Auseinandersetzungen. Im Bewerbungsschreiben sollte man herausstellen, in welcher Weise man auf die ausgeschriebene Professur passt. Jedem Unterspiegelstrich sollte ein Beleg in der Darstellung der eigenen bisherigen wissenschaftlichen Laufbahn zugeordnet werden.

Darüber hinaus muss das Bewerbungsschreiben übersichtlich strukturiert und am besten tabellarisch angelegt sein. Neben dem Bewerbungsschreiben sollte separiert eine Übersicht der Lehrveranstaltungen, Publikationen und – falls vorhanden – Auszeichnungen sowie ein tabellarischer Lebenslauf mit erworbenen Qualifikationen und Berufserfahrungen beigelegt werden. Hinzuzufügen sind wichtige Urkunden in beglaubigter Kopie wie Diplomzeugnis sowie bei Lehramtsprofessuren das Zeugnis für das Erste und Zweite Staatsexamen, Promotions- und Habilitationsurkunde.

Wenn die Ausschreibungsfrist beendet ist und alle Bewerbungen im Sekretariat eingegangen sind, kommt die Berufungskommission das erste Mal zusammen. Hat die Vorsitzende/der Vorsitzende Erfahrung, hat sie/er bereits die Sekretärin des Instituts angewiesen, eine tabellarische Übersicht über die eingegangenen Bewerbungen anzufertigen. Sie/er wird darauf achten, dass besonders bei ihren/seinen Favoriten die Kreuzchen richtig gesetzt werden.

Wenn Sie als Bewerberin/als Bewerber nicht dazu zählen, müssen Sie Ihre Bewerbung so abfassen, dass die wichtigsten abgefragten

Merkmale eindeutig – evtl. in Fettdruck – hervorgehoben werden, das sind:

- Titel der Dissertation
- Datum der Dissertation
- Bewertung der Dissertation
- Titel der Habilitation
- Datum der Habilitation
- Bewertung bzw. Denomination der Habilitation/Venia legendi
- Jahre von Praxiserfahrungen
- Auszeichnungen, wenn vorhanden
- Dauer der universitären Lehrerfahrungen
- Titel der Lehrveranstaltungen
- Mitarbeit in Forschungsprojekten
- Mitarbeit bei der Beantragung von Forschungsprojekten
- Dauer wissenschaftlicher Auslandsaufenthalte
- Ort wissenschaftlicher Auslandsaufenthalte
- Kooperationspartner bei den wissenschaftlichen Auslandsaufenthalten
- ggf. Ausweis über Behinderung

Diese Stichpunkte helfen der Sekretärin, Sie in der tabellarischen Übersicht zu berücksichtigen und für die Kommission sichtbar zu präsentieren.

Weglassen sollte man auf jeden Fall selbstverständliche oder unnötige Qualifikationen, um den Blick auf das Wesentliche nicht zu verstellen. Überflüssig bzw. unerwünscht sind Angaben wie:

- Führerscheinklasse
- Abiturzeugnis
- Erste Hilfe Zertifikat
- Das Alter der Partnerin/des Partners
- Besondere Begabungen und Vornamen der eigenen Kinder
- Wissenschaftliche Leistungen von Eltern und anderen Familienangehörigen
- Mitgliedschaft in Religionsgemeinschaften

Es werden also weder nicht relevante Zertifikate benötigt, noch Belege für Merkmale, die in demokratischen Auswahlprozessen keine Rolle spielen dürfen wie Adelstitel oder Religionszugehörigkeit.

Viel wichtiger ist, diejenigen Angaben groß erscheinen zu lassen, die auf verschiedene kleine Forschungsaufgaben als separate Forschungsprojekte verweisen, und sie mit Belegliteratur zu versehen. Ein schriftliches Lehr- und Forschungsportfolio mit Ausblick auf eigene

Forschungsvorhaben wirkt kompetent. Will man die Lehrkompetenz und Forschungsmotivation nur mündlich darstellen, kommt das nicht so kompakt und überzeugend an. Je klarer die Übersichten gestaltet sind, umso leichter fällt es der Sekretärin, im Vorfeld der ersten Sitzung der Berufungskommission die ausschlaggebenden Stichworte zu finden. Tabellarisch angelegte Übersichten erhöhen in den Augen der Kommission die eigene Kompetenz, weil der Eindruck der Bedeutung des Bewerbers beim Durchblättern der Unterlagen schnell sichtbar wird.

Nach der Anfertigung eines tabellarischen Überblicks durch die Sekretärin trifft sich die Berufungskommission zur Sichtung der Bewerbungsunterlagen. Ziel ist, die Einzuladenden herauszusuchen und eine Einigung zu erzielen, welche zusätzlichen Dokumente wie Schriften bereits vor dem ersten Vorstellungstermin zur Sichtung durch die Kommission eingereicht werden müssen. Die Kommission entscheidet ferner, wie lange und unter welchen Modalitäten das Vorstellungsprozedere ablaufen soll. Nur in wenigen Bundesländern gibt es dafür klare politische Vorgaben. So gilt für die Pädagogischen Hochschulen Baden-Württembergs die Vorschrift, dass die Bewerber eine Unterrichtsstunde an einer Schule abhalten und sich einer anschließenden Besprechung durch die Kommission stellen müssen. Sind die Kriterien des Bewerbungsverfahrens nicht festgelegt, kann sich die Kommission jede Art von Vorstellung ausdenken. Nachfolgend seien nur einige mögliche Alternativen genannt:

- ein halbstündiger Vortrag nach Wahl und anschließendes Gespräch mit der Kommission
- ein 25-minütiger Vortrag zu einem vorgegebenen Thema und anschließende Diskussion mit Öffentlichkeit und Kommission, sowie zehnminütiges Abschlussgespräch mit der Kommission
- ein Vortrag zu einem vorgegebenen Thema und anschließendes Vorführseminar mit Studierenden der Universität, an der das Bewerbungsverfahren stattfindet
- fünfminütiges Statement, wie das Profil des Bewerbers auf die Professur passt, einstündige Diskussion mit Kommission und Studierenden
- einstündiger Vortrag zu einem vorgegebenen Thema mit seminarähnlichen Bestandteilen, halbstündige Diskussion
- halbstündiger Vortrag zu einem Rahmenthema, zehnminütige Diskussion zum Vortrag, halbstündige Diskussion über das eigene Lehrkonzept mit Studierenden, halbstündige Befragung durch die Kommission

Die Varianten lassen sich beliebig erweitern. Es gibt keine generellen Regeln für derartige Verfahren. Die einzigen formalen Vorschriften sind diejenigen zur Zusammensetzung der Kommission.

Wenn Sie ein solches Schreiben mit Einladung zur Vorstellung erhalten, dann sollten Sie es so hinnehmen und sich fügen und nicht zu verändern versuchen. Ich kenne den Fall einer Kandidatin, die sehr gewissenhaft ihre Arbeit erledigte und am Tag ihres Probevortrags an der eigenen Universität Lehrveranstaltungen hatte, die sie nicht ausfallen lassen wollte. Sie rief die Vorsitzende der Berufungskommission an, ob der Vortrag nicht vielleicht einen Tag später stattfinden könne. Daraufhin war die Vorsitzende empört. Sie hatte gerade mit Mühe einen Tage gefunden, an dem alle Mitglieder der Kommission für die Vorstellungen eine Lücke im Terminkalender aufwiesen. Deshalb hielt sie die Kandidatin für prätentiös und tat alles dafür, dass sie nachher nicht auf die Liste genommen wurde. Dabei wäre sie die einzige Bewerberin gewesen, die mit ihren bisherigen Werken und beruflichen Erfahrungen wirklich auf den Ausschreibungstext gepasst hätte.

6.4 Die emotionale Seite der Berufungsverfahren

Mit dem Widerspruch zwischen formalen Anforderungen und Realität zeigt sich ein wesentliches irrationales Merkmal vieler Berufungsverfahren. Auch wenn es wirkt, als wäre es objektiv und sehr formal durchgezogen worden, prägen letztlich die Präferenzen der beteiligten Personen das Ergebnis. Das, was die Mehrheit der Kommission will, wird schlussendlich das Ergebnis der Verhandlungen sein. Noch zugespitzter formuliert könnte man sagen: Beschlossen wird, was die stärksten Kräfte in der Kommission wollen. Und in der Kommission haben immer Professoren die Mehrheit. Das hat das Bundesverfassungsgericht bereits 1973 festgelegt, indem dieser Statusgruppe in Berufungsfragen immer ein maßgebender Einfluss zugesprochen wurde. Wagner drückt dies sarkastisch aus: „Man wird Professor, indem man anderen Professoren gefällt“ (Wagner 1992, S. 50). Die Berufung durch „Zuruf“ ist nicht nur in der Wissenschaft verbreitet, sondern auch in anderen hierarchisch fest strukturierten Bereichen. „Manager wählen oft die Personen aus, die sie kennen oder die von Vertrauten empfohlen wurden. Man muss also bekannt sein und dafür sein Netzwerk pflegen. So werden aus Gelegenheiten Karriereschritte“ (Günther 2015, S. 1).

Das Verfahren an Universitäten sieht vielschichtig aus, doch die emotionale Seite der persönlichen Empfehlung hat ein großes Gewicht. Es werden Gutachter bestellt, Vorträge bewertet, die schriftlichen Bewerbungsunterlagen eingeschätzt. Dennoch schafft es am Ende die Person auf Platz 1 der Liste, die von der professoralen Mehrheit gewollt ist. Deshalb habe ich schon seit einigen Jahren einen etwas ketzerischen Vorschlag zur Vereinfachung von Berufungsverfahren mit ihrem enorm hohen Zeit- und Personalaufwand entwickelt. Er lautet folgendermaßen:

Anstelle aufwändiger tabellarischer Vergleiche stellt die Sekretärin Kärtchen mit den Namen aller Bewerbenden her, die in der Mitte des Kreises der Berufungskommission auf den Boden gelegt werden. Jedes Mitglied der Kommission erhält ein Pendel und darf es dreimal über den Namenskärtchen hin- und herschwingen lassen. Die Namen auf den Kärtchen, bei denen das Pendel jeweils stehen bleibt, werden auf einer Liste notiert. Am Schluss wird addiert und die Liste mit den drei Kandidaten für die ausgeschriebene Professur zusammengestellt.

Ich gehe davon aus, dass das Pendel so ausschlägt, wie es die pendelnde Person ausschlagen lassen möchte. Darum glaube ich, zu pendeln würde das Berufungsverfahren effektiver machen. Meine Erfahrungen in Berufungsfragen lassen mich zu dem Schluss kommen, dass bei allen Entscheidungsbefugten Vorbehalte zum Tragen kommen – gegenüber bestimmten forschungsmethodischen Zugängen, bestimmten vorherigen Erfahrungen, bestimmten benachbarten wissenschaftlichen Schulen oder bestimmten Doktorvätern. Lieber sollte man auf das aufwändige Verfahren verzichten und die Irrationalität offiziell zum System der Auswahl erklären. Meines Erachtens kommt dabei dasselbe heraus, als würden Gutachter jeweils mehrere Tage an drei vergleichenden Gutachten arbeiten, Kommissionen über Wochen hinweg arbeiten und Kandidatinnen und Kandidaten zum Teil lange Bahnreisen zur Vorstellung auf sich nehmen.

Wolf Wagner kritisiert an den Berufungsverfahren, dass sie nicht dazu beitragen würden, Vertreterinnen und Vertreter interessanter wissenschaftlicher Ansätze zu berufen, sondern oft Konkurrenzmotiven Vorrang geben würden, sodass die entscheidenden Professorinnen und Professoren entweder „graue Mäuse“ auswählten oder diejenigen, die von mächtigen Förderern protegiert werden (Wagner 1992, S. 63f).

Für die Betroffenen ist dies oft sehr enttäuschend, auch wenn sie wissen, dass hier nur Rituale der Selbstreproduktion stattfinden. Sie wollen sich ja erfolgreich bewerben und auf eine Professur – wenn auch oft erst nach vielen vergeblichen Versuchen – berufen werden. Deshalb ist es ihr zentrales Bestreben, sich selbst ins beste wissenschaftliche Licht zu rücken. Sie müssen das Geschehen ernst nehmen, ohne die dahinter stehenden Botschaften durchschauen zu können.

Bei Berufungsverfahren ist wesentlich, sich sachlich und klar, jedoch nicht zu selbstbewusst zu zeigen. Gleichzeitig sollte sich der

Bewerber nicht alles gefallen lassen. In Kolloquien zu den Berufungsvorträgen werden oft ganz verquaste Fragen gestellt – entweder denkt der Fragesteller selbst an sehr viele Aspekte gleichzeitig und merkt gar nicht, dass die Frage kaum noch verständlich ist; oder sie war als Fangfrage gedacht. Fragen sind also oft nicht so gemeint, wie sie klingen. Manchmal handelt es sich vielleicht um eine Fangfrage. Aber auch eine hilfestellende Frage kann verwirren. Gerade weil Fragen so formuliert werden, dass sie die eigentlichen Absichten des Fragestellers tarnen, werden sie in Berufungsverfahren für die Befragten schwer verständlich. Da hilft nur, einfach zurückzufragen, was denn gemeint sei. Noch klüger ist eine Rückfrage, die bereits eine Eingrenzung der Frage als Möglichkeit enthält und auf die der Bewerber durch sein Wissen auf dem eigenen Forschungsgebiet gut antworten kann. Dann ist die Situation gerettet, die fragende Person nicht blamiert. Der Bewerber hat bewiesen, dass er eine weiterführende Frage formulieren kann, und ist durch das Reden sicherer geworden.

Der wichtigste Rat bei Berufungsverfahren besteht darin, an das eigene Können zu glauben und sich viel zuzutrauen. Wer bei der Bewerbung interessante Vorhaben präsentiert, hat bessere Karten als derjenige, der nur sagt: „Ich werde dann später mit Ihnen sprechen, was am sinnvollsten zu tun ist." Selbstvertrauen und eigene Zielvorstellungen ziehen auch die anderen mit. Wer dagegen nur Unsicherheit ausstrahlt, schafft in der Bewerbungssituation ein gespanntes Klima. Allerdings darf das Selbstbewusstsein des Bewerbers nicht die Summe der Ego-Werte der beteiligten Professorenschaft übertreffen. Dann wird der Bewerber schnell als potenzielle Gefahr gesehen und mit hoher Wahrscheinlichkeit aussortiert.

Zudem sollte man versuchen, das Ganze nicht persönlich zu nehmen. Auch herausragende Persönlichkeiten können auf dem dritten Platz landen oder gar nicht auf die Liste kommen. Ein wunderbares Beispiel gibt es dazu aus der Musikgeschichte[9]. Johann Sebastian Bach war nur der dritte Kandidat für das Amt des Thomaskantors in Leipzig. Vor ihm lag der Erstplatzierte, Georg Philipp Telemann, der es aber vorzog, in Hamburg zu bleiben, nachdem er dort bei Verhandlungen eine bessere Bezahlung durchsetzen konnte. Auch der zweite Kandidat, Christoph Graupner, sagte ab, weil der ihn beschäftigende Landgraf von Hessen-Darmstadt ihn nicht gehen ließ. So konnte Bach schließlich in die Position des Thomaskantors gelangen.

---

9 https://de.wikipedia.org/wiki/Christoph_Graupner. Abruf 1.7.2015.

6.5 Forschungskultur

Die besondere Hochschulkultur zeigt sich nicht nur in Entscheidungsprozessen, sondern auch im Forschungsalltag. Schon bei der Vergabe der Mittel für Forschungsprojekte wird ein Ritual vollzogen. Es kommt darauf an, möglichst viele hochrangige Veröffentlichungen zum Thema im Antrag aufführen zu können. Damit soll einerseits das wissenschaftliche Niveau der Forschungsarbeit sichergestellt werden. Andererseits wird verhindert, dass gänzlich neue Forschungsansätze angewandt werden. Aus dem Forschungsantrag muss hervorgehen, ob die Antragsteller schon einmal einen Antrag zu diesem Problembereich gestellt haben. Wenn ein Wissenschaftler ein Projekt zusammen mit einem bislang erfolgreichen Antragsteller beantragt, steigen die Chancen. Denn Forschungsgelder und -programme werden an Mächtige vergeben. Es gilt dabei das bereits erwähnte „Matthäus-Prinzip“: „Wer hat, dem wird gegeben“. Zwar wird in Festtagsreden immer wieder betont, dass es sinnvoll und wünschenswert sei, praxisnahe Innovationen zu fördern. Tatsächlich wird das gefördert, was en vogue ist, personell wie inhaltlich.

Selbst die gegenwärtige Bundesregierung, die in ihrem Koalitionsvertrag festgeschrieben hat, mehr praxisnahe Forschung an den Fachhochschulen zu fördern, beißt sich an diesem kulturellen System die Zähne aus. Das Sagen haben die akademisch Mächtigen, die in der Deutschen Forschungsgemeinschaft die Gelder verteilen. Sie stellen die eigentlichen Führungszirkel von Academia dar.

Zwar gibt es ein objektiv wirkendes Begutachtungsverfahren des Antrags, in dessen Rahmen zum Beispiel bei der Deutschen Forschungsgesellschaft (DFG) zwei Gutachter unabhängig voneinander den jeweiligen Forschungsantrag bewerten. Allerdings wird nicht irgendwer für diese Aufgabe ausgewählt, sondern diejenigen, die schon auf den Listen der Fachgesellschaft vorgeschlagen und dann bei einer Wahl der Mitglieder ausgewählt wurden. Es sind also nicht Peers, die Forschungsanträge begutachten, sondern Superiors, die bereits eine höhere Position in der Scientific Community innehaben. Ihre Maßstäbe, die sie auf ihrem Weg nach oben gewonnen haben, werden auch auf Anträge von Newcomern angewendet.

Da nur Professorinnen und Professoren antragsberechtigt sind, ist es für den wissenschaftlichen Nachwuchs elementar, sich mit denjenigen für einen Projektantrag zusammenzufinden, die seit Längerem über eine gewisse Reputation in den Fachgesellschaften verfügen. Damit werden neue Denkrichtungen und praxisnahe Forschungsansätze systematisch an den Rand geschoben. Um einen Antrag erfolgreich durchzubringen, müssen die Erfolg versprechenden Forschungsinhalte und -methoden betont und die Erfolg versprechenden Personen eingebunden werden. Somit verstärken alle Beteiligten die Forschungskartelle.

Die oft propagierte Innovation in der Forschung zeigt sich bei der Forschungsmittelvergabe als sehr konservatives unbewegliches System. Denn in der Wissenschaft wird eher ein Senioritätsprinzip verfolgt als neue gesellschaftliche Probleme aufgegriffen.

Die formalen Anforderungen beim Erstellen des Antrags und des Abschlussberichts steigen fast exponentiell. Wenn ein Projekt abgeschlossen ist und keine Anschlussfinanzierung erhält, muss ein Bericht mit enorm vielen Detailinformationen aufgesetzt werden. Wer diese Aufgabe übernimmt, der wird jedoch nicht aus Projektmitteln bezahlt. Also muss aus dem laufenden Haushalt, der vor allem für die Lehre gedacht ist, das Personal finanziert werden, das dafür Sorge trägt, dass der Abschlussbericht diesen detailreichen Anforderungen genügt. Hier seien nur zur Illustration originale Anforderungen von Projektträgern an den Abschlussbericht zitiert:

- „Auf der Belegliste ist auch der Aufbewahrungsort der Belege zu vermerken.
- Die anteilig ausbezahlte Projektpauschale muss analog zur Zuwendung innerhalb von zwei Monaten nach der Auszahlung verwendet werden. Indirekte Projektausgaben fallen mit dem ersten Tag der Laufzeit eines Projektes an. Daher stellt bereits die Umbuchung der Mittel vom Projektkonto auf ein Konto, von dem die indirekten Projektausgaben, die durch das geförderte Projekt entstehen, beglichen werden, eine Verwendung dar.
- Bitte bestätigen Sie zudem, dass eine eindeutige Trennung von wirtschaftlichen und nicht-wirtschaftlichen Tätigkeiten erfolgt ist.
- Dem Verwendungsnachweis ist eine Aufstellung aller angeschafften Gegenstände im Wert von mehr als 410 € beizufügen. Diese Aufstellung muss neben den angeschafften Gegenständen die Anzahl der Gegenstände, das Kaufdatum, den Kaufpreis, die Abschreibungsdauer, den Abschreibungsbetrag für den Berichtszeitraum und für den Zeitraum der gesamten Projektlaufzeit enthalten“.

Sicherlich ist es wichtig zu prüfen, ob Forschungsgelder tatsächlich nur der beantragten Forschung zugutekommen. Wenn jedoch für die aufwändige Berichterstattung kein Geld zur Verfügung gestellt wird, muss die Finanzierung aus den laufenden Etats bestritten werden. Der Vorsitzende des Wissenschaftsrats Wolfgang Marquardt beklagte diesen Zustand einmal ganz generell, indem er meinte, dass damit von der Lehre Mittel verwendet werden müssten.[10] Ein weiterer kurzfristiger Lösungsansatz ist, dass an großen Institutionen aus den Mitteln des nächsten Projektes die Abwicklung des vorigen bezahlt wird. Er führt allerdings dazu, dass sich immer deutlicher einzelne Forschungsmittelgroßmogule herausbilden, während der Rest in die Röhre blickt. Gerade dadurch entstehen Hierarchien in der Wissenschaftswelt. So wird Konkurrenzdenken an Hochschulen gefördert statt wissenschaftlichen Austausch zu entfalten.

Bei vielen Forschungseinrichtungen ist es wichtig, den Projekttitel und die Kurzzusammenfassung so zu formulieren, dass man bei Posteingang der Förderinstitution richtig kategorisiert wird. Mit anderen Worten: Man muss der Sekretärin die passenden Stichworte in den Antrag schreiben, damit sie ihn der entsprechenden Forschungsprojektrichtung zuweist und an die passende Sachabteilung weiterreicht.

6.6 Politspiele in den Gremien

Während die Forschungsrituale für Außenstehende oder Newcomer kaum sichtbar sind, können die Gremienrituale täglich – und insbesondere am Gremientag, der zumeist auf einen Mittwoch fällt – beobachtet werden. Allerdings bedarf es eines großen Erfahrungsschatzes, um dabei unter der Oberfläche den ritualisierten Tagesordnungsablauf richtig deuten zu können.

Die Gremien an deutschen Hochschulen haben diverse Bezeichnungen und Abkürzungen. Manchmal gibt es – besonders an Einrichtungen, die sich als Reformhochschulen verstehen – recht seltsam anmutende Bezeichnungen wie KÄVV (Kommunikation und Ästhetik Vollversammlung) oder StrukoUG (Strukturkommissionsuntergruppe). Sogar die gängigen Bezeichnungen differieren von Ort zu Ort. Hier heißt es AS, da Senat und dort akademischer Senat. Auch Fakultätskonferenz, Fachbereichsrat, Fachbereichsvollversammlung oder Fakultätsrat sind Bezeichnungen für Entscheidungsgremien, die auf unterer universitärer Organisationsebene liegen. Alle diese Benennungen haben eine Gemeinsamkeit: Sie dokumentieren die Bedeutung dieser Gremien.

Meist werden Gremien von schweren Paketen aus Papieren begleitet, deren Inhalte in zwei Stunden Sitzungszeit zu entscheiden sind.

10 Wolfgang Marquardt sagte wörtlich: „Ein weiteres Problem ist, dass die Drittmittelprojekte in der Regel nicht ausfinanziert sind, die Universitäten müssen also für jeden Drittmittel-Euro, den sie einnehmen, noch Geld zuschießen. Und das geht wiederum auf Kosten von Lehre und Studium.“
http://www.tagesschau.de/inland/forschungsbericht100.html. Abruf 22.5.2014.

Eine einzige Fachbereichsratssitzung eines mittelgroßen Faches kann es auf einen Berg an Unterlagen von mehr als 20 Zentimetern Höhe bringen. Real werden diese Papiere von den meisten Stimmberechtigten gar nicht durchgelesen, auch wenn das niemand zugeben würde. So erklären sich die seltsam vielen einstimmigen Entscheidungen. Ein Gremienmitglied schließt sich der Vorprüfung einzelner Personen an, weil es eine mögliche Gegenstimme mangels Kenntnis des genauen juristischen Sachverhalts gar nicht begründen könnte. Lediglich diejenigen, die den zugehörigen Antrag gestellt haben, sind bestens auf „ihren“ Tagesordnungspunkt vorbereitet.

Obgleich die Dekane in den meisten Hochschulordnungen gar nicht stimmberechtigt sind, geben sie in der Regel den Ausschlag für die Abstimmung – schließlich hatten sie bereits eine vorbereitende Sitzung dazu abgehalten. Diese wiederum findet oft in einer Art Küchenkabinett statt. Es besteht aus hinzugezogenen Personen, die ein nicht gewähltes Gremium darstellen, aber qua Amt von der Dekanin oder Dekan als wichtig erachtet werden. Selbst für die unteren Ebenen wie Abteilungskonferenz oder Institutsrat gibt es neben der formellen Gremienstruktur eine informelle Vorentscheidungsinstanz aus wichtigen Personen – egal ob mit formellem Mandat oder ohne. Auch zur Sitzung des AS (Akademischer Senat) wird eine Vielzahl an vorbereitenden Sitzungen abgehalten, oft tagen die Statusgruppen, darunter Studierende, Verwaltungspersonal, Wissenschaftliche Mitarbeiter/innen sowie Professorinnen und Professoren, zunächst einmal für sich und dann noch nach jeweiligen Listen separiert. Vielerorts besprechen die diversen Hochschulgruppen – manchmal über die einzelnen Statusgruppen hinausgehend – die Tagesordnung der nächsten Sitzung und diskutieren das eigene Abstimmungsverhalten.

Ganz im Gegensatz zur nichtöffentlichen Vorentscheidung wird in den Gremien die große Politik imitiert, oft mit noch überzogeneren Ritualen, als die Politik sie durchführen würde. „Über Fachliches wird an Universitäten kaum gesprochen“ (Wagner 1992, S. 65), dafür umso mehr über die Einflussgebiete und Ressourcen. Da viele Entscheidungen einen juristischen Charakter haben und Studien- und Wahlordnungen, Kapazitätsberechnungen und sonstige rechtliche Statutenänderungen in den Gremien abgestimmt werden, haben diejenigen mit juristischer Halbbildung oder diejenigen, die das Landeshochschulgesetz einmal genauer durchgelesen haben, Oberwasser. Denn mit dieser Expertise können sie andere in den Gremien demütigen. Faktisch sind in nahezu allen Fakultäten – sieht man von der juristischen einmal ab, in der jedoch nicht alle Expertise für öffentliche Verwaltung haben – juristische Laien, die sich anmaßen müssen, juristisch standfeste Entscheidungen zu treffen. So werden die halbgebildeten Jurakenner mächtig.

Beobachtet man in Gremien die Sprache, wird deutlich, dass es sich hier mehr oder weniger um rituelle Handlungen dreht, welche die Bedeutung bestimmter Professoren betonen. Man sieht bei diesen Gremienritualen förmlich die farbige akademische Uniform mit Barett und herunterpendelnden goldenen Troddeln aus vergangenen Zeiten.

Eine besonders skurrile kulturelle Spezialität des universitären Gremienbetriebs ist im Umgang mit Verschwiegenheit zu sehen. Offiziell gibt es in Gremien öffentliche Abschnitte und nichtöffentliche, in denen es um Personalangelegenheiten geht. Doch gleichzeitig ist nichts so weit verbreitet wie das Geheime. Scherzhaft wird dieser Prozess manchmal mit dem Bild tradierter afrikanischer Kommunikation verglichen, dem „Buschtrommeln". Manche Angelegenheit, die eigentlich geheim gehalten werden sollte, ist oft in Kürze bundesweit bekannt. Geht es um die Verbreitung von vertraulichen Informationen, funktioniert die Scientific Community hervorragend, geht es aber um inhaltlichen Austausch, ist eine kooperative Haltung dagegen nur sehr selten zu spüren. Dabei läge gerade im wissenschaftlichen Diskurs über konkrete Inhalte und Probleme das eigentliche Potenzial von Universitäten. Doch der Kampf um Ruhm und die gleichzeitige Angst vor Blamage führen dazu, dass alle inhaltlichen Fragen ausgespart werden und sich die Gemeinsamkeit auf neutrale juristische Fragen in Gremien beschränkt.

Wegen der besonderen, Konkurrenz fördernden Strukturen an Universitäten sind Menschen, die nur ehrlich Wissen erwerben und vermitteln wollen, so etwas wie Fremdkörper. Wer sich vor einem ökonomisch ausgerichteten Betrieb scheut, sollte der heutigen Universität lieber fern bleiben und sich in anderen beruflichen Feldern als „ehrliche Haut" beweisen. Die Lehre spielt nur in Festreden eine große Rolle, im universitären Alltag fristet sie ein Randdasein. Man kann ihr zwar persönlich mehr Liebe widmen, doch ist es unvermeidbar, dass die Lehre in einem bestimmten System stattfindet. Selbst engagierte Hochschullehrende reden bei Gesprächen über die Lehre überwiegend von Notengebung oder der Vereinheitlichung von Standards und über die Konflikte um Leistungsanforderungen bei Studierenden. Das Inhaltliche der Lehre bleibt meist außen vor.

Deshalb sollte sich ein Nachwuchswissenschaftler vergegenwärtigen, in welchem System er tätig sein wird. Nur dann kann er sich bewusst dafür entscheiden, gegen den Strom der Zeit zu schwimmen und seine Lehre so zu gestalten, dass sie den Studierenden Engagement, Fragehaltung und Lust am Lernen vermittelt. Doch das ist nicht leicht unter den gegebenen strukturellen Bedingungen. So haben Lehrende – die vielen mitgerechnet, die neben den Professorinnen und Professoren die Lehre tragen – in Deutschland viel mehr Studierende zu betreuen als in anderen Ländern: „Der Betreuungsschlüssel von Lehrenden zu Studierenden liegt im Durchschnitt bei eins zu 60 oder eins zu 70. An den Universitäten, mit denen wir uns weltweit vergleichen, ist der Schlüssel eins zu 20“[11]. Dieses Ungleichgewicht in der Lehre trägt mit dazu bei, dass das wissenschaftliche Gespräch immer seltener und Konkurrenzverhalten dagegen immer häufiger wird.

Nun ist Konkurrenz und Geltungssucht als institutionelle Deformation nicht allein den Hochschulen eingeschrieben. Auch andere hierarchisch organisierte Institutionen leiden unter derartigen Symptomen. Nicht zuletzt geißelte Papst Franziskus in seiner Weihnachtsansprache von 2014 die „Krankheit der Rivalität und Eitelkeit“[12] in Kurie und Kirche. Die Auswüchse von Konkurrenz lassen sich gerade in den Institutionen gut beobachten, die sich durch besondere Präsenz und hohes Ansehen in der Öffentlichkeit auszeichnen. Es geht also nicht darum, Universitäten die alleinige Schuld zuzuweisen, sondern vielmehr darum, am Beispiel dieser hochangesehenen Institution die Finger auf Wunden zu legen, die der nächsten Generation in allen Bereichen viele Schmerzen bereiten könnten. Das Ziel sollte es sein, eine weniger von Konkurrenz geprägte und dafür sachorientiertere und produktivere Zusammenarbeit zu erreichen.

Jedoch sieht die Realität anders aus: An Universitäten ist ein starker Wildwuchs nicht nur aus Konkurrenzdenken, sondern auch und insbesondere aus Bürokratie zu finden. Zunächst einmal ist eine Zunahme an Bürokratie ein allgemeines Phänomen in hochentwickelten Gesellschaften. Universitäten als Subsystem wiederholen die typischen Muster der Gesellschaft. Hinzu kommt die Freiheit der Selbstverwaltung, die die Fülle an bürokratischen Aufgaben sogar noch zunehmen lässt.

Es gibt eine betriebswirtschaftliche Theorie, dass junge Institutionen noch relativ offen gegenüber ihren Mitarbeitenden sind. Sobald es aber zu negativen Erlebnissen mit ihnen kommt und Narben zurückbleiben, wird immer stärker kontrolliert, um diese Negativerlebnisse zukünftig zu verhindern. Das führt dann dazu, dass etwa für jeden dienstlich genutzten Bleistift ein Kontrollvorgang eröffnet wird, um nachzuvollziehen, wer einen Bleistift aus dem dienstlichen Depot ent-

11 http://www.tagesschau.de/inland/forschungsbericht100.html
Interview mit dem Vorsitzenden des Wissenschaftsrats. Abruf 22.5.2014.

12 http://www.sueddeutsche.de/panorama/spirituelles-alzheimer-papst-prangert-krankheiten-der-roemischen-kurie-an-1.2278949. Abruf 12.3.2015.

nommen hat, wann, wo und wozu. An der Hochschule sind mit solchen Vorgängen nicht nur Verwaltungskräfte beschäftigt, sondern auch die Wissenschaftler. Sie müssen tatsächlich in manchen Fällen durch Unterschrift oder eine mündliche Angabe, dass sie einen Bleistift nur zur dienstlichen Verwendung genommen haben und ihn nicht zu privaten Zwecken missbrauchen wollen und werden, Zeit investieren. Die fehlt dann für die wissenschaftliche Arbeit.

Ich kenne einen Professor, der es sich wegen seiner persönlichen Herkunft und seines internationalen Ansehens leisten konnte, im Jahre 2000 noch handgeschriebene Einladungen zu verfassen. Seine Begründung war, er wolle den bürokratischen Apparat nicht mehr nutzen, weil es für ihn entwürdigend sei, aus jedem dienstlichen Brief einen Vorgang zu machen. Da bleibe er lieber bei der eigenen Handschrift.

Solch exotisches Verhalten können sich nur wenige leisten, alle anderen sind mehr oder weniger in den bürokratischen Apparat eingebunden und müssen viele Stunden darin investieren, die von der eigentlichen Arbeitszeit abgeht. Ich habe mir sehr oft in meiner Phantasie ausgemalt, ich würde eine Selbstanzeige beim Landesrechnungshof aufgeben: Ich verschwende meine Qualifikation, indem ich simpelste bürokratische Aufgaben erledige, statt meine Zeit dem zu widmen, wofür ich mich jahrelang qualifiziert hatte, nämlich Lehre und Forschung in meinem Fachgebiet. Allerdings schreckten mich mögliche nicht absehbare Folgen davon ab, diesen Plan der Selbstanzeige in die Tat umzusetzen.

6.7 *Rituelles Missverstehen*

Die folgende kulturelle Blüte würde man normalerweise nicht in der Wissenschaft erwarten, weil sie zu diesem Biotop auf den ersten Blick nicht zu passen scheint: das Nichtbeachten der anderen. Gemeinhin wird davon ausgegangen, die Universität zeichne sich geradezu dadurch aus, dass alle aufeinander hören und voneinander lernen. So wurde schon im Mittelalter die Universität gegründet, um Gesprächskreise zur Wahrheitsfindung zu bilden.

Doch diese offene Haltung für den Erkenntnisgewinn gerät in den Hintergrund durch das Bestreben, größer und bedeutsamer als andere zu sein. Diese Geltungssucht überdeckt das Interesse, auf andere zu hören. Sie führt das System der Wissenschaft sogar so weit, dass gewollt Missverständnisse auftreten. Sobald eine Ausdrucksweise nicht dem Fachjargon des Gesprächspartners entspricht, interpretiert dieser sofort ein fehlerhaftes Denken des Anderen hinein. Insbesondere in interdisziplinären Zusammenkünften schleicht sich die Grundhaltung ein, man selbst habe die richtige Position und Vertreter anderer Disziplinen könnten gar nicht so weit sein, dass sie an das eigene fachliche Niveau heranreichen. So kommt es zu einem permanenten rituellen Missverstehen.

Das folgende Beispiel soll dies näher erläutern: *Bei einer Doktorandin wird immer wieder kritisiert, dass sie kein differenziertes Verständnis von XY habe. Auch wenn sie sich bei der nächsten Zusammenkunft bemüht, XY mehrperspektivisch zu definieren, schlägt ihr wieder der Vorwurf entgegen, sie habe keinen präzisen Begriff von XY. Die einzige Strategie, die ihr in diesem Fall helfen kann, ist, nicht weiter zu versuchen, die anderen argumentativ zu überzeugen, sondern sich mit Literaturkoryphäen und entsprechenden Zitaten zu wappnen. Defensive Versuche, alles genauer erklären zu wollen und das Gegenüber zum Verstehen zu bewegen, werden fehlschlagen.*

Dieses Nicht-Zuhören-Wollen und Nichtverstehen ist eine Unart, die viele Wunden insbesondere bei Nachwuchswissenschaftlerinnen und -wissenschaftler verursacht. Manche verzweifeln geradezu daran. Denn es schmerzt, wenn das, was man an Erkenntnissen aufgetan hat, nicht verstanden wird. Dagegen hilft nur, sich klar zu machen, dass der Größenwahn schwerer gewogen hat als die Erkenntnissuche. Gelingt das, werden Überraschung und Perplexität weniger groß sein in dem Moment, in dem die eigene Position partout falsch verstanden und kritisiert wird.

Es ist wesentlich, sich der Angst und dem Druck nicht zu beugen, sondern zu wissen, dass dies ein Ritual ist, das zur Institution Hochschule gehört wie das Wasser zum Fluss. Um bei dieser Metapher zu bleiben: Das Wasser lässt sich auf zweierlei Weise betrachten – als potenzielle Bedrohung, weil es Überschwemmungen auslösen kann, oder aber als vorübergehende Erscheinung, weil es weiterfließt. So ähnlich kann man sich auch beim rituellen Nichtverstehen in der Scientific Community trösten. Versetzt man sich in die Perspektive einer außenstehenden Person, ist das rituelle Nichtverstehen einfach Teil des üblichen Geschehens und verliert seine furchteinflößende Wirkung.

6.8 Perpetuum Mobile: Konkurrenz

Es gab schon viele Reformen im Hochschulbereich. Eine der letzten sollte eigentlich eine Qualitätsverbesserung bewirken. Sie wurde in der Presse sehr verlockend dargestellt: Professoren sollten zukünftig nach Leistung besoldet werden und sich nicht durch bloßes Aussitzen alle zwei Jahre automatisch von einer Gehaltsstufe zur nächsten finanziell verbessern können. Damals wurde die traditionelle C-Besoldung durch die neue W-Besoldung abgelöst. Das klang gut. Unfähige Professoren sollten nicht in den Genuss stetig wachsender Gehälter kommen, ohne ihren Pflichten nachzukommen.

In der Folge wurden deutlich niedrigere Grundgehälter für Professoren festgesetzt, Erhöhungen waren fortan Verhandlungssache. Doch diese bittere Medizin hatte keineswegs eine heilende Wirkung, sondern vor allem kontraproduktive Nebenwirkungen. Denn nun galt es für die betroffenen Neuberufenen, im Interesse des Geldbeutels möglichst viele Leistungspunkte zu sammeln. Diese können nicht nach qualitativen Kriterien erhoben werden. Wie will man das Engagement in einer Lehrveranstaltung messen? Doch die Höhe eingeworbener Drittmittel, die Anzahl an Prüfungen oder die Seitenzahl von Veröffentlichungen sind dagegen Größen, aus denen sich leicht Leistungsindikatoren bilden lassen. Deshalb wird danach gestrebt, in diesen Disziplinen möglichst viele Leistungspunkte vorzuweisen.

Insbesondere ein auswärtiger Ruf ist zum plausiblen Anlass geworden, die eigene Leistungsfähigkeit zu dokumentieren. Um diesen zu erhalten, muss man sich um auswärtige Professuren bewerben. Liegt ein Angebot vor, kann man an der Heimatuniversität Bleibeverhandlungen führen, um das eigene Grundgehalt aufzubessern. Da es sich dabei um ansehnliche Summen handelt, machen immer mehr junge Professoren im Bewerbungskarussell mit – egal ob sie wechseln wollen oder nicht. Meist geht es nur darum, für die Gehaltsverhandlung einen sichtbaren Beweis der eigenen Leistungsfähigkeit in der Hand zu halten.

Die Hochschulen mit vakanten Professuren haben das Nachsehen. Oft müssen sie erneut ausgeschrieben werden, weil alle Interessenten letztlich Bleibeverhandlungen an der eigenen Herkunftsuniversität führten und den Ruf nicht annahmen. Besonders die Studierenden, die darauf warten, dass in ihrem Fach die Professur wieder besetzt wird, sind die Leidtragenden. Doch auch die Wissenschaftlichen Mitarbeiterinnen und Mitarbeiter stehen ohne besetzte Professur verlassen da. Es werden in diesen Fällen kaum Stellen verlängert und selbstredend keine neuen Projekte mit möglichen weiteren Stellen angeworben.

So hat die ursprünglich zur Leistungssteigerung gedachte Strukturreform zu einem leistungsmindernden System geführt, das in Stillstand und Stagnation mündet. An Hochschulen fällt massiv Lehre im jeweiligen Studiengang aus, weil Professuren manchmal über Jahre hinweg nicht besetzt werden können. Oft müssen sie mehrfach ausgeschrieben werden, bis sie nicht mehr vakant sind.

Doch dieser Berufungszirkus hat nicht nur für die einzelne Hochschule mit der offenen Professur Folgen. Vielmehr schürt dieser ständige Druck, sich immer wieder neu bewerben zu müssen, die Konkurrenz der Professoren untereinander. Immerhin ist man kein wissenschaftlicher Kooperationsverbund, sondern konkurriert auf dem Stellenmarkt mit W-Besoldung. So wird das Konkurrenzsystem reproduziert und wissenschaftliche inhaltliche Weiterentwicklung behindert.

7 Essen und Trinken

So wie Touristen unterwegs essen und trinken müssen und deshalb auf gute Restaurants angewiesen sind, braucht auch die Nachwuchswissenschaftlerin/der Nachwuchswissenschaftler Nährstoff, um bei Kräften zu bleiben. Die Produktivität der wissenschaftlichen Arbeitskraft erfolgt weitgehend durch Konsum wissenschaftlicher Inhalte. Doch welche man braucht, um die Reise durch Academia zu überstehen, ist eine entscheidende Frage. Es geht dabei – wie in einer guten Restaurantküche – zuerst um die Zutaten, dann um die Würzung und schließlich um die Darbietung.

7.1 Die Grundnahrungsmittel kennen, den Mainstream identifizieren

Die wesentlichen Zutaten wissenschaftlicher Ernährung bestehen vor allem aus Büchern und anderen analogen oder digitalen Datenträgern wie Landkarten, Computerdateien, Experimentaldaten, Internettexten oder Abbildungen. Dennoch können diese Nährstoffe nicht beliebig ausgesucht werden. Sie müssen zur Rezeptur passen, die im Hause üblich ist. Man sollte zwar alle Bestandteile selbstständig zusammentragen, doch die Würzung muss nach dem Geschmack des davon profitierenden Hochschullehrers erfolgen.

Die Substanzaufnahme sollte so erfolgen, wie in Academia üblich. In ihrer Welt sollte man sich wie ein Fisch im Wasser bewegen. Was dabei gerade en vogue ist, lässt sich relativ leicht herausfinden. In Lehrveranstaltungen wird Literatur empfohlen, die bereits die Trends zeigt. Derartige Listen findet man in online veröffentlichten Veranstaltungsscripts. Zwar kann durchaus einmal aus Gründen der Objektivität eine Gegenposition auf der Liste zu lesender Schriften stehen. Meist kann man sich jedoch darauf verlassen, dass sich die Richtung, die in einem bestimmten Institut angesagt ist, durchgängig aus den Literaturempfehlungen entnehmen lässt. Wenn in diesem Institut quantitative Forschung zu einem bestimmten Schwerpunktgebiet für das Nonplusultra gehalten wird, gilt es, sich mit dieser Literatur zu beschäftigen. Werden dagegen wissenschaftstheoretisch konstruktivistische Ansätze bevorzugt, dann sollte man die dazu empfohlenen Schriften genauer studieren.

Nur wer die aktuellen Trends des eigenen akademischen Umfeldes gut kennt und verstanden hat, hat die Chance, dort weiter zu kommen und vor allem diese Trends auf der Basis fundierter Kenntnis einmal selbst kritisch unter die Lupe zu nehmen. Erst wenn man sich geschmeidig im Mainstream bewegt, kann man seine Stärken und Schwächen identifizieren und sich gegebenenfalls mit seiner eigenen Position begründet von den Trends absetzen.

Ganz einfach kristallisieren sich die angesagten Gedankenrichtungen und Theorien oder forschungsmethodischen Zugangsweisen durch den Besuch von Tagungen und insbesondere der Hauptvorträge von Tagungen heraus. Das im Internet veröffentliche Programm der Tagung mit dem Kurztext zu ihrem Schwerpunkt ist bereits ein sehr guter Indikator dafür, was gegenwärtig in der eigenen Disziplin angesagt ist. Sowohl die Forschungsschwerpunkte ebenso wie die Begriffe und Kategorien, mit denen diese gegenwärtig gefasst werden, lassen sich in groben Zügen aus der Lektüre des Tagungsprogramms herauslesen.

Bei eigenen Vorträgen ist es klug, durch einzelne Zitate und Namensnennung der entsprechenden Vertreterinnen oder Vertreter zu zeigen, dass man sich im Mainstream des gegenwärtigen Denkens auskennt. Einige neigen allerdings zur Übertreibung und präsentieren Vorträge, die vor lauter Namedropping so strotzen, dass selbst gutwillige Zuhörer nicht mehr verstehen, worum es inhaltlich geht. Eigentlich sagen diese Vortragenden nur: „Ich kenne mich im Mainstream aus". Allein wenn sie es so überdeutlich betonen, stoßen sie eher auf Abwehr als auf Akzeptanz. Es kommt also auf eine ausgewogene Mischung von Anlehnungen an den Mainstream und eigenständigen Aussagen an. Das Anlehnen dient der Zustimmung der wissenschaftlichen Disziplin, die authentischen Positionen machen aber erst den Sinn aus.

7.2 Die Würzschärfen: Gegenposition zum eigenen Fachbereich finden

Die Gegenposition zum Mainstream zu identifizieren gestaltet sich nicht einfach. Da die Scientific Community sich aus Streit zwischen verschiedenen Denkansätzen konstituiert, ist es besonders wichtig, auch die Gegenrichtung zu kennen. Diese isoliert zu betrachten ist wie Gift – sie sollte keinesfalls pur ohne vorherige Prüfung konsumiert werden. So wie die Koryphäen im eigenen Fach am Institut diese wissenschaftliche Gegenposition verteufeln, sollte sich ein Nachwuchswissenschaftler tunlichst daran halten, sich in der Anfangsphase so wenig wie möglich mit ihr zu beschäftigen. Natürlich sollte er die unerwünschten Theorien soweit zur Kenntnis genommen haben, dass er weiß, welche Reizwörter und No-Go-Begriffe er auf jeden Fall vermeiden sollte. Besonders die Namen der Hauptvertreter der Gegentheorie sollte man kennen, damit man auf keinen Fall in deren Hause weiter speist.

Nicht umsonst heißt das lateinische Wort für Universität „alma mater" – eine Mutter ernährt. Doch man sollte in jungen Jahren nur die Nahrungsangebote der eigenen Mutter annehmen. Bei einigen Vogelarten lassen sich die katastrophalen Folgen der Fremdfütterung gut beobachten. Sobald bei diesen Arten die Jungen von anderen Vögeln gefüttert werden, hören die Mütter mit der Nahrungsversorgung auf. Dies kann auch in Academia passieren. Man sollte sich also bei seinen ersten akademischen Gehversuchen voll auf die Versorgung im eigenen Hause verlassen und nicht anderweitig Unterstützung suchen. Das kann ansonsten verlustreich ausgehen.

Wohlgemerkt: Diese Ratschläge sind für die Anfangszeit bestimmt, in der ein Newcomer noch nicht firm genug ist, bei den seinen wissenschaftlichen Aussagen zugleich eine Gegenposition zu vertreten. Später sollte ein Nachwuchswissenschaftler allerdings durchaus abwägen, was er selbst für plausibel hält, und sich gerade nicht sklavisch wie ein Kleinkind anpassen.

Wenn man soweit ist, die eigene Fragestellung genau herausgearbeitet zu haben, ist der Zeitpunkt gekommen, gründlich über den eigenen Ansatz der Forschungsmethodik und die eigene theoretische Einordnung nachzudenken. Schritt für Schritt sollte man sich damit auseinandersetzen, ob die üblichen Forschungsstrategien des Mainstream im Fach wirklich zielführend sind, um die eigene Fragestellung zu beantworten, oder ob nicht vielleicht ganz neue methodische Herangehensweisen sinnvoller sind. Es stellen sich Fragen wie: Kann die Forschungsaufgabe mit den im Mainstream üblichen Begriffen und Kategorien umfassend beschrieben werden? Oder wären nicht theoretisch neue, eigenständige Ansätze in diesem Fall hilfreicher?

Ist man zur festen Überzeugung gelangt, dass die eigene Forschungsfrage in Gefilde führt, die vom Mainstream abweichen, sollte diese Auffassung genau begründet werden. Denn nun ist nicht mehr „alma mater" die Ernährerin – der Nachwuchs ist erwachsen geworden und muss selbst für sein Wohl sorgen. Das kostet viel mehr Mühe, auf eigenen Beinen zu stehen, bringt aber gleichzeitig viel größere Befriedigung.

7.3 Das Anrichten der Speisen: Sich körpersprachlich und rhetorisch eloquent präsentieren

So wie beim Essen das Auge mitisst und schön dekoriertes Essen den Appetit steigert, ist es auch im Wissenschaftsbereich wichtig, die eigene Forschungssubstanz gut verpackt und dekoriert darzubieten, damit andere Wissenschaftlerinnen und Wissenschaftler daran Interesse zeigen.

Es genügt nicht, sich ausreichend Informationen zu beschaffen und alles gut einzuordnen. „Erfolg ist keine objektive Kategorie. Erfolg ... unterliegt der Wahrnehmung. Das Ergebnis muss von anderen gesehen und als solches wahrgenommen werden. Erst dann ist es relevant für die eigene Karriere" (Günther 2015, S. 1). Wer im Wissenschaftsbereich etwas werden will, sollte also in der Lage sein, das eigene Wissen (appetit)anregend zu präsentieren. Eine akademische Karriere kann eher gelingen, wenn die Vorträge gut sind. Wichtiger als Inhalte zu differenzieren ist, dass sie gern von den Adressaten angenommen werden. Das heißt, dass sie rhetorisch gut sein müssen. Die Regeln gelungener Rhetorik sollten schon früh eingeübt werden.

Zu einer empfehlenswerten Präsentation gehören neben einer sauber artikulierten und klaren Sprache eine gestrafft aufrechte Körperhaltung, eine gleichmäßige Atmung und regelmäßiger direkter Blickkontakt mit dem Publikum. All diese Grundregeln sicheren Auftretens bei Vorträgen sind grundsätzlich lernbar und lassen sich alleine – beispielsweise vor dem Spiegel – üben. Hier werden die zwanzig wichtigsten Punkte aufgeführt, auf die man bei einer Präsentation achten sollte:

1. **Einen festen Stand einnehmen**: Wer unsicher steht, vermittelt die Botschaft, dass auch der eigene Inhalt noch etwas wackelig ist. Deshalb sollte man bei einem Vortrag in keinem Fall von einem Bein auf das andere wechseln oder gar mit den Füßen kippeln. Denn wer fest auf dem Boden steht, wirkt gleichzeitig, als habe er oder sie etwas Standfestes zu vertreten. Ebenso wichtig: die Ausrichtung der Füße. Wer die Fußspitzen nach innen stellt, signalisiert Unsicherheit. Sind die Füße zur Ausgangstür des Vortragsraumes gerichtet, signalisiert der Vortragende, dass er eigentlich am liebsten davonlaufen möchte. Präsenz und Dasein-Wollen sind jedoch die wichtigsten Grundbedingungen für einen überzeugenden Vortrag. Deshalb sollten die Füße parallel zueinander stehen. Der Stand hat außerdem Auswirkungen auf den Klang der Stimme. Wenn wir sicher stehen und erhaben aussehen, klingt das Gesagte überzeugender und bedeutender.
2. **Den Körper aufrecht halten:** Eingezogene Schultern oder ein krummer Rücken signalisieren Ängstlichkeit und provozieren

Angriffe. Aus diesem Grund sollte der Bauch nicht nach vorne gewölbt werden. Vielmehr ist ein Stand sinnvoll, bei dem die Brust nach vorne zeigt, während die Schultern nach hinten ausgerichtet sind. Diese Merkmale kennzeichnen einen selbstbewussten Stand und verstärken die Bedeutung der eigenen Botschaft.

3. **Den Kopf heben:** Mit erhobenem Kopf wirkt man physisch größer und inhaltlich kompetenter. Man signalisiert, dass man etwas kann und die Anwesenden zuhören sollten. Wer bereits mit hängenden Schultern und einem seitlich geneigten Kopf vor dem Publikum steht, nimmt eine Opferhaltung ein und muss sich nicht wundern, wenn er hinterher bei der Diskussion kritisiert wird. Ein schiefer Kopf passt eher zum Unterwerfungsgestus. Wenn man überzeugt ist von seinen Inhalten, kann man seinen Kopf berechtigterweise stolz aufrichten.
4. **Nach vorne blicken:** Mit offenem Blick nach vorn zeigt der Vortragende, dass er dem Publikum etwas zu sagen hat. Wer vor sich auf den Boden sieht, vermittelt Unsicherheit. Auch derjenige, der seine Hände hinter dem Rücken verschränkt, wird so wahrgenommen, als würde er sich in seiner Rolle unsicher fühlen oder hätte gar etwas vor dem Publikum zu verbergen. Die Körperkonturen sind nicht klar zu erkennen, wenn die Arme unsichtbar bleiben. Viel sinnvoller ist es, sie leicht nach vorne zum Publikum zu neigen und ohne Hektik zu bewegen.
5. **Nicht unsicher kichern:** Besonders junge Nachwuchswissenschaftlerinnen verfallen in der anstrengenden Situation, einen der ersten Vorträge halten zu müssen, in frühe Mädchenmuster und kaschieren Unsicherheiten durch Kichern. Damit zeigen sie, dass sie noch nicht reif für die Scientific Community sind, denn hier ist der Konkurrenzkampf unter Großen der Maßstab. Wer sich selbst klein präsentiert, könnte tatsächlich klein gemacht werden.
6. **Blickkontakt mit dem Publikum aufnehmen:** Zu den wesentlichen Voraussetzungen für einen erfolgreichen Vortrag gehört, das Publikum für sich zu einzunehmen. Deshalb ist Blickkontakt zu allen Seiten nötig. Denn alle Zuhörer sollen sich persönlich angesprochen fühlen. Wenn alle Menschen im Auditorium einbezogen werden, entsteht quasi eine nonverbale Interaktion mit dem Publikum. Dann kann man eventuell vorliegende kritische Minen entdecken und hat die Chance, vielleicht noch gewinnende Sätze einzubauen. Ein grober Fehler ist, sich umzudrehen und auf die Leinwand zu blicken, statt nach vorn ins Publikum. Damit geht der Kontakt zu den Zuhörern verloren.

7. **An der Stimme arbeiten:** Eine tiefere sonore Stimme wirkt überzeugender als eine piepsige oder sehr hohe. Das gelingt Männern naturgemäß leichter. Aber auch Frauen können durch Zwerchfellatmung, also Atmung in den Bauch, erreichen, dass ihre Stimme tiefer klingt. Dies ist tatsächlich hilfreich. Man sollte bei der Übung für den ersten öffentlichen Vortrag die Bauchatmung nicht vergessen, um schrittweise etwas mehr Tiefe bei der eigenen Vortragsstimme zu erreichen. Am leichtesten ist die tiefere Stimme im Liegen zu üben. Dazu legt man sich mit dem Rücken auf einen Teppich oder eine Yogamatte und atmet ins Zwerchfell. Wichtig ist es, dass man sich dabei gut entspannt. Denn im Entspannungszustand lässt es sich tiefer atmen. Legt man die Hände auf den Bauch, spürt man, wie die Luft in die tieferen Körperregionen dringt. Wenn eine Frau dann beim Ausatmen spricht, merkt sie von allein, dass ihre Stimme tiefer klingt. Diese Übung sollte so oft wiederholt werden, bis die Bauchatmung selbstverständlich geworden ist und die Stimme tatsächlich tiefer klingt. Die Übungen zur Bauchatmung können dadurch unterstützt werden, dass man im Liegen mit der Faust auf den Brustkorb klopft und dabei leichte Stimmäußerungen mit Silbenreihen wie „hahahaha" oder „bebebebebe" probiert. Sie werden spüren, dass die eigene Stimme mit diesen Übungen kräftiger wird.
8. **Beim Vortrag langsam sprechen:** Besonders Anfänger versuchen, möglichst viel von ihrem Wissen zu präsentieren, und pressen zu viele Informationen in die kurze Vortragszeit hinein. Die Folge ist ein schnelleres Sprechen. Damit gehen wichtige Aussagen unter und kommen nicht bei den Adressaten an. Deshalb sollten auf jeden Fall weniger Inhalte eingeplant werden, als laut Zeitlimit möglich wären. So kann man langsamer und nachdrücklicher vortragen und gegebenenfalls spontan eine gezielte Zwischenbemerkung in Richtung einer Person einfügen, deren Mimik man mit hoher Wahrscheinlichkeit richtig decodieren kann. Wer zu schnell spricht, wird nicht nur schlechter verstanden, sondern wertet damit die eigenen Aussagen ab. Das Publikum hat bei einem langsamen Vortrag mehr Chancen, sich auf das Gesagte einzulassen. Ein getragener, bedeutungsschwerer Grundtenor betont beim Vortragen der eigenen Position deren Relevanz, das Gesagte wird höher bewertet als bei einem aspektreichen, aber unpointiert gehaltenen Referat. Wenn die passende Körpersprache des Vortragenden diesen Effekt noch verstärkt, können Sie sicher sein, weniger hinterfragt zu werden. Denn Kritik erhalten eher die Anfänger und Schwachen, nicht die Starken. So wie in der Tierwelt die verletz-

ten Tiere als erste gefressen werden, können Sie sich vor Attacken besser mit dem Nimbus der Bedeutsamkeit schützen.

9. **Unruhe abwarten:** Viele Neulinge sind vor dem ersten Vortrag so aufgeregt, dass sie zu reden beginnen, wenn sie vorne stehen. Es kann jedoch sein, dass im Publikum noch untereinander Redebedarf zum letzten Vortrag oder schlicht Austauschbedarf besteht und eine gewisse akustische Unruhe spürbar ist. Dann muss man die Kraft aufbringen, einfach abzuwarten, bis das Publikum einem die volle Aufmerksamkeit zollt.
10. **Klare Gesten einsetzen:** Viele Vortragende haben die Bewegung ihrer Hände und Arme nicht im Griff, fassen nervös irgendwelche auf dem Tisch liegenden Dinge an, fuchteln wild mit den Armen herum oder stecken ihre Hände Halt suchend in die Hosentaschen. Derartige Gesten diskreditieren den Vortrag. Genauso gut gibt es aber Gesten, die das Gesagte positiv hervorheben, etwa mit einer leicht im Halbbogen nach unten gehenden Bewegung der linken Hand die Bedeutung des Inhalts unterstreichen. Man sollte vor dem Spiegel prüfen, ob die eigenen Gesten klar zu deuten und inhaltlich passend sind oder ob sie Unruhe und Nervosität ausdrücken. Im letzteren Fall sollte man eine ruhigere und aussagekräftigere Gestik üben. Gesten können die inhaltlichen Aussagen des Vortrags untermalen. Wenn von der Zweiteilung bestimmter Inhalte die Rede ist, kann die Zweiteilung mit den Armen optisch unterstützt werden. Wenn von wissenschaftlichen Zweifeln zu einer These gesprochen wird, kann man den Zweifel mit abwägenden Handbewegungen darstellen.
11. **Eine gut Struktur vorbereiten:** Gegenwärtig ist der Powerpoint-Vortrag auf Tagungen üblich. Diese Technik ermöglicht es, dem Publikum im Laufe des Vortrags stets einen Überblick über den aktuellen Stand zu vermitteln. Notizen über mögliche verbale Erläuterungen kann man sich selbst im Präsentationsmodus ansehen, ohne dass sie für das Auditorium sichtbar werden. Je strukturierter ein Vortrag ist, umso mehr Überzeugungsarbeit nimmt man sich selbst ab. Denn die Strukturierung hilft bei der Absicht, das Gesagte verständlich zu machen. Umgekehrt durchdringt man bei den Strukturierungsvorbereitungen die Thematik des eigenen Vortrags noch besser. Wichtig ist es, dass man weniger Folien einplant, als im gegebenen Zeitrahmen wahrscheinlich möglich wären. Dadurch lässt man sich mehr Zeit, einzelne Aspekte situativ zu erläutern. Wenn die Folien gut strukturiert aufgebaut sind und zeigen, zu welchem Abschnitt des Vortrags der Redner gelangt ist, kann man auch einmal eine Folie ohne Worte auf das Publikum wirken lassen.

12. **Methodische Argumentation einbauen:** Ein besonderer Kunstgriff bei Vorträgen ist es, mehrere begriffliche Ebenen zu unterscheiden. Das heißt, es können beispielsweise Aussagen zu empirischen Befunden getroffen, wissenschaftstheoretische Reflexionen oder philosophische Überlegungen angestellt werden. Dabei ist jedoch wichtig, dies beim Vortrag explizit zu tun. Das geht auch grafisch, indem die entsprechenden Folien durch Zeichen oder Farben besonders gekennzeichnet werden. Einerseits können die Zuhörer so den Argumentationsgang leichter verstehen. Das ist gut für Sie, denn je mehr Menschen im Auditorium Ihrer Argumentation folgen können, umso eher haben Sie diese potenziell für sich eingenommen. Auf der anderen Seite können solche methodischen Ebenen bei der Diskussion hilfreich sein. So können Fragen der jeweiligen Ebene zugeordnet werden ebenso wie Ihre Antworten. Das lässt Sie souveräner wirken und zeigt den Fragenden, dass Sie viel genauer über ihr Gebiet Bescheid wissen, als die Fragenden vermutet hatten.
13. **Wichtige Thesen und Stichworte auf Karten schreiben:** Damit der Blickkontakt gut gelingt, sollte man nicht ständig auf den Bildschirm des Laptops sehen. Besser ist es, sich zum Publikum hinzuwenden, in der einen Hand den Presenter zu halten und in der anderen Karten, auf denen die wichtigsten Stichworte der jeweiligen Folien notiert sind. So bleibt man bei seinem ursprünglichen Vortragsentwurf und nimmt leichter Kontakt mit dem Publikum auf. Das Notieren von wichtigen Stichworten hilft dabei, die Sätze kürzer zu fassen und sich nicht in unverständlichen Schachtelsätzen zu verrennen. Kurze klare Formulierungen können leichter rezipiert werden – darauf sollte es bei einem Vortrag vor Publikum ankommen: die eigenen Aussagen zu vermitteln und nicht, sich als klug und differenziert denkender Mensch selbstverliebt vor das Publikum zu stellen, ohne es mitzunehmen.
14. **Mit passenden Wendungen Sympathie gewinnen:** Das Publikum möchte in einem Vortrag als wichtig wahrgenommen werden. Schließlich muss es eine halbe Stunde oder länger ruhig sitzen und zuhören. Deshalb empfiehlt es sich sehr, Formeln zu verwenden, die die Zuhörer für den Vortragenden einnehmen, wie: „Diese Art der Darstellung habe ich extra für Sie entwickelt." Oder: „Dieses Ergebnis präsentiere ich heute zum ersten Mal." Oder: „Dieses Schaubild habe ich speziell für diesen Vortrag entworfen." Noch raffinierter ist es, das Publikum zu loben. Das geht nicht so platt wie beim Beispiel: „Ich finde, Sie sind ein super Publikum", sondern verlangt eine subtilere Aussage. Sprechen Sie vor bestimmten

Fachkollegen, die wegen eines Forschungsprojektes bekannt sind, sollten Sie erwähnen, wie wichtig die Lektüre des einschlägigen Artikels für Sie war und wie Sie auf dessen Basis diesen oder jenen Gedanken entwickeln konnten. So schaffen Sie eine Verbindung zwischen den Zuhörenden und Ihnen.

15. **Hauptthesen des Vortrag betonen:** Bei einem Vortrag lautet die zentrale Aufgabe, die wesentlichen Aussagen zu transportieren. Deshalb sollten durch Betonungen in der Stimme und kurze Pausen die besonderen Aussagen des eigenen Vortrags hervorgehoben werden. Eine weitere Verstärkung der inhaltlichen Substanz erfolgt, wenn man sie in sozusagen heilige Wörter und heilige Namen einflechten kann. Wer die großen historischen oder aktuellen Fachautoritäten kurz als Quelle dieser Aussage oder jener Daten anführt, schafft ein Gerüst zur Stabilisierung des eigenen Vortrags. Jedoch sollte der Vortragende darauf achten, dass vor lauter Gerüstbau das eigene Gedankengebäude nicht zusammenfällt. Gerade weil es so wichtig ist, die Macht von Zitierkartellen zu brechen, sollte man nicht nur die Größen des Fachs zur Absicherung der eigenen Arbeit erwähnen, sondern zugleich darauf achten, diejenigen unbekannten Arbeiten, die man selbst besonders wertschätzt und die für die eigene Forschung wichtige Impulse gegeben haben, ebenfalls anzusprechen.
16. **Unterhaltung des Publikums nicht vergessen:** So wichtig und differenziert Ihre Forschungsergebnisse auch sein mögen, sie sind vor allem für Sie selbst interessant, weniger fürs Publikum. Je nach Motivation und Persönlichkeit schweifen Ihre Zuhörenden immer wieder ab, denken an andere Erfahrungen, Probleme, Erinnerungen, Wünsche etc. Deshalb ist es wichtig, auch die Rolle des Entertainers anzunehmen. Es gilt, munter und unterhaltsam vorzutragen – sogar bei abstrakten Themen wie Molekülstrukturen oder philosophischen Sinnfragen. Mit Analogien und Beispielen kann das Publikum immer wieder einbezogen werden. Sprechen Sie die Zuhörer ab und zu direkt an, geben Sie allen das Gefühl, von Ihnen beachtet zu werden!
17. **Veranschaulichungen besonders überprüfen:** Alle Zuhörenden bzw. Zuschauenden Ihrer Vorträge sind Menschen und deshalb eher durch lebendige Beispiele, Abbildungen oder Grafiken zu beeindrucken als durch das Einerlei eines Vortrags. Überlegen Sie sich genau, welchen Inhalt Sie durch Fotos, Videos, Grafiken, Skizzen oder Tabellen untermalen können! Seien Sie sicher, dass diese Veranschaulichungen außergewöhnlich gut wahrgenommen werden. Sie sollten also besonders fit und schlagkräftig in der Argumentation auf

den Gebieten sein, in denen Sie Ihren Vortrag intensiv veranschaulichen. Wenn Sie allerdings befürchten, dass einige Untersuchungsschritte bei ihrer Forschung von anderen als heikel betrachtet werden könnten, dann sollten Sie diese gerade nicht durch spezielle Visualisierung hervorheben. Denn erfahrungsgemäß wird hinterher insbesondere über die anschaulichste Phase des Vortrags diskutiert. Wenn Sie wissen, dass dieser oder jener Aspekt lieber nicht zum Zentrum der Debatte werden sollte, dann unterlassen Sie für diesen Aspekt besondere Hervorhebungen.

18. **Abwertende Füllwörter vermeiden**: Sobald man im eigenen Vortrag verniedlichende Füllwörter und Floskeln wie „irgendwie", „ich glaube", „ich dachte mir" oder „das kann man so vielleicht sehen" benutzt, wertet man die eigenen Aussagen ab und vermittelt Unsicherheit. Machen Sie von Ihrem Vortrag einen Probevortrag und nehmen Sie ihn mit einem Audiorecorder auf! Dann werden Sie sehen, wie oft Sie „ähm" oder noch schlimmere Füllwörter verwenden. Versuchen Sie gezielt, diese Unsicherheitsfloskeln zu vermeiden und wiederholen Sie Ihren Probevortrag vor dem heimischen Spiegel – Sie werden sehen, dass Sie bald klarer und sicherer in Ihren Formulierungen werden.
19. **Vernichtender Kritik vorbeugen:** Kritik ist ein wichtiger Motor wissenschaftlichen Denkens. Gleichwohl ist Kritik oft nicht konstruktiv, sondern giftig und vernichtend. Es soll in vielen Fällen nicht die Aussage oder Interpretation verbessert, sondern die vortragende Person schlecht gemacht werden. Um diese Situation zu vermeiden oder wenigstens zu entschärfen, kann man sich im Vortrag darum bemühen, potenziellen Kritikern den Wind aus den Segeln zu nehmen. Eine kluge Möglichkeit ist, präventiv jene Fangwörter zu vermeiden, die möglicherweise in der anschließenden Diskussion aufgegriffen werden könnten. Ein kleines Gerüst mit Zitaten wichtiger unangreifbarer Fachvertreter schützt davor, vorgeführt zu werden. Unter allen Umständen sollte Ihr Vortrag tragfähige Substanz enthalten. Während der Diskussion können Sie durch Gegenfragen bei den ersten Kritikern zeigen, dass Sie sich zu wehren wissen und der Kritiker selbst leicht entblößt dastehen könnte, wenn er Ihnen zu nahe rückt. Clevere Gegenfragen wie „Haben Sie denn dazu neuere Daten/Erkenntnisse?" können Sie vor vernichtender Kritik schützen.
20. **Blamagen vermeiden:** Niemand zweifelt daran, dass der angloamerikanische Sprachraum in fast allen Disziplinen besonders wirkungsmächtig ist. Daher werden englischsprachige Zitate immer beliebter. Nicht alle haben die Kompetenz, englische Sätze

fließend auszusprechen. Wenn Sie sich noch nicht Souveränität mit Englischkursen und Besuchen internationaler Konferenzen angeeignet haben, um diese Sprache flüssig und korrekt auszusprechen, sollten Sie es sein lassen. Lesen Sie keine englischen Zitate vor, wenn Sie Englisch nicht ausreichend beherrschen! Im Zweifelsfall sollten Sie derartige Zitate lieber auf einer Folie visualisieren, damit das Publikum sie selbst lesen kann.

Aus Büchern zur Körpersprache, von denen es eine Vielzahl auf dem Markt gibt (vgl. u.a. Schmid-Egger/Krüll 2014), lassen sich weitere Ratschläge entnehmen. Sie können zu Hause vor dem Spiegel sehr wirksam üben, weil er deutlich die tatsächliche Körpersprache aufzeigt. Es empfiehlt sich außerdem, den eigenen Vortrag mit der Videokamera festzuhalten. Sobald man die Videoaufnahme der eigenen Rede sieht, entdeckt man automatisch allerhand Schwachstellen und kann versuchen, diese künftig zu vermeiden. Wer es nicht schafft, diese Punkte allein zu Hause zu üben, sollte sich Freunde suchen, welche die eigenen Vortragsversuche kritisch beobachten und Rückmeldungen geben. Falls man den Eindruck hat, dennoch nicht weiter/weit genug zu kommen, gibt es diverse Rhetorik-Workshops an Volkshochschulen und anderen Institutionen. Manchmal werden derartige Kurse auch von der Gleichstellungsstelle an der eigenen Hochschule angeboten.

Die Mühe lohnt sich: Wenn Sie die Ratschläge beherzigen und befolgen, sind Sie gerüstet für beeindruckende Vorträge. Damit bringen Sie sich in der Scientific Community ein und leisten gleichzeitig die Vorarbeit dazu, zu weiteren Vorträgen an anderen Orten eingeladen zu werden.

8 Sehenswürdigkeiten: „Must-go-Areas"!

Die meisten Reisen werden unternommen, um bestimmte Sehenswürdigkeiten anzuschauen. Die einen wollen ungewöhnliche Landschaften erleben, andere wertvolle Kulturgüter besichtigen. Gleichwohl ist stets das Ziel, an jene Orte zu gelangen, die als besonders sehenswert beschrieben werden.

Während bei einer klassischen Reise Landschaft oder Kultur an erster Stelle steht, sind bei der Reise durch das Gebiet der Schlangengruben wichtige Orte zu verzeichnen, an die man sich unbedingt begeben sollte. Denn beeindruckende Sehenswürdigkeiten werden nicht so schnell vergessen, sondern bleiben nachhaltig in Erinnerung. Deshalb werden sie bei der Reise durch Academia besonders ausführlich behandelt.

Doch die Must-go-Areas im Land der Schlangengruben sind nicht sofort zu erkennen wie bei einem touristisch attraktiven Land. Sie stechen nicht so hervor wie eine prächtige Kathedrale, ein traumhaftes Tal oder ein tosender Wasserfall. Aber auch hier gilt: Die Reise war nicht erfolgreich, wenn man sich die ganze Zeit nur auf der Autobahn bewegt hat und nicht ins wahre akademische Leben eingetaucht ist, um die tatsächlichen „Highlights" zu erleben. Deshalb sollte man die zentralen Orte aufspüren und live erleben, an denen der Wissenschaftsbetrieb Academias seine Quellflüsse hat.

Zunächst muss mit einem gängigen Vorurteil aufgeräumt werden: Nicht die Bibliothek ist das Hauptgebiet, in das sich ein Nachwuchswissenschaftler während seiner akademischen Laufbahn begeben muss. Natürlich geht es nicht ohne sie – es müssen schon Publikationen als wissenschaftlicher Output vorgewiesen werden. Aber die Qualität einer Schrift ist nicht das entscheidende Merkmal. Denn eine gute Publikation trägt sich nicht von allein in die Welt hinaus, sie muss vermarktet werden. Sonst bleiben Forscher No-Names. Und der Name zählt. Also gilt es, neben dem Recherchieren für ordentliche Publikationen stets die Verbreitung im Auge zu haben.

Deshalb ist eine zentrale Strategie im Wissenschaftsbereich, den eigenen Namen als bedeutend und kompetent zu vermarkten. Folglich lautet die Grundregel der akademischen Karriere: „Gehe hinaus in die Welt und verkrieche dich nicht in der Studierstube!“ Dabei lernt man die Wissenschaft näher kennen und sammelt vor allem authentische Erfahrungen. Genauso wie beim Reisen. Solange man berühmte Tempel, Reisterrassen, Brücken, Zuglinien oder Gipfel nicht mit eigenen Augen gesehen hat, weiß man nichts von deren tatsächlicher Faszinationskraft. Bloße Abbildungen von Sehenswürdigkeiten ersetzen nicht die Realität.

Dementsprechend gilt der Grundsatz, dass man bei Tagungen, in Zeitschriftenbeiträgen oder im Fakultätsalltag persönlich voll anwesend sein muss und eigene Erfahrungen auftun sollte. Das Erleben dieser Must-go-Gebiete lässt sich auch durch noch so viel theoretisches Studieren nicht ersetzen. Man muss sie selbst aufgesucht und erfahren haben, um einen Eindruck von der Besonderheit der akademischen Schlangengrube zu gewinnen.

Diese Areas tragen nicht nur die Ergänzung „Must-go“, sie sind auch tatsächlich ein absolutes Muss. Ohne sie zu kennen, kann eine Karriere in der Wissenschaft nicht gelingen. Sie entwickelt sich in sozialen Räumen und lässt sich nicht auf die Studierstube, das Labor oder das Bibliotheksarbeiten reduzieren. Wichtig ist dabei, dass die Räume betreten werden, in denen die Highlights des Wissenschaftsbetriebs sichtbar sind. Das sind vor allem Tagungen und als hochrangig geltende Zeitschriften. Doch auch der soziale Alltag eines Forschungsinstituts ist nicht zu verachten. Er ist mindestens so wertvoll wie ein nationales Kulturmonument bei den Reisen in verschiedene Länder.

8.1 1. Ort: Tagungen

Um im akademischen Bereich zu avancieren, darf man auf keinen Fall wie ein Außenseiter oder gar Eremit im eigenen Wohnbereich bleiben. Man sollte alles tun, persönlich mit Menschen der akademischen Welt in Berührung zu kommen. Der wichtigste Schritt sind Tagungen. Um dort Beachtung zu finden, empfiehlt es sich auf jeden Fall, Mitglied der zentralen Gesellschaft seines Faches zu sein.

In jedem Fach gibt es mindestens eine wissenschaftliche Vereinigung. Oft kann man zwischen unterschiedlich weit oder eng gefassten Kommissionen, Sektionen oder Assoziationen wählen. Man sollte die Mitgliedschaft in der größten und angesehensten Gesellschaft seines Faches anstreben und die regelmäßig stattfindenden Fachtagungen/Fachkongresse besuchen. Diese turnusmäßigen Treffen schwanken je nach Einrichtung zwischen halbjährigen und zweijährigen Rhythmen.

Diese Tagungen/Konferenzen finden in der Regel in verschiedenen Städten statt, weil zur Ausrichtung immer wieder andere Mitglieder bestellt werden, die als Ausgleich für ihre organisatorischen Mühen als Tagungsleitung besonders viel Aufmerksamkeit auf sich ziehen können. An den jeweiligen Ort der Fachtagung zu reisen ist ein absolutes Muss, wenn man in der Wissenschaft erfolgreich sein will. Die touristische Attraktivität dieser Stadt spielt keine Rolle. Meist ist das Tagungsprogramm ohnehin so voll, dass man von der Stadt außer den Straßen um den Tagungsort und den Bahnhof herum nicht viel sehen kann.

Auf einer Fachtagung/Fachkonferenz wird man in mehrfacher Hinsicht bekannt. Der erste Schritt ist, sich erfolgreich um die Annahme im Tagungsprogramm zu bewerben. Dazu werden in der Regel in einem Call-for-Papers (CfP) das Thema der Tagung sowie die Grundgedanken der Tagungsorganisatorinnen und -organisatoren vorgestellt. Gefragt ist das Angebot eines Vortragsthemas samt kurzem „Abstract"[13], anhand dessen die Tagungsleitung ersehen kann, ob das Thema ins Programm passt und wo es nach der Annahme platziert werden könnte. Ziel muss es sein, mit seinem Vortrag angenommen und möglichst an hervorragender Stelle im Programm aufgestellt zu werden – also nicht in dem Zeitfenster, das für die Nachwuchskräfte oder Doktorandinnen und Doktoranden vorgesehen ist und wenig Beachtung erhält, sondern im Hauptprogramm. Wird der Vortrag bei der ersten Tagung nicht dem Hauptprogramm zugeordnet, ist es dennoch strategisch klug, ihn zu halten: Der Referent wird schon einmal als beachtenswerte Nachwuchskraft angesehen und steigt in der akademischen Hierarchie eine Stufe aufwärts. Die nächste Etappe stellt dann der Vortrag im Hauptprogramm der folgenden Tagung dar.

Damit dies gelingt, sollte ein erster wichtiger Kniff angewendet werden: Es gilt, das eigene Arbeitsgebiet so verpackt anzubieten, dass mindestens drei wichtige Stichworte des Tagungsthemas darin enthalten sind. Auch aus dem Tagungsexposé sollten beim einzureichenden Abstract wichtige Schlagworte und Wendungen eingebaut werden. Es versteht sich von selbst, dass das eigene Vortragsgebiet genauer umrissen und kein bloßes Plagiat des Tagungsexposés sein sollte.

Bei der Platzierung des Vortrages ist bei der nächsten Fachtagung darauf zu achten, nun endlich ins Hauptprogramm aufgenommen zu werden und nicht im wenig beachteten Teil für Nachwuchswissenschaftlerinnen und Nachwuchswissenschaftler. Oft genügt es, die Kategorie Vortrag anstelle von Workshop anzukreuzen, damit der eigene

13 Das deutsche Wort Kurzzusammenfassung ist mittlerweile ganz aus dem akademischen Sprachgebrauch verschwunden.

Tagungsbeitrag höherwertig im Programm platziert wird. Eine kluge Strategie ist, sich mit bekannteren Wissenschaftlerinnen und Wissenschaftlern oder gar seiner Doktormutter/seinem Doktorvater als vortragendes Team anzumelden. Diese können nicht in die unbedeutenden Übungs-Panels der Nachwuchswissenschaftler eingeordnet werden und erhalten so ohne viele Mühen eine Position im Tagungsprogramm. Meist sind sie daher mit der gemeinsamen Anmeldung einverstanden – zumal, wenn Sie bei der Vorbereitung des Vortrags wesentliche Aufgaben übernehmen. Die eigene Platzierung im Tagungsprogramm wird durch die kooperative Anmeldung ungemein aufgewertet. Außerdem: Selbst wenn man den Vortrag letztlich fast allein hält, kann es eine Art Sicherheitsanker sein, eine erfahrene Wissenschaftlerin/einen erfahrenen Wissenschaftler an seiner Seite zu wissen.

Auf der Tagung sollten sich die Teilnehmer auch optisch professionell präsentieren. Abgerissene Kleidung, Vintage-look oder andere wenig formelle Stilrichtungen sind – selbst wenn sie in der Jugendkultur gerade en vogue sein sollten – fehl am Platz. Das Erscheinungsbild prägt die Rezeption der Zuhörenden. Und insbesondere, wenn man seinen ersten Vortrag vor überregionalem Publikum hält, will man möglichst positiv wahrgenommen werden. Wichtig ist auch das sonstige Auftreten. Sobald man unsicher wird, spüren das alle im Auditorium und setzen eher mit Kritik nach. Machen Sie sich vorher klar, wie bedeutsam die eigenen Ergebnisse sind: Eine mit Überzeugung vortragende Person ist mit größerer Wahrscheinlichkeit auf der Gewinnerseite. Achten Sie dabei auf die Grundregeln des rhetorisch guten Auftretens[14]!

Auch nach dem Vortrag ist die Arbeit noch nicht beendet. Denn jetzt gilt es, ein präzises Abstract zu schicken, in dem die wesentlichen Aspekte des Vortrags benannt werden. Auf der Basis dieses Publikationsangebots entscheidet die Herausgebergruppe, ob ein Artikel zum Thema des Vortrags im Tagungsband veröffentlicht wird. Das heißt, er könnte eine wertvolle Publikation in der eigenen Publikationsliste werden. Wird der Beitrag in den Tagungsband aufgenommen, gibt dies Anlass zur Hoffnung, dass er gesehen, vielleicht sogar gelesen oder zitiert wird. Einige Fachgesellschaften bieten als Supplement eine Online-Veröffentlichung des Tagungsbeitrags an. Zwar zählt diese für die eigene Literaturliste von Publikationen, trägt zum eigentlichen Ziel, in der Fachgesellschaft zur Kenntnis genommen zu werden, allerdings wenig bei. Und letzterer Punkt ist ein wesentlicher Schritt auf dem Weg zur universitären Karriere.

---

14 Vgl. Kapitel 7.3.

Neben dem offiziellen Hauptgeschehen gibt es auf Tagungen – wegen der Fülle an oft parallel angebotenen Vorträgen, Workshops, Laboratorien oder Diskussionsrunden – die informelle Tagungsstruktur. Sie ist für Außenstehende fast unsichtbar, aber für die Weiterentwicklung des Faches und das eigene Vorankommen von hoher Bedeutung. Nicht einmal fotografisch lässt sich diese sekundäre Tagung festhalten. Sie besteht daraus, bestimmten Personen auszuweichen, mögliche Begegnungen zu vermeiden und Kontakte zu knüpfen und anzuhäufen.

Ein wenig erkennt man diese parallele Tagungsebene an den Kaffeetischen. Dort stehen immer wieder bestimmte Menschen in Grüppchen zusammen, die sich etwas unter der Hand mitteilen wollen. Es gibt indessen auf Gängen, in Waschräumen, in den Sitzreihen vor Beginn der Vorträge und an weiteren Orten ein ständiges informelles Gewisper und Geraune. Die Gerüchteküche kocht auf hohen Temperaturen. Dabei werden Kommissionsgeheimnisse kommuniziert, die eigentlich unter Schweigepflicht stehen. So weiß man sehr bald, wer wohin gehen will und kann. Nun werden auch in anderen Institutionen Dienstgeheimnisse ausgeplaudert. Dies ist nicht das Alleinstellungsmerkmal von Universitäten, jedoch hier ist sehr viel Freiraum gegeben, sich in den kurzen kollegialen Begegnungszeiten dem Klatsch und Tratsch zu widmen. Gerade weil die Kollegen an Universitäten wenig Kontakt untereinander haben und sich so viel ins eigene Studierstübchen zum Schreiben von Gutachten, Projektanträgen und Publikationen zurückziehen können und müssen, werden die wenigen Momente der Begegnung besonders intensiv zum Kommunizieren genutzt. Dabei steht der Austausch von Hintergrundinformationen und Geheimnissen hoch im Kurs.

Bei diesen informellen Begegnungen – meist am Rande von Tagungsvorträgen – werden einander zunächst die wichtigsten Ereignisse erzählt, wer welchen Ruf erhalten, wer welche Forschungsmittel eingeworben hat und wie es an dieser oder jener Hochschule weitergeht. Ich erfahre in derartigen Kontexten regelmäßig, wer sich von meiner Fakultät erfolgreich auswärts beworben hat und bald mit Bleibeverhandlungen das stets zu schmale öffentlich gespeiste Budget der Fakultät auszutrocknen droht.

Am lukrativsten in diesen informellen Begegnungen ist für Tagungsteilnehmer jedoch die Ermunterung zu einer Bewerbung. Denn die informelle Tagung ist vor allem Stellenbörse. Wer anwesend ist, wird eher als potenzielle Kandidatin/als potenzieller Kandidat/ wahrgenommen und möglicherweise sogar gefragt oder wenigstens angeregt, sich hier oder dort zu bewerben. Am gefährlichsten auf der Schattentagung sind dagegen die wertenden Fallbeile. Denn an Kaffeetischen und bei kurzen Begegnungen wird in Windeseile definiert, wer oder was „out" ist und wer oder was „in". Wenn man persönlich anwesend ist, kann man eher kontrollieren, nicht als „out" abgestempelt zu werden. Dies ist eine wichtige Nebenfunktion der Teilnahme an Tagungen – selbst wenn man selbst keinen Vortrag hält.

Wer aufmerksam durch die Gänge vor Tagungsräumen geht, wird einige besonders glückstrahlende Personen wahrnehmen. Das sind die aktuellen Gewinner. Entweder haben sie das Glück gehabt, kürzlich in einem der diversen Exzellenzprogramme zu den Auserwählten zu zählen. Somit verfügen sie nun über viel Geld und sind auf Ausschau nach denjenigen, für deren wissenschaftliche Arbeitskraft sie das neu erworbene Geld ausgeben können. Oder die Triumphierenden können erstmals durch die Reihen der Fachgesellschaft stolzieren, weil sie einen lang ersehnten Ruf erhalten haben[15]. Ihr Gestus ist aufrecht mit leicht zurückgeworfenem Kopf. Denn sie brauchen nicht mehr ständig nach links oder rechts zu schauen, ob dort nicht jemand steht, der ihnen bei der eigenen Karriere behilflich sein kann. Diese wenigen Glückspilze zeigen eine ganz andere Körperhaltung als die sich duckenden Zeitgenossen, die manchmal bereits im zehnten Jahr und mittlerweile etwas verzweifelt hoffen, dass auch ihnen endlich einmal die Gnade der Berufung zuteil wird. Doch die glücklichen Gewinner von Stellen und Preisen können sich nicht unbeschadet ihres Glückes freuen, denn gleichzeitig schlägt ihnen der blanke Neid von denjenigen entgegen, die nicht so erfolgreich waren.

Die wichtigste unsichtbare Nahtstelle auf einer Tagung findet sich bei den Stehtischen. Hier gibt es Gelegenheit, persönliche Kontakte zu knüpfen und auf die eigene Kompetenz aufmerksam zu machen. Besonders geschickt ist, sich nach seinem Vortrag direkt zu denjenigen zu stellen, die einem beipflichtend zugenickt oder gar Interesse in Form von Fragen oder Diskussionsbeiträgen gezeigt haben. Diese können potenzielle Netzwerkpartnerinnen und -partner sein. Wenn jene Personen höher in der Hierarchie stehen, können sie als Förderer wichtig sein, indem sie Gutachten schreiben oder eine Empfehlung aussprechen, wenn hier oder dort eine Stelle besetzt werden soll. Die-

---

15 Natürlich ist es nicht fein, dies zuzugeben. Nur wenige im Mittelbau haben die Größe, das Sehnen nach einer Professur öffentlich zu outen. Einmal war ich bei der 38. Geburtstagsfeier eines Wissenschaftlichen Mitarbeiters eingeladen. Er stellte den Gästen ironisierend seinen Tagesablauf vor: „Und wenn ich dann um 3 Uhr den Schreibtisch verlasse und müde ins Bett falle, wache ich doch morgens wieder um 11 Uhr auf. Ich laufe zum Briefkasten und schaue, ob heute ein Ruf darin liegt."

jenigen, die Interesse an der Arbeit signalisiert haben, können auch zu Mentoren für die wissenschaftliche Laufbahn werden. Denn sie haben bereits ein Fünkchen an Verstehen und Verständnis gezeigt. Es ist viel lohnenswerter, den ernsthaft Interessierten am Stehtisch weitere Details aus der eigenen Forschung mitzuteilen, als verzweifelt zu versuchen, die eigenen Gegner zu überzeugen. Das wird Ihnen nicht gelingen, nicht einmal mit den ausgefeiltesten Argumenten. Denn sie sind emotional gegen Ihren Ansatz eingestellt. Viel wichtiger ist es deshalb, ein eigenes Netzwerk an Unterstützern zu knüpfen. Und dazu bieten Fachtagungen ein hervorragendes Forum.

Sie sind jedoch nicht nur Ort des Austausches von Tratsch und der Effekthascherei, die im Mangel an Kommunikation in der alltäglichen Abgeschiedenheit des wissenschaftlichen Betriebs idealen Nährboden findet. Es gibt bei Tagungen durchaus auch sachliche Runden. Man findet sie oft in neu gegründeten Kommissionen oder in Nischendisziplinen. In derartigen Kreisen sollte man sich stärker verankern. Denn dort findet trotz aller Intrigen ein wirklicher fachlicher Austausch statt. Ich kann es nach mehreren Jahrzehnten der Tagungsteilnahme immer noch nicht fassen, wie schnell sich eine Tagung durch eine kleine Substruktur vom Markt der Eitelkeiten zur konstruktiven Diskussionsplattform wandeln kann.

Doch die Regel bleibt bestehen, auch sei sie noch so trist: Jede Tagung dient der Reproduktion und dem Stärken vorhandener Hierarchien. Besonders interessant als Beobachtungsobjekt sind die Diskussionsrunden nach Vorträgen. Sie fördern zutage, wer mit schärfsten Waffen nach seinem Vortrag angegriffen und wer mit Lob überschüttet wurde. Es lässt sich sehr schnell ein Soziogramm vom „in“ und „out“ der Fachgesellschaft skizzieren, wenn man weiß, wer mit wem wie in der Diskussion umgeht. Man muss nur hinhören: Wer nennt wen als Referenz bei Tagungen, welche Beiträge werden aufgegriffen, welche nicht?

Einige durchaus kluge Gedanken, die von Personen niederen Status zur Diskussion gestellt worden sind, gelangen nie in den Fokus der Debatte. Wiederum Plattitüden, die von Fachautoritäten in den Diskurs eingebracht werden, genießen dagegen höchste Achtung. Spannend ist dabei, welche Fragen überhaupt nicht aufgeworfen werden. Wenn Vortragende eine schwer verständliche Folie präsentieren, die aber klug erscheint, dann können sie sicher sein, dass niemand nachfragt. Denn kaum jemand wagt das Risiko der Blöße, selbst nicht zu wissen, worum es geht. Man gibt selten zu, dass man etwas im Vortrag nicht versteht. Wenn dies vorkommt, ist es eine rhetorische Floskel, um die vortragende Person zu kritisieren.

Insgesamt kann gesagt werden, dass Fachtagungen das A und O für den Start in die akademische Laufbahn sind. Spätere Gutachter, zukünftige Mitglieder in Berufungskommissionen, potenzielle Projektmitarbeiter – sie alle trifft man auf Tagungen, kann mit ihnen am Stehtisch beim Kaffeetrinken ein paar Worte austauschen. Man bekommt bei der Diskussion zum eigenen Vortrag die Resonanz der Fachgesellschaft mit. Den internationalen Gästen kann man sich als interessante Persönlichkeit aus dem Bereich der Nachwuchswissenschaftler präsentieren und wird vielleicht einmal von ihnen für einen Vortrag auf eine internationale Tagung eingeladen.

8.2 2. Ort: wichtige Fachgesellschaften

Um überhaupt Tagungseinladungen zu erhalten, ist es wichtig, an die Informationsflüsse der Scientific Community angeschlossen zu sein. Über die E-Mail-Verteiler von Fachgesellschaften werden Tagungsankündigungen und Stellenausschreibungen herumgeschickt. Es lohnt sich sehr, all diese Informationen zu erhalten.

Oft wird bei der Aufnahme ins Tagungsprogramm oder bei Preisverleihungen geschaut, ob es sich tatsächlich um Mitglieder der Fachgesellschaft handelt. Sie zahlen nicht nur günstigere Tagungsgebühren oder kommen manchmal sogar in den Genuss, aktuelle Bücher wie die Tagungsbände kostenlos zu beziehen, sie sind auch besser aufgestellt. Allein durch die Sammelbände sind sie sehr schnell auf dem neuesten Stand der Forschung. Zudem sind Mitglieder der Fachgesellschaft auch privilegierte Informationsempfänger. Denn noch wichtiger als der fachliche Austausch ist die Nachrichtenseite der Fachgesellschaft. So schnell kann man die wesentlichen Neuigkeiten im Fach gar nicht recherchieren, wie sie in den diversen Rundmails über den Bildschirm flattern.

Für alle, die nicht privat an einen bestimmten Ort gebunden sind, bieten die Stellenausschreibungen, die bundesweit über den Nachrichtenticker der Fachgesellschaft laufen, sogar reale Chancen für neue Stellen. Darüber hinaus bieten Fachgesellschaften eine hervorragende Hilfe auf der inhaltlichen Seite, um z.B. die neueste Literatur zu finden. Ehe man selbst bestimmte Neuerscheinungen in den einschlägigen Datenbanken entdeckt hat, wurde die Fachgesellschaft von den Kollegen, die diese Bücher verfasst oder rezensiert haben, bereits auf wichtige Neuerscheinungen aufmerksam gemacht. Als Mitglied einer Fachgesellschaft bekommt man nicht nur Nachrichten und wissenschaftliche Ergebnisse präsentiert, sondern erfährt immer wieder die Namen der anderen Fachgesellschaftsmitglieder.

Dieser Vorteil verstärkt das Zusammengehörigkeitsgefühl und deutet auf einen weiteren Faktor der Mitgliedschaft in einer Fachgesellschafts hin, der nicht zu unterschätzen ist: die psychologischen Effekte auf die Persönlichkeit. Man fühlt sich als Mitglied dem Fach zugehörig, identifiziert sich stärker damit und denkt dadurch letztlich fachbezogener. Das ist keineswegs negativ zu bewerten. Für das Vorankommen ist eine gehörige Portion Identifikation mit dem Fach sehr sinnvoll. Sieht man es als etwas Eigenes an und nicht als das Fach, das man mehr oder weniger zufällig einmal zu studieren begonnen hat, wächst das Engagement für das Fach. Dazu kommt, dass man von den anderen Fachgesellschaftsmitgliedern mit jedem Auftritt auf Tagungen zunehmend zu den ihren gezählt wird und somit an Sympathie gewinnt. Man ist nicht mehr irgendwer, sondern schrittweise eine Person, die dazu gehört. Als Mitglied der Fachgesellschaft genießt man den Status eines Adoptivkindes und kann eher auf erfolgreiche Bewerbungen hoffen.

Für das, was eine Fachgesellschaft zu bieten hat, sind die Mitgliedsbeiträge relativ niedrig. Deshalb erscheint es mir noch heute als eine besonders absurde Geschichte, was mir einmal über eine Wissenschaftliche Mitarbeiterin berichtet wurde. Sie hatte erstmals nach vielen Jahren der Tätigkeit an verschiedenen Universitäten einen Vortrag auf einer wissenschaftlichen Tagung ihrer Fachgesellschaft angeboten. In Wirklichkeit war sie von ihrer Doktormutter dazu gedrängt worden. Der Geschäftsführer der Gesellschaft, der selbstredend nach höheren Mitgliederzahlen strebt, sprach sie an: „Frau X, Sie halten ja jetzt sogar einen Vortrag für unsere Fachgesellschaft. Wollen Sie nicht auch Mitglied werden?“ Soweit ist die Geschichte noch plausibel. Doch die Antwort von Frau X, wie sie mir erzählt wurde, erscheint fast unglaubwürdig. Sie soll erwidert haben: „Das mache ich erst, wenn ich eine Professur innehabe.“ Ob sie einfach nur Geld sparen wollte und meinte, ihr Gehalt werfe nicht genug ab, um Mitgliedsbeiträge zu bezahlen, oder ob sie gar glaubte, den Geschäftsführer zu motivieren, sich für ihre Professurbewerbungen einzusetzen, sei dahingestellt. Jedenfalls ist die Geschichte – wenn sie sich tatsächlich so zugetragen hat – ein Beleg dafür, dass hier wirklich am falschen Ende gespart wurde. Diese ehemalige Wissenschaftliche Mitarbeiterin ist übrigens 15 Jahre nach dieser Begebenheit noch nicht Professorin geworden – trotz Vorliegen aller formalen Voraussetzungen.

Viele Wissenschaftliche Mitarbeiter wissen jedoch, wie wichtig Fachgesellschaften sind, und lassen sich dort für wenig anspruchsvolle Ämter wählen, damit ihre Person auf der Tagung wie auch darüber hinaus in der Öffentlichkeit sichtbar wird. Kassenprüfer etwa treten bei großen Mitgliederversammlungen als wichtige Personen auf, welche die Geschäftsführung kontrollieren. Selbst wenn sie nur lächerliche Kontoauszugsprüfungen vornehmen, werden sie als Teil der Fachgesellschaft wahrgenommen und sammeln Bonuspunkte in der öffentlichen Anerkennung.

Gerade die wenig bedeutsamen Ämter wie Schriftführung, d.h. Protokolle von Mitgliederversammlungen zu verfassen, belegen zwar keinen Deut die wissenschaftliche Qualifikation. Doch sie schaffen Bekanntheit, und das zählt in der nach Anerkennung lechzenden wissenschaftlichen Gesellschaft.

8.3 3. Ort: Zeitschriften

In der angloamerikanischen akademischen Welt gilt der Spruch „publish or parish". Er ist durchaus ernst zu nehmen. Viele Publikationen sind nicht umsonst, sondern müssen extra bezahlt werden – zumindest in Form von Druckkostenzuschüssen. Und es gibt bereits eine große Zahl von wissenschaftlichen Zeitschriften, die nicht mehr vom Verkauf an die Leserschaft leben, sondern von den Gebühren der Autorinnen und Autoren. Der Aufwand zahlt sich aus: Denn unter Karrieregesichtspunkten sind angesehene Fachzeitschriften fast ebenso hoch einzuschätzen wie die Tagungen. Publikationen in Zeitschriften sind die Währung, in der akademische Geltung ausgezahlt wird.

Es gibt mehrere Typen von Zeitschriften – die einfachen praxisnahen, die peer-reviewed nationalen und die peer-reviewed internationalen Journale. Die ersteren zählen immer weniger, die letzteren zunehmend mehr. Es lohnt sich, viel Mühe aufzuwenden, in hochrangig gewerteten Zeitschriften, möglichst im angloamerikanischen Bereich, zu publizieren. Dazu sollte man die Vielzahl an Zeitschriften und ihre Arbeitsweise kennen. Manche senden Calls for Papers heraus, weil sie nach Artikeln suchen. Möchte man einen Artikel einreichen, gilt es einige Regeln einzuhalten: Der Artikel darf nur bei einer einzigen Zeitschrift eingereicht werden. Manche Herausgeber machen darauf explizit aufmerksam, indem sie eine Erklärung verlangen, dass der Artikel dieser Zeitschrift exklusiv zugesandt wird. Das ist wichtig, weil Herausgeber und Gutachter sehr viel Zeit und Arbeit in die Überprüfung dieses Aufsatzes stecken werden. Es wäre fatal, wenn Sie ihren Artikel gleichzeitig an drei Zeitschriften schicken würden, er aufwändig begutachtet wird und dennoch nur eine Zeitschrift ihn schlussendlich drucken kann. Die größtmögliche Blamage bei einer Mehrfacheinreichung ist, dass derselbe Gutachter von zwei Zeitschriften angefragt wurde und Ihre Missachtung der Regeln auf dem Publikationsmarkt aufdeckt.

Wenn man eine Zeitschrift gefunden hat, deren Titel und Schwerpunkt am besten zu den Forschungsergebnissen passen, muss man das Editorial genau lesen, denn es definiert die Ausrichtung der Zeitschrift. Wichtige Stichpunkte aus dem Editorial sollten in das Abstract einfließen. So sieht die Sekretärin, die als erste den Posteingang sichtet, dass dieses Angebot in die Zeitschrift passt, und legt es in das richtige Postfach des Sachbearbeiters für diesen speziellen inhaltlichen Schwerpunkt.

Wird das Abstract akzeptiert und darf ein Aufsatz eingereicht werden, steht die Bearbeitung des Artikels an. Er sollte die wesentlichen Bestandteile einer wissenschaftlichen Schrift enthalten, nämlich Problemstellung, Stand der Forschung, methodisches Design, Darstellung der Ergebnisse, Interpretation und Schlussfolgerungen. Analog werden auch nicht-empirische Artikel gegliedert. Je nach Zeitschrift sind diese Bestandteile unterschiedlich zu gewichten. Dazu lohnt es sich, die veröffentlichten Artikel in der jeweiligen Zeitschrift gründlich durchzusehen.

Auch wenn der wesentliche Teil einer wissenschaftlichen Publikation die Darstellung der eigenen Methoden und Ergebnisse sein sollte, ist der Abschnitt zum Stand der Forschung besonders wichtig. Denn über die Aufnahme entscheiden zwei „Peers“ genannte Gutachter. Sie sind in der Regel keine gleichrangigen Wissenschaftler auf der eigenen Karrierestufe, sondern vielmehr Forschungsprojektgroßmogule oder Fachkapazitäten. Die Peers kennen viele Forschungsarbeiten und haben vielleicht selbst schon auf diesem Gebiet publiziert. Wenn sie entdecken, dass die wissenschaftlichen Vorarbeiten ihres hoch geschätzten Kollegen XY nicht beim Stand der Forschung erwähnt werden, wird ihr Auge deutlich kritischer Ihren eingereichten Artikel begutachten. Um nicht bereits in diesem frühen Stadium der Vorsichtung die Wahrnehmung negativ zu beeinflussen, ist es wichtig, äußerst sorgfältig den Stand der Forschung zur Fragestellung im internationalen Kontext zu recherchieren.

Auch grundsätzlich gilt: Es ist außerordentlich wichtig, den bisherigen Stand der Forschung sehr genau zu kennen, um die aktuelle Forschungslücke genauer definieren zu können. Dazu gibt es verschiedene internationale Datenbanken von Forschungsarbeiten wie ERIC, die an den meisten Hochschulbibliotheken zur kostenlosen Nutzung zur Verfügung stehen. Diese bieten zu bestimmten Stichworten Abstracts von Artikeln, sodass man auf einen Blick sehen kann, ob es sich lohnt, die Vollversion dieses Aufsatzes zu bestellen. So kann man sich viele Untersuchungen zusammenstellen, die mehr oder weniger mit der eigenen Forschungsfrage zu tun haben. Gleichwohl sollte dieses Kapitel zum Stand der Forschung nicht bis zum „Gehtnichtmehr“ ausgewälzt werden. Es reichen einige Literaturangaben in Klammern zu jeweils einem Forschungsfeld. So zeigt der Autor, wie belesen er in der Forschungsliteratur ist, und dehnt den Aufsatztext nicht unnötig aus. Denn alle wissenschaftlichen Zeitschriften haben nur begrenzt Platz, sodass wissenschaftliche Artikel denkbar knapp gefasst werden müssen.

Das Forschungsdesign sollte sich entsprechend den Seitenvorgaben der Herausgeber der Zeitschrift nur auf das Wesentliche beziehen. Es sollten keine schülerhaften Darstellungen verschiedener Methodenwege dargelegt werden, sondern nur knapp die eigenen Designentscheidungen mit kurzen Literaturbelegen, die auf ähnliche methodische Entscheidungen verweisen. Die Darstellung der Ergebnisse sollte möglichst übersichtlich mit Tabellen erfolgen. Bei der Interpretation wiederum sollten relativierende und vorsichtig differenzierende Aussagen getroffen werden, um die eigenen Ergebnisse nicht wegen zu leichtfertiger Interpretation im Wert zu schwächen. Viel Mühe sollte man sich bei der Zusammenfassung der Ergebnisse samt Schlussfolgerungen machen, denn oft wird nur dieser Teil eines wissenschaftlichen Beitrags gelesen. Deshalb muss hier besonders klar und prägnant das eigene Resultat beschrieben werden.

Präsentiert man in einem Artikel nur einen Teil der Ergebnisse, bleibt noch genug Substanz, um bei einer anderen Zeitschrift einen weiteren Artikel anzubieten. So kann man eine ansehnliche Liste von Veröffentlichungen zusammenzutragen, die immer mehr die Breite des eigenen Werkes belegen.

Allerdings sollte man sich nicht verzetteln und zu viele Artikel gleichzeitig verschicken. Denn mit dem bloßen Einreichen der Publikation ist es noch nicht getan. Die wesentliche Arbeit erfolgt, wenn Referees und Herausgeber die jeweiligen Gutachten zusenden. Danach müssen meist sehr akribische Korrekturen vorgenommen werden, die viel Zeit kosten können. Es wäre fatal, gleich mehrere Artikel auf dem Schreibtisch zu haben, die überarbeitet werden müssen, da man für umfangreiche Überarbeitungen oft nur knapp bemessene Fristen zugebilligt bekommt. Und diesen Hinweisen gilt es unbedingt Folge zu leisten.

Hierbei bedarf es einer großen Frustrationstoleranz. Man muss wissen, dass manche Referees recht oberflächlich lesen und deren Urteil keineswegs ein Qualitätsurteil ist. Häufig wird es von einer bestimmten Ansicht geprägt. In renommierten internationalen Zeitschriften, besonders auf dem Gebiet der Naturwissenschaften, ist es möglich, dass Autorinnen und Autoren vorher bestimmte Referees ausschließen können, weil sie von ihnen ein vernichtendes Urteil etwa wegen deren Forschungsansatz erwarten. Diese Option sollte man auf jeden Fall nutzen, wenn sie gegeben ist.

Auch wenn das Publizieren in Zeitschriften ein wichtiger Schritt in einer wissenschaftlichen Karriere ist, sollte einschränkend hinzugefügt werden: Die Publikation bedeutet nicht automatisch, dass die Forschungsergebnisse zur Kenntnis genommen werden. 64 Prozent der Aufsätze, die in einem Zeitraum von fünf Jahren veröffentlicht wurden, werden nie zitiert (Wagner 1992, S. 66). Noch dramatischere Zahlen zur Wahrnehmung wissenschaftlicher Ergebnisse hat eine später veröffentlichte internationale Studie hervorgebracht. Dazu wurde eine beachtliche Anzahl (im siebenstelligen Bereich) an Publikationen aus Medizin, molekularer Biologie, Physik und Chemie untersucht (Della Briotta Paroli et. al 2005). In allen Fächern ließ die Häufigkeit der Zitationen nach dem Erscheinen exponentiell nach (Della Briotta Paroli et. al 2005, S. 4). Allerdings blieb ein Bodensatz aus längerfristig zitierten Artikeln.

Deshalb sollte ein Nachwuchswissenschaftler nicht nur den Weg über die Veröffentlichung in hochrangigen Forschungsjournalen gehen, um die Resultate seiner oftmals langwierigen und mühseligen Forschungsarbeit zu vermitteln. Vielmehr sollte er zum eigenen Schutz versuchen, ausgewählte Ergebnisse auch in populären Zeitschriften zu verbreiten. So wirkt er dem Trend entgegen, nur für die eigene Publikationsliste und nicht für die Leser zu schreiben. Als positiver Effekt erhält der Autor manchmal auch inhaltliche Resonanz zu den eigenen Ergebnissen. Die Wirkung einer Publikation ausschließlich in hoch gerankten Zeitschriften verpufft häufig, sodass man leicht ins Zweifeln geraten kann, ob sich der enorme Aufwand überhaupt lohnt. Nimmt man sich aber vor, alle in hochrangig bewerteten Zeitschriften veröffentlichten Artikel zusätzlich in populären Medien zu verbreiten – mit der gleichen inhaltlichen Substanz, jedoch auf die Zielgruppe hin deutlich umgeschrieben – verliert man nicht so schnell den Mut und sieht weiterhin einen Sinn in der wissenschaftlichen Arbeit.

8.4 4. Ort: Gremien

Ein großer Irrtum von Nachwuchswissenschaftlerinnen und Nachwuchswissenschaftlern ist, die Präsenz in Gremien als Zeitverschwendung zu sehen. Sie versuchen, möglichst alle Gremien der akademischen Selbstverwaltung zu vermeiden, und ziehen sich lieber in ihr Studierstübchen zurück, um an Publikationen zu schreiben.

Auf den ersten Blick haben sie mit ihrer negativen Einschätzung hochschulorganisatorischer Versammlungen sogar recht, denn dort werden oft stundenlang Formalien diskutiert. Gleichwohl übersehen sie mit ihrer Kritik die Sprungbrettfunktion von Gremien. Diese ist es allemal wert, als junge Nachwuchskraft in der Wissenschaft dort Präsenz zu zeigen.

Im deutschen Hochschulrecht gibt es auf allen Ebenen, ob Arbeitsgruppe, Institut, Fakultät oder Senat, auch Plätze für den akademischen „Mittelbau". Während bei den Professoren oft heftige (Wahl)-Kämpfe um diese ausbrechen, haben die Mittelbausprecherinnen und -sprecher meist große Schwierigkeiten, überhaupt Kandidatinnen und Kandidaten für die wenigen Sitze ihrer Statusgruppe aufzutreiben. Viele junge Wissenschaftlerinnen und Wissenschaftler glauben, mehr Zeit für ihre Karriere gewinnen zu können, wenn sie sich nicht für Institutsrat, Fakultätskonferenz oder Senat zur Wahl stellen. Dabei übersehen sie jedoch, dass die Präsenz in derartigen Gremien außerordentlich förderlich für die wissenschaftliche Laufbahn ist. Denn sie werden persönlich bekannter. Sie zeigen sich interessiert an der Lieblingstätigkeit vieler Professoren, dem Feilschen um Gelder und Positionen. Man lernt in Gremien nicht nur das Handwerkszeug des wissenschaftspolitischen Kampfes, sondern positioniert sich gegenüber den Professoren als ihresgleichen.

Das Wichtigste ist jedoch, das Treiben der Wissenschaftler in den Gremien genau zu beobachten und dabei den Respekt vor dem Wissenschaftsbetrieb endgültig zu verlieren. Viele bringen jede Woche stundenlang damit zu, sich auszutauschen, ohne dabei ein Wort über fachliche Inhalte zu wechseln. Vielmehr geht es um das Geschacher bei Fragen, die oft nur sekundär sind. Gremien drehen sich um „Geld, Stellen, Bürokratie und die Verteilung der Aufgaben" (Wagner 1992, S. 65). Die Menge an Zeit, die hier verbracht wird, zeigt an, dass diese Fragen die Herzen der Gremienmitglieder offensichtlich mehr bewegen als eine philosophische Frage des Faches oder ein neues Forschungsergebnis. Der eigentliche Tätigkeitsschwerpunkt ist das blanke Politspiel.

Für Vertreter des Mittelbaus hat diese Tatsache durchaus hohen Stellenwert. Erkennt man den Hochschulbetrieb als politisch geformt und strukturiert, kann man sich persönlich besser davon distanzieren. Plötzlich wird erkannt, dass vorhandene Regelungen und Bestimmungen durchaus beeinflussbar sind. Dies gilt besonders, wenn man in Gremien erfährt, wie die Bedingungen an der eigenen Hochschule verändert werden. Denn Studiengänge, Prüfungsordnungen, Zulassungszahlen, Zusammensetzungen von Entscheidungsgremien bei der Stellenbesetzung, die Lehrpläne für die folgenden Semester – all diese Punkte werden in akademischen Gremien abgehandelt. So lässt sich gut erkennen, auf welche Weise Änderungen aktiv vorgenommen werden können.

Sicherlich ist es nicht klug, in sämtlichen Gremien einen Sitz einzunehmen. Es würde Zeit kosten, die ein Wissenschaftler bei einer intensiven wissenschaftlichen Forschungsarbeit einfach nicht übrig hat. Aber sich in einem ausgewählten Gremium als Mitglied des Mittelbaus wählen zu lassen, ist außerordentlich sinnvoll. Man lernt nicht nur die Regeln des politischen Machtkampfes kennen, sondern zugleich die verschiedenen formalen und juristischen Bedingungen. Somit erlangt man sowohl juristische als auch verwaltungstechnische Expertise, was für die spätere berufliche Arbeit schult.

Bereits während des Qualifizierungsprozesses sind Gremiensitzungen eine Fundgrube für Informationen über die sozialemotionale Befindlichkeit des eigenen Fachbereichs und seiner Mitglieder. In den Gremien lassen sich klar die Kräfteverhältnisse der sich gegenseitig bekämpfenden Lager einschätzen. Denn von Hochschule zu Hochschule ergibt sich jeweils eine unterschiedliche Kräftekonstellation. Sie hängt von den Personen ab, die dort wirken. Diese Kräftekonstellation besser zu kennen ist wesentlich bei der Entscheidung, welche Gutachter man für das eigene akademische Qualifizierungsverfahren vorschlagen soll.

Denn es wäre naiv zu glauben, zwei Streithähne als Gutachter bei der eigenen Arbeit zum konstruktiven Miteinander bewegen zu können. Wenn sich zwei wissenschaftliche Streithähne in einer Fakultät herausgebildet haben – und das ist nicht selten –, dann liegen dieser Feindseligkeit bestimmte Persönlichkeiten, Arbeitsstile oder wissenschaftstheoretische Differenzen zugrunde. Die Rivalen brauchen einander, um sich an ihrer Gegnerschaft hochzuschaukeln. Wenn man selbst zwischen die Fronten zweier sich aufplusternder Feinde gerät, bekommt man selbst mehr Schnabelhiebe ab als die Streithähne untereinander. Deshalb sollte man nie versuchen, sich von zwei Gegnern fördern zu lassen. Um diese zu identifizieren, sind Gremien bestens geeignet.

Auch zur Festigung der eigenen Identität bietet sich ein Besuch universitärer Gremien an. Man glaubt anfangs, die wissenschaftlichen Koryphäen seien unerreichbar im universitären Olymp. Beobachtet man sie jedoch in Gremien, erkennt man plötzlich kleine streitende Kinder in ihnen, die wie die Dreijährigen im Sandkasten Oberhand gewinnen wollen, indem sie anderen Kindern die Backformen abnehmen oder noch schlimmer: den gebackenen Sandkuchen der anderen Kinder zertreten. Nach jeder derartigen Beobachtung kann man sich weniger klein fühlen und Mut fassen, dass man in der Wissenschaftswelt schon zurechtkommen wird.

8.5 5. Ort: der Fakultätsalltag

An vielen Hochschulen gibt es eine Präsenzpflicht der Wissenschaftlichen Mitarbeiter. Diese versuchen jedoch oft, sich in ihrem Zimmer zu verkriechen und nur auf den Bildschirm zu schauen. Viel sinnvoller ist es, der Pflicht nachzukommen und seine Präsenz zum Selbstcoaching zu nutzen. Dazu gibt es selbst im Alltag der trockensten Fakultät irgendwelche kleinen Anlässe: Sei es der Geburtstag der Fakultätssekretärin oder ein kleiner Umtrunk nach einer gelungenen Disputation – immer wieder entstehen informelle Alltagssituationen, in denen für einen kurzen Augenblick ein freundliches Lächeln angesagt ist. In solchen Szenen persönlich anwesend zu sein und einen kleinen Small Talk mitzumachen ist mehr wert als zwei Stunden Literaturrecherche. Denn man zeigt sich als gefragte Person im Rahmen der Fakultät und wird dazu gezählt. Dies hilft bei der nächsten Stellenverlängerung mehr als drei akribisch gesammelte Literaturbelege. Klar sollte dennoch sein: Die Karriere wird langfristig betrachtet nicht positiv verlaufen, wenn keine gründlich erarbeiteten wissenschaftlichen Schriften vorgelegt werden können. Die Präsenz in Fachzeitschriften muss stets in guter Relation zur Präsenz in sozialen Situationen stehen.

Ein besonders wichtiger Vorteil der Präsenz im Fakultätsalltag ist die Nachrichtenbörse. Durch den Flurfunk erhalten Sie wesentliche Informationen. Er übermittelt, welche Handlungsweise von welchem Kollegen wie vom Mainstream der Fakultät bewertet wird und welcher Kollege mit welcher Kollegin gerade in einer tiefen Konfliktsituation steckt. Der Flurfunk ist eine ständige Nachrichtenquelle. Über ihn wird insbesondere Klatsch und Tratsch aus der Scientific Community vor Ort verbreitet, aber auch überregionale News wie: Wer hat wo welche Position angeboten bekommen? Wer hat welche Forschungsmittel in Aussicht und welche Fakultät wird gerade vom Rektorat besonders favorisiert? Wer zählt zu den derzeitigen Machthabern und welche institutionellen Änderungen stehen an?

Dabei ist es nicht unbedeutsam, den Flurfunk direkt zu empfangen und ihn nicht nur aus drittem Munde übertragen zu bekommen. Denn nimmt man live an dieser Nachrichtenbörse teil, gehört man schnell zu den Insidern. Es gibt auch einen rein pragmatischen Grund, sich viel vor Ort in den Fluren und Treppenhäusern des eigenen Instituts aufzuhalten: Man wird seltener zum Opfer negativer Flurfunkmeldungen und gehört darüber hinaus zur Szene. So gelangt man von der Abseitsposition des wissenschaftlichen Nachwuchses zur Aufstiegsposition auf der akademischen Karriereleiter.

Der Flurfunk hat Twitter-Qualität: Informationen bestehen oft aus wenigen Worten, die jedoch hochinformativ sind – auf der inhaltlichen wie auf der Beziehungsebene. Und er ist angesichts der Kürze sehr effektiv. Wer ihn nicht abhört, weiß nicht, was gerade passiert, und ist bei den nächsten Gesprächen nicht auf dem neuesten Stand. Man kann dann sogar Fehler begehen, weil man die neue Lage nicht richtig einschätzt. Wer den Flurfunk regelmäßig empfängt, kann diese Rahmeninformationen dagegen strategisch in das eigene Handeln einbauen. Beispielsweise ist man vor so manchem möglichen Angriff gewarnt. Denn beim Abhören des Flurfunks erfährt man zugleich, welche Personen im Fokus negativer Bewertung stehen. Entweder ist man selbst Zielscheibe und gegen schädliche Kritik gewappnet. Oder man erwirbt innerinstitutionelle Expertise, die man an andere weitergeben kann. Mit derartigen Wissenselementen erfahren Unwissende, dass man selbst im Zentrum der Macht steht, und behandeln den Wissenden entsprechend respektvoller. Der Flurfunk verstärkt sich auf diese Weise sehr schnell, sobald er auf Resonanz bei einem Kommunikationspartner stößt.

Ähnlich wie in der Jugendkultur gilt auch in der Wissenschaft, dass das Konsumieren bestimmter Informationskanäle bedeutet, mitreden zu können und akzeptiert zu sein. Das Abhören des Flurfunks verschafft jedem Teilnehmer eine Position im Fachbereich vor Ort oder sogar bundesweit. Diese kulturelle Weihe erwirbt man bei einfachen Gängen zum Postfach, zum Kaffeestand oder zur Toilette. Immer begegnet man Mitgliedern der Fakultät, mit denen man sich über Neues zur tagesaktuellen Politik in der Universität austauschen und sich selbst nicht als Newcomer oder Außenseiter, sondern akzeptiertes Mitglied darstellen kann. Dadurch wächst der Mut, eigene Gedanken einzubringen. Denn man ist nicht einer anonymen Institution ausgesetzt, sondern als Insider selbst ein aktiver Teil von ihr geworden und kann sogar ansatzweise auf sie Einfluss nehmen.

Der soziale akademische Alltag wird darüber hinaus durch unterschiedliche akademische Feiern geprägt etwa zu Antrittsvorlesungen, Verabschiedungen, Ernennungen von Ehrendoktoren, oder Projektverlängerungen. Meist werden auf derartigen Veranstaltungen besonders lange und oft sehr langweilige Grußworte gesprochen. Vielfach wird gelobt und gelogen. Manche jungen Wissenschaftler haben nach der ersten Teilnahme an derartigen Veranstaltungen schon die Lust verloren und halten sie für Zeitverschwendung. Aber sogar bei derartigen Zeremonien, in denen man stundenlang stillsitzen und oft langweiligen Selbst- und Fremdbeweihräucherungen zuhören muss, finden wichtige Selektionen statt – wer gehört dazu und wer nicht? Von daher sollte man wenigstens bis zur Eröffnung des Buffets bleiben und an allen Stehtischen kurze Gespräche führen. Wenn sich nützliche Kontakte und interessante Neuigkeiten auftun, sollte man ruhig auch zu den meist nicht besonders attraktiven Schnittchen greifen und die angebahnte Kommunikation intensivieren.

8.6 6. Ort: übergreifende Fachtreffen

Fast jede wissenschaftliche Fachgesellschaft beginnt sich um ihren wissenschaftlichen Nachwuchs zu sorgen und bietet Workshops zu ihrer Förderung an. Meist werden diese von erfahrenen und angesehenen Mitgliedern der Fachgesellschaft geleitet oder wenigstens durch Referate dieser Fachautoritäten geschmückt.

Dieses immer häufiger angebotene Coaching durch die Fachgesellschaft sollten all diejenigen unbedingt wahrnehmen, die eine wissenschaftliche Laufbahn ernsthaft anstreben. Denn sie erhalten dabei nicht nur inhaltlich wertvolle Tipps, sondern lernen auch Autoritäten des eigenen Faches kennen, die außerhalb der eigenen Hochschule führend sind. Wenn man sich während des Workshops forschungsmotiviert und engagiert zeigt und einen positiven Eindruck von seinen Fähigkeiten hinterlässt, hat man eventuell schon einen hochrangigen Wissenschaftler zur Unterstützung für den weiteren beruflichen Weg gefunden.

Insbesondere überregionale Fachkonferenzen sind optimal, um Netzwerke aufzubauen. Bei Mahlzeiten und den Kaffeepausen etwa kann man ganz unverbindlich mal mit diesem, mal mit jenem Tagungsteilnehmer ins Gespräch kommen und hat dabei die Gelegenheit, wichtige Netzwerke zu knüpfen.

Bei wissenschaftlichen Symposien, die über die Grenzen der eigenen Disziplin hinausgehen, ist es besonders wichtig, ein eigenes Netzwerk von Peers zu etablieren. Es geht unter anderem um wechselseitige Unterstützung, den Austausch von Ideen und die jeweilige Rückmeldung beispielsweise zu Forschungsergebnissen. Auch der emotionale Effekt, sich nicht allein zu fühlen, sondern durch andere Gleichgesinnte gestärkt, ist außerordentlich kostbar.

Mittlerweile gibt es viele Beispiele für wirksame Zusammenschlüsse, etwa von internationalen Studierenden der Volkswirtschaft, die im Mai 2014 zu Zehntausenden einen Aufruf unterstützten: Bestimmte neoklassische Theorien ihres Studiums hielten sie nicht mehr für sinnvoll, da sie die ökonomische Realität nicht erklären könnten[16].

16 http://www.spiegel.de/unispiegel/studium/vwl-studium-netzwerk-plurale-oekonomik-fordert-neue-lehrplaene-an-unis-a-968341.html. Abruf am 13.5. 2014.

In jedem Fach ist es produktiv, derartige überregionale Netzwerke zu gründen, die nicht hierarchisch strukturiert sind, sondern den eigenen kritischen Gedanken Raum geben. Im obigen Beispiel haben Jungforscher erkannt, dass ihre Ideen und Gedankenrichtungen keine Chance haben, von der Scientific Community aufgenommen zu werden, weil Zeitschriften, wissenschaftliche Beiräte und Fachgesellschaftsvorstände von Vertretern der Neoklassik dominiert oder auch vollständig besetzt werden. So führte eine der Gründerinnen des Netzwerks, Lena Kaiser, aus: „Für Jungforscher, die keine Anhänger der Neoklassik sind, ist es in der VWL schwierig bis unmöglich, Karriere zu machen. Denken Sie nur an die wichtigen Journals, in denen man publizieren muss: Die sind von vorne bis hinten neoklassisch."[17]

Im Falle des wissenschaftlichen Diskurswechsels sind derartige kritische Peer-Netzwerke unerlässlich. Aber auch an der eigenen Hochschule lässt sich fachübergreifendes Peer-Coaching etablieren. Denn die wissenschaftlichen Nachwuchskräfte anderer Fächer haben ähnliche Probleme. Die Gründung einer übergreifenden Gruppe ist nicht schwer und kann für den Austausch gerade über die Fachgrenzen hinaus sehr nützlich und ertragreich sein. Jeder spürt, dass er nicht allein ist. Dieses Wissen verleiht Kraft. Noch wichtiger ist es zu sehen, dass manche Schwierigkeiten nicht an einem selbst liegen, sondern an der Struktur der Universität.

Manche Gleichstellungsstellen oder hochschuldidaktischen Zentren bieten entsprechende Peer-Coaching-Gruppen an. So organisieren beispielsweise Gleichstellungsstellen Mentorinnen für Nachwuchswissenschaftlerinnen. Das kann in großen wie in kleinen Fächern sehr sinnvoll sein. In kleineren Fächern wird allerdings die Auswahl nicht befangener Gutachterinnen reduziert, da die Mentorin im Falle eines Berufungsverfahrens nicht über die jeweilige Nachwuchswissenschaftlerin gutachten darf.

Mittlerweile gibt es in verschiedenen Fächern derartige Netzwerke junger Nachwuchswissenschaftlerinnen und -wissenschaftler. Ein besonders gelungenes Beispiel ist in Karlsruhe das „Young Investigator Network" (YIN). Dort haben sich selbständige Nachwuchsgruppen mit jeweils einer Leitung zusammengetan, sie geben gemeinsam Jahrbücher über ihre Forschung heraus und vernetzen sich inhaltlich. Gleichzeitig wird jede einzelne Person gestärkt.

---

17 http://www.spiegel.de/unispiegel/studium/vwl-studium-netzwerk-plurale-oekonomik-fordert-neue-lehrplaene-an-unis-a-968341.html. Abruf am 13.5. 2014.

Wenn Sie derartige konstruktive freiwillige Netzwerke bilden, dann treiben Sie die inhaltliche Diskussion voran und setzen sich vom vorherrschenden Wissenschaftsbetrieb ab. So verhindern Sie, was Wagner über den wechselseitigen Isolierungszirkel schreibt: „Weder redeten sie (die Wissenschaftler) miteinander über das, was sie als Wissenschaftlerinnen und Wissenschaftler taten, noch lasen sie gegenseitig ihre Aufsätze und Bücher“ (Wagner 1992, 20). Es kommt in den obigen Netzwerken gerade auf die wechselseitige Kenntnisnahme der Arbeiten an, um sich gegenseitig anzuregen. Damit wird die Zukunft eines utopischen Wissenschaftsbetriebs vorweggenommen.

8.7 7. Ort: die Partnerhochschule im Ausland

Auch wenn die Präsenz auf Tagungen und übergreifenden Fachtreffen Gold wert ist, sollte man diese inländischen Besichtigungstouren einmal durch eine größere Reise ergänzen. Ein Auslandsaufenthalt ist der Schlüssel zum akademischen Gral. Da sich viele nicht über die Grenzen des bundesweiten Wissenschaftsbetriebs hinausbewegen, umgibt man sich automatisch mit einer Aura eines weiteren Horizonts, wenn man von einer Auslandsuniversität reden kann.

Zum einen werden dort wichtige Bande über Ländergrenzen hinweg geknüpft. Zum anderen relativieren sich viele Erfahrungen, die man an der eigenen Hochschule gemacht hat, weil jedes Land seine eigenen akademischen Kulturen und Gewohnheiten ausbildet. Man sieht plötzlich, dass es auch anders geht. Alternativen erscheinen nicht als utopisch, sondern als durchaus realistisch. Natürlich übt man sich bei einem Auslandsaufenthalt auch in einer fremden Sprache, wenn die Wahl nicht gerade auf Österreich oder die deutschsprachige Schweiz fällt. So sind die geistige Bereicherung und der soziale Gewinn hoch. Viele Studierende glauben jedoch, im durchorganisierten verschulten Studienbetrieb der gegenwärtigen Bachelor- und Mastersysteme keine Zeit für ein Auslandsstudium zu haben. Nur wenige Studiengänge sehen ein Auslandsstudium als verbindlich an. Die meisten Hochschulen propagieren zwar das Studium im anderen Lande, stimmen gleichwohl nicht genügend die Studienpläne und -ordnungen auf diese Anforderung ab. Allerdings haben fast alle Hochschulen Büros oder Einrichtungen, die Studierenden mehr oder weniger Unterstützung bzw. Beratung anbieten, wie ein Auslandsstudium am sinnvollsten zu organisieren ist.

Der erste Schritt auf dem Weg zum Auslandssemester ist der Blick auf die Webpage der Universität. Meist sind dort die Kooperationshochschulen ebenso wie Links zur jeweiligen Partneruniversität aufgeführt. Wichtig ist zunächst einmal sicherzugehen, dass die Hochschule die eigenen Studiengänge anbietet. Oft entstehen derartige Kooperationen nur deshalb, weil ein Professor der hiesigen Universität mit einem Kollegen der ausländischen internationale Fachkontakte pflegt. Somit ist keineswegs klar, ob die beiden Partneruniversitäten ähnliche Studiengänge in ihrem Portfolio haben. Grundsätzlich sind viele internationale Hochschulen sehr viel praxisnäher ausgerichtet und bieten Studiengänge an, die so an den meisten deutschen Universitäten nicht zu finden sind wie Agrartechnologie, Bewässerungswirtschaft, Militärkrankenschwesternausbildung[18] oder Bildung im Säuglingsalter. Derartige Studiengänge sind in einem Land wie Deutschland mit traditionell hoch differenzierter Berufsausbildung und einer starken akademisch-theoretischen Tradition nicht denkbar.

Hat man beim ersten Check auf der Webpage der gewünschten Partneruniversität vergleichbare Studiengänge gefunden, ist jedoch nicht gesagt, dass die Studienanforderungen mit denen der eigenen Universität kompatibel sind. Man sollte sich genau erkundigen, welche Zertifikate die gewünschte ausländische Universität als Beleg für eine Studienleistung ausstellt. Mit einer übersichtlichen Auflistung der möglichen zu erwerbenden Scheine sollten Sie in die Sprechstunde der Professorin/des Professors gehen, die/der für die Anerkennung von externen Studienleistungen zuständig ist. Von ihnen können Sie sich im Vorfeld Informationen darüber geben und schriftliche bestätigen lassen, welche Studienmodule der Partnerhochschule von der Heimatuniversität anerkannt werden und welche nicht. Gleichzeitig zeigen Sie der Professorin/dem Professor durch Ihr Vorhaben, dass Sie flexibel sind und etwas aus ihrem Studium machen wollen.

Oft gibt es Koordinationsstellen für das Auslandsstudium, die man auf jeden Fall um Rat bitten sollte. Auch an der Zieluniversität sind spezialisierte Instanzen für internationale Kontakte zuständig. Es ist nicht immer leicht, sie zu finden. Doch die Suche lohnt sich, denn die Einrichtungen wollen den Anteil ausländischer Studierender steigern und sind entsprechend daran interessiert, Hilfestellung und Tipps zu geben.

Ein besonderes Sahnehäubchen der akademischen Karriere ist, an einer internationalen Konferenz teilzunehmen bzw. besser noch: dort ein Poster der eigenen Forschung zu präsentieren oder gar einen Vortrag zu halten. Um das zu schaffen, können persönliche Beziehungen zu Wissenschaftlerinnen und Wissenschaftlern des eigenen Faches eine große Hilfe sein, wenn sie am Tagungsort forschen oder Mitglieder in einer der dor-

18 Ein Studiengang, den man etwa in Birmingham studieren kann.

tigen Fachgesellschaften/Associations sind und so Einfluss auf Entscheidungsprozesse nehmen können. Hat man nach dem Studienaufenthalt im Ausland den Kontakt zu diesen wichtigen Personen aufrechterhalten, können sie eine Basis für die Aufnahme ins Programm wichtiger Konferenzen in jenem Land sein. Auch sie wollen sich mit Verbindungen zu Fachleuten aus dem Ausland schmücken. Wenn jene Kontaktperson über ein weites Netzwerk in ihrem Land verfügt, ist es nicht mehr weit bis zur definitiven Einladung zur nächsten Fachtagung im Gastland. In einer auf Internationalität ausgerichteten Hochschullandschaft suchen beide Seiten nach Fellows. Wenn Sie sich frühzeitig aktiv in dieses Feld einbringen, steigt die Wahrscheinlichkeit, tatsächlich ein Fellow zu werden und über diese Position viel Anerkennung zu erfahren.

Internationale Tagungen sind nicht nur für die eigene Karriere unmittelbar nützlich. Sie helfen darüber hinaus nachhaltig, den eigenen Horizont zu erweitern und vor allem ein anderes kollegiales Klima zu erleben. Während in Deutschland Kritik und Abwertung anderer auf Tagungen zum üblichen Umgang zählen, herrscht in anderen Ländern wie den USA oder besonders Großbritannien ein wohlwollendes und anerkennendes Klima. So kann man persönlich erfahren, dass Wissenschaft nicht notwendig mit Konkurrenz und Kritik verbunden sein muss, sondern sogar mit wechselseitiger Anerkennung einhergehen kann.

8.8 8. Ort: Freizeitaktivitäten mit Fakultätsgrößen

Das Beste, was einer jungen Nachwuchswissenschaftlerin/einem jungen Nachwuchswissenschaftler passieren kann, ist, zufällig im selben Club wie die besonders anerkannte Kapazität der Fakultät Golf oder Tennis zu spielen. Die Bekanntheit steigt schnell und es bietet sich zwischendurch immer wieder die Gelegenheit, bei einem Umtrunk nach dem Match von der eigenen Arbeit zu berichten. Oder noch besser: die eigene Motivation in glänzendem Licht darzustellen. Der Guru der Fakultät lernt diese junge wissenschaftliche Nachwuchskraft ganz beiläufig auf der persönlichen Ebene kennen und erhält einen positiven Eindruck. Denn wer das eigene Hobby betreibt, muss schon einmal per se ein kluger Kopf sein. Zumindest ist man aus seiner Sicht eine Persönlichkeit, die zu fördern sinnvoll sein könnte. Gelingt es zudem, einige persönliche Worte beim Tee oder Getränk an der Bar auszutauschen, dann ist ein wichtiger Grundstein zugunsten der eigenen Karriere gelegt.

Noch zukunftsträchtiger wirkt es auf den ersten Blick, ein Match mit diesen Größen auszutragen. Doch dies kann heikel werden, wenn man selbst sportlich stärker ist und dauernd gewinnt. Absichtlich zu verlieren wiederum kann auffliegen. Darum ist es ratsamer, gerade bei diesen Aktivitäten auf relativer Distanz zu bleiben und nicht im direkten Wettkampf zu stehen. Zählt man dagegen definitiv zu den sportlich Schwächeren, kann sich dieser Wettbewerb vorteilhaft auf die eigene Karriere auswirken.

Von größerer Bedeutung ist jedoch, den eigenen Namen bekannt zu machen und schrittweise von seiner Arbeit sowie den eigenen Kompetenzen zu berichten. Sich absichtlich im Golfclub des Dekans anzumelden, um ihn näher zu treffen, davon sollte man unbedingt absehen. Denn die eigentliche Intention wird auffliegen, weil die eigene Motivation, Golf oder Tennis zu spielen, offensichtlich nicht vorhanden oder zumindest nicht groß genug ist. Bloße Groupies sind nur bei Popstars erwünscht, nicht bei Stars in der Wissenschaft.

Dieser Weg, außeruniversitäre Freizeitaktivitäten zu teilen, ist kein Königinnenweg, weil meist nur emeritierte Professoren in größerer Anzahl in den Golf- oder Tennisclubs auftauchen und auch Wissenschaftliche Mitarbeiter selten über so viel Freizeit verfügen, dass sie aufwändige Hobbys pflegen können. Die wirklich Mächtigen befinden sich vor allem an den Orten, an denen der tatsächliche Machtkampf stattfindet, also in universitären Gremien und auf wissenschaftlichen Tagungen – und selbstverständlich in der häuslichen Studierstube.

Doch es gibt genügend informelle Räume im Kernbereich des universitären Betriebs. Besonderes Glück haben diejenigen, die ihre Promotion an einer Graduate School machen dürfen. Dort ist es oft üblich, dass mehrtägige Kolloquien veranstaltet werden, die auch einen kleinen Freizeitanteil haben. Nehmen Sie in diesem Fall unbedingt an den Gruppenspaziergängen in der Mittagspause oder abends teil! So können Sie ungezwungen in einer freizeitähnlichen Situation mit wichtigen Professorinnen und Professoren Kontakt aufnehmen. Außerdem wird Ihre Arbeit meist kollegial aufgenommen, sodass Sie ohnehin inhaltlich und persönlich Beachtung finden.

Hören Sie genau hin, wenn darüber gesprochen wird, an welchen Hochschulen gerade in Promotionsprogrammen Stellen für Ihr Fach vakant sind! Es ist sinnvoller, den Ort zu wechseln und die Mühen eines Umzugs auf sich zu nehmen, als am alten Ort Wurzeln zu schlagen und nicht schnell genug voranzukommen. Manche wollen ihre privaten Beziehungen am bisherigen Ort nicht gefährden und scheuen sich vor dem Ortswechsel. Das ist allerdings kurzfristig gedacht. Einerseits ist die Entfernung bereits ein Test für die Belastbarkeit einer Beziehung. Andererseits kann eine erfolglose Karriere zu einer sehr gravierenden emotionalen Bürde werden und eine Beziehung eher gefährden als eine zeitweise räumliche Trennung.

Sich für ein Graduiertenprogramm zu bewerben, das ins eigene Fachgebiet passt, sollte man auf keinen Fall versäumen. Denn der Aufwand lohnt: Der Andrang auf ein Stipendium hält sich in Grenzen, sodass eine erfolgreiche Bewerbung durchaus wahrscheinlich ist. Zudem ist in Graduiertenakademien oder Promotionsprogrammen eine Doktorandin/ein Doktorand keine Nummer, sondern eine wissenschaftliche Persönlichkeit, die auch von den beteiligten Professorinnen und Professoren als wichtige Person wahrgenommen wird.

Es gibt dabei viele Möglichkeiten für eine informelle Kontaktaufnahme – vom gemeinsamem Frühstück auf Tagungen der Graduate School über Spaziergänge und Bootsfahrten bis hin zu Volleyballspielen in der Mittagspause. Wichtig ist dabei: Lehrende ebenso wie wissenschaftliche Nachwuchskräfte sollten in diesen Momenten als Privatpersonen und nicht als Positionsinhaber auftreten. So kommt man sich näher und wird vertrauter miteinander. Auf der Basis der persönlichen Kontakte und informellen Interaktionen entwickelt sich ein viel stabileres Vertrauensverhältnis als durch stundenlange wissenschaftliche Diskussionen. So wird man schrittweise in die Scientific Community aufgenommen und letztlich seine fachliche Leistung besser gesehen.

8.9 9. Ort: die Lehre

In der universitären Welt zählt Forschung, Forschung und noch einmal Forschung. Da gerät die Lehre oft aus dem Blickfeld, selbst wenn sie in Festreden, durch Preisverleihungen für gute Lehre oder in Lehrevaluationen hin und wieder im Hochschulalltag auftaucht.

Einige Nachwuchswissenschaftlerinnen und -wissenschaftler beginnen sehr früh in ihrer akademischen Laufbahn, der Lehre keine Bedeutung beizumessen oder sie gar als lästiges Übel zu empfinden. Für einige scheinen Stellenbeschreibungen mit außergewöhnlich hohem Lehrdeputat eine besondere Last zu sein.

Dabei beinhalten viele in den letzten Jahrzehnten neu geschaffene Positionen als Lektorinnen oder „Lehrkraft für besondere Aufgaben“ – oder wie die blumigen Begriffe für arbeitsintensive Jobs noch so lauten mögen – einen enormen Anteil an Lehre. So sind an manchen Universitäten Lehrkräfte für besondere Aufgaben oder Lektoren mit einem Lehrdeputat bis zu 24 Semesterwochenstunden belastet. Andere arbeiten in Forschungsprojekten oder haben wissenschaftliche Promotionsstipendien, deren Rahmenbedingungen ihnen die Lehre unmöglich oder zumindest nicht leicht machen.

Beide Extreme haben zur Konsequenz, dass die akademische Laufbahn bereits damit anfängt, dass nur wenig Mühen für gute Lehre aufgewendet werden. Die einen halten den Aufwand mangels Erfahrung nicht für notwendig, die anderen sind schlicht überlastet. Beide Varianten sind für eine spätere wissenschaftliche Laufbahn schädlich. Denn anders als manche professorale „Vorbilder" es vorleben, ist die Lehre nicht bloß ein notwendiges Übel, sondern kann der Schlüssel für die eigene wissenschaftliche Weiterentwicklung sein.

Denn die Lehre bedeutet nicht nur reinen Zeitaufwand, sondern geradezu einen Impuls für die Fokussierung der Gedanken. Vermutlich lernen Lehrende in ihren Seminaren oder Vorträgen mehr als Studierende – jedenfalls wenn sie Veranstaltungen nicht als reine Stoffsammlung gestalten, sondern sich Gedanken zur Methodik machen. Sollen etwa Seminarmethoden wie das gemeinsame Erstellen einer Wandzeitung, Gruppenpuzzle, Fishbowl oder Pro-und-Contra-Debatten eingesetzt werden, kommt es bei der Vorbereitung des Seminars darauf an, sich selbst die wesentlichen Begriffe und Aspekte der aktuellen Thematik zu vergegenwärtigen. Dadurch dringt man viel tiefer in die Materie ein. Und wenn man die Lehrveranstaltung anregend gestaltet, werden Fragen von Studierenden aufgeworfen, die nicht so leicht zu beantworten sind. So sind die Lehrenden gezwungen, sich mit alten und neuen Aspekten der eigenen Themengebiete zu beschäftigen und sie selbst aufs Neue oder sogar zum ersten Mal zu durchdringen.

Mit anderen Worten: Lehren hilft beim Lernen. Wir erhalten in der wissenschaftlichen Lehre einen viel klareren Durchblick als beim einsamen Lesen im Studierzimmer. Kommunikativ gestaltete Lehrveranstaltungen bieten immer wieder neue Denkanregungen für beide Seiten – die Studierenden und die Lehrenden. Deshalb lohnt es sich sehr, Lehrveranstaltungen anzubieten und diese als dialogische Form aufzubereiten. Mittlerweile gibt es etliche Ratgeber für gute Lehre, die helfen, von der geisttötenden Monologisierung in Vorlesungen Abstand zu nehmen und kommunikative Methoden (vgl. Schumacher 2011; Bremer o.J.) in die eigene Lehre einzubinden. Selbst wenn Lehrveranstaltungen immer mehr durch Modulbeschreibungen normiert werden, sind und bleiben sie der Ort kommunikativer Prozesse zwischen Lehrenden und Studierenden. So haben Lehrende prinzipiell die methodische Freiheit, den Studierenden die neuesten Ergebnisse oder Fragen aus dem eigenen Forschungsfeld zu präsentieren, und lernen aus ihren Reaktionen und Fragen. Gerade wenn man noch am Anfang der wissenschaftlichen Karriere steht, sind derartige Feedbacks von Studierenden Gold wert. Sie vermitteln, welche Gedanken verstanden und angenommen werden, welche Datenreihen nicht plausibel erscheinen können, welche Theorien unzugänglich sind und welche Assoziationen die eigene Forschung hervorruft.

Studierende können somit aktiv dazu beitragen, die eigene Forschungsarbeit zu verbessern oder gar einzelne Aspekte neu zu bearbeiten. Ein Nachwuchswissenschaftler kann prüfen, ob sich der Sinn, den er selbst seinen Untersuchungen unterstellt, auch anderen Menschen erschließt. Denn Studierende bilden oft das Publikum, das als erstes Studienergebnisse vorgestellt bekommt. Dieses Testpublikum kann Ihnen helfen, Ihre Arbeit zu verbessern, in Teilen oder sogar gänzlich zu überarbeiten. Für Studierende wiederum kann es ein Segen sein, endlich einmal hinter die Kulissen von Forschung blicken und die Probleme von Forschenden kennenlernen zu können, etwa einen apparativen Aufbau für Experimente stabil zu halten oder Interviewpartner zu finden, die zur Fragestellung passen.

Darüber hinaus bieten Lehrveranstaltungen einen weiteren nützlichen Aspekt: Sie sind Orte, an denen sich der wissenschaftliche Dialog und Diskurs weiter üben lässt. Es gibt keinen Grund, diese wichtigen Lernfelder zu meiden. Im Gegenteil: Wenn es Ihnen irgendwie möglich ist, sollten Sie versuchen, einen Lehrauftrag zu erhalten. Rein rechnerisch gesehen ist die Entlohnung für Lehraufträge ausgesprochen niedrig – besonders wenn man die lange Vorbereitungszeit einbezieht. Aber ihre Bedeutung lässt sich nicht nur an der Bezahlung messen. Lehre hat auch einen ideellen Wert und der ist nicht hoch genug einzuschätzen.

Allerdings sollte man sich so vorbereiten, dass die Lehrveranstaltungen für beide Seiten produktiv sind. Denn in der Lehre gibt es verschiedene „schwierige Situationen" (Schumacher 2011) zu bewältigen. Dazu zählt das Schweigen der Studierenden auf einen Impuls hin. Auch Gruppengespräche, die von einzelnen Studierenden dominiert werden, kann man als besonders schwierige Situationen bezeichnen. Schumacher (2011) plädiert für kommunikative Methoden, um einen derartigen Stillstand in der Lehre zu lösen. Es lohnt sich, in Veranstaltungen oder durch die Lektüre von bereits publizierten Büchern zur Hochschuldidaktik, ein breites Methodenrepertoire zu entwickeln.

Die wichtigste Grundeinstellung für gute Lehre besteht darin, die Studierenden als Menschen ernst zu nehmen und ihnen als Mensch zu begegnen, Dialoge anzubahnen und nicht vorne im Hörsaal Wissen abzuspulen. Gerade der personenbezogene Impetus hilft, auch schwierige Situationen wie Prüfungen ertragreich zu gestalten (vgl. Walzik 2012). Grundsätzlich gelten für gute Lehre an der Hochschule dieselben Regeln wie für guten Schulunterricht. Dazu zählen nach Hilbert Meyer (Meyer 2004):

- Klare Strukturierung
- Lernförderliches Klima
- Sinnstiftendes Kommunizieren
- Methodenvielfalt
- Klare Leistungserwartungen

Die Umsetzung dieser Prinzipien bedeutet, den Studierenden immer ein Gerüst über den Verlauf der Veranstaltung zu geben, damit sie sehen können, welche Inhalte thematisiert werden und in welchem Verhältnis sie zueinander stehen. Eine Concept Map ist eine Strukturierungsmöglichkeit. Sie stellt inhaltliche Aspekte als Visualisierung dar und gibt Orientierung während der Lehrveranstaltung. Soll eine neue Erkenntnis in dieses Begriffsgeflecht eingebunden werden, wird situativ ergänzt. Zusätzlich können durch farbige Markierungen die jeweiligen Leistungserwartungen eingetragen werden.

Sinnstiftendes Kommunizieren lässt sich besonders dadurch anregen, dass den Studierenden klar gemacht wird, für welche praktischen Anwendungsbereiche der Inhalt der jeweiligen Veranstaltung nützlich ist. Das lernförderliche Klima entsteht, wenn die Begeisterung des Dozenten für die Sache sichtbar wird und deutlich macht, dass er die Studierenden als Lernende ernst nimmt.

Immer kommt es darauf an, möglichst viel eigeninitiatives Lernen der Studierenden anzuregen. Das geht nur, wenn sie den Sinn des zu Lernenden kennen und die Inhalte selbstständig weiter bearbeiten können. Deshalb sollte ihnen immer klar sein, worum es in der jeweiligen Veranstaltungsstunde geht und welche ergänzende und weiterführende Literatur es dazu gibt. Je mehr Sie mit den Studierenden in einen produktiven inhaltlichen Austausch treten, umso weniger Stress bereiten Ihnen die Lehrveranstaltungen. Denn Sie werden selbst inhaltlich stärker beteiligt sein und mehr Freude an der Vorbereitung und an der nächsten Lehrveranstaltung haben. Die Folge: Sie nehmen bei engagierter Kommunikation mehr für sich und Ihre Forschung mit. Gerade kritische Fragen der Studierenden helfen Ihnen, sich und das eigene Forschungskonzept zu überdenken.

Forschende Lehre und lehrendes Forschen sollten eng miteinander verzahnt werden, damit beide Seiten von den Lehrveranstaltungen profitieren. Selbst in stark vorgegebenen Studienstrukturen, wie sie in den neuen BA-/MA-Studiengängen in Deutschland zuhauf entstehen, sind immer noch Freiräume für forschende Lehre gegeben. Nutzen Sie diese und bauen Sie sie aus!

8.10 10. Ort: die Medienwelt

Universitäten sind schon lange kein Ort der reinen Wissenschaft mehr, sondern geraten zunehmend auf kommerzielle und werbemäßige Bahnen. In Chile sah ich häufig im Februar kurz vor Beginn des Studienjahres in der U-Bahn große Werbeplakate von Universitäten, die untereinander um Studienanfänger buhlten. Unabhängig von der Frage, ob dieses Geld nicht viel sinnvoller in die eigentliche wissenschaftliche Arbeit investiert werden sollte, sind die Plakate als Beleg dafür zu sehen, dass Universitäten immer stärker in Vermarktungsprozesse einbezogen werden.

In einer Welt, in der alles und jedes vermarktet wird, ist selbst die hehre Universitätswelt darauf angewiesen, ihre Ergebnisse publikumsgerecht zu verbreiten. Keine Universität, die etwas auf sich hält und die Zeichen der Zeit erkannt hat, wird auf eine Presseabteilung verzichten. Doch auch sonst wird viel dafür getan, Wissenschaft markt- und zielgruppengerecht anzubieten, es gibt beispielsweise an vielen Orten den Tag der offenen Tür von Fakultäten und Instituten, die um Nachwuchs werben.

Unter den Hochschullehrern gibt es eine Spaltung zwischen den medienaffinen und -aversen Persönlichkeiten. Letztere neiden zwar den ersteren ihren öffentlich sichtbaren Erfolg, begründen ihre Absenz aber fadenscheinig durch die Honorigkeit ihrer Forschung. Doch wenn die Wissenschaft dazu beitragen soll, die Welt zu verbessern, müssen ihre Ergebnisse insbesondere für die Träger dieser Welt, die „Alltagsbevölkerung“, verständlich vermittelt werden können. Von daher sind die Medienkanäle nicht nur lästige Zeiterscheinungen, die Wissenschaftlern aufgedrückt werden, sondern sehr gute Ansatzpunkte, Wissen kompakt zu formulieren und zu verbreiten.

Neben der gesellschaftlichen Verpflichtung ist die Selbstvermarktung auch aus individuellen Karrieremotiven unerlässlich. Sowohl in der Hochschule wie in der Unternehmenswelt gilt: „Wer Karriere machen will, muss gut sein, muss sich aber auch vermarkten und positionieren können“ (Günther 2015, S. 1). Daher sollte der eigene Name durchaus mit Pressemitteilungen populärer Art weiter Verbreitung finden. Man wird von der Öffentlichkeit mit seinem Forschungsprojekt bzw. -gebiet verbunden, wenn man durch Presseinterviews, kurze Meldungen oder auch nur einzelne Zitate in Artikeln positiv auffällt.

Dabei sollte allerdings möglichst genau darauf geachtet werden, dass die eigenen Positionen nicht verfälscht werden. Journalisten haben sehr viele Themen gleichzeitig zu bearbeiten und können sich niemals so tief mit einer Sache beschäftigen, wie es bei sorgfältiger

Bearbeitung nötig wäre. Da geraten Fakten leicht durcheinander, oder werden Inhalte miteinander verknüpft, die gar nichts miteinander zu tun haben. Von daher sollten Sie alles daran setzen, Interviews vor der Drucklegung noch einmal korrigieren zu können und nach Möglichkeit die Artikel über Ihr Forschungsprojekt vorher sichten zu dürfen.

Oft sind Verfälschungen nicht beabsichtigt, trotzdem kommen sie massenhaft vor. Dieser journalistische Umgang mit Aussagen kann sogar zu extremen Verkehrungen führen wie unlängst im politischen Raum geschehen. Einer Politikerin der Linkspartei wurde unterstellt, sie habe die NPD gewählt. Das im Fernsehen gesendete Zitat einer Videoaufnahme lautete: „Ich möchte nicht mehr die NPD wählen, weil die mir zu rechtsextrem ist, deswegen wähle ich jetzt die AfD. Ich sage immer, das ist die NPD in freundlich."[19] Tatsächlich hatte sie in einem längeren Statement nur manche Bewohner ihres Ortes zitiert. In Wirklichkeit hatte sie im Kontext Folgendes vor laufender Kamera ausgesagt: „Hier auf dem Dorf gibt es ziemlich viele Leute, die rechter Meinung sind und die einfach sagen, ich möchte nicht mehr die NPD wählen, weil die mir zu rechtsextrem ist, deswegen wähle ich jetzt die AfD. Ich sage immer, das ist die NPD in freundlich."[20]

Solch eine verkürzte Wiedergabe von Aussagen kann Ihnen auch passieren. Derartige Fehlmeldungen lassen sich vermeiden, wenn Sie selbst eine kurze Pressemitteilung zu Ihren Forschungsergebnissen formulieren, die sie dann dem Journalisten vorlegen können. Zum einen ist es für Sie selbst eine gute Übung, das Wesentliche Ihrer Forschung mit einfachen Worten auszudrücken. Zum anderen bietet die Pressemitteilung eine Hilfestellung für Journalisten, die Inhalte nicht misszuverstehen. Im optimalen Fall werden Ihre eigenen Erläuterungen wortwörtlich übernommen. Da es sich um eine Pressemitteilung handelt, gilt es nicht als Plagiat, wenn Sie nicht namentlich als Urheberin bzw. Urheber dieser Ergebnisse genannt werden. Zum Plagiat wird es, wenn die Worte aus der Pressemitteilung von anderen Wissenschaftlern als deren eigene ausgegeben werden.

Mir persönlich ist es passiert, dass ein Autor in einem Artikel für einen von mir herausgegebenen Sammelband meine Wortlaute aus einer Pressemitteilung als eigene Aussage verwendet und mir als Herausgeberin zugeschickt hat. Der Autor hatte sogar seinen ganzen Artikel mit Copyright-Kennzeichnung versehen. Das heißt in der Konse-

---

19 http://www.mdr.de/mdr-figaro/schiewer-zdf100_zc-12e3e9b7_zs-d94c1f38.html. Abruf 1.7.2015.

20 http://www.mdr.de/mdr-figaro/schiewer-zdf100_zc-12e3e9b7_zs-d94c1f38.html. Abruf 1.7.2015.

quenz, dass ich meine eigenen Formulierungen nicht mehr hätte verwenden dürfen. Diesen Autor habe ich selbstredend nicht in meinem Buch publizieren lassen. Derartige Beispiele zeigen, dass die prinzipiell positive Verbreitung wissenschaftlicher Ergebnisse nicht ohne Haken ist. Aussagen und Wortlaute können falsch zitiert, verdreht oder gar von anderen zweckentfremdet werden. Und es gibt nicht immer ausreichende Chancen zur rechtzeitigen Intervention bei Fehldeutungen.

Die Medienwelt hat ihre eigenen Regeln. Dort kommt es auf wenige Zeilen bei den Printmedien und eine begrenzte Sekundenzahl bei Radio und Fernsehen an. Folgerichtig werden Beiträge auf diese formalen Begrenzungen zurechtgestutzt. Dieser Umgang mit Inhalten widerspricht diametral dem Modus wissenschaftlichen Ausdrucks, der möglichst viele relativierende Nachsätze vorsieht, um die Qualität der Aussage zu steigern oder sie zumindest zu differenzieren. Dementsprechend öffnen Sie bei der ersten Pressemeldung zu Ihrer Forschung vielleicht entsetzt die Augen, weil Sie Ihre Aussagen eigentlich nie so platt gemeint und nie so simpel dargestellt hatten, wie sie am Ende abgedruckt zu lesen waren. Bei Fernsehaufnahmen sind sogar noch mehr Verdrehungen zu erwarten.

Deshalb ist es klug, sich beim Einstieg in die Medienwelt erst einmal auf die Printmedien zu beschränken, weil ihre Veröffentlichungen noch am ehesten durch Textrückmeldung zu kontrollieren sind. So lassen sich die schlimmsten Fehlinterpretationen der eigenen Aussagen vermeiden. Noch zielführender ist die bereits erwähnte, vorab selbst verfasste Pressemitteilung. Bei der Zusammenarbeit mit den Printmedien sollten Sie vor allem merken, dass die Erwähnung in der Presse nicht nur Reaktionen von Neidern, sondern auch von interessierten Leserinnen und Lesern hervorruft, die Ihnen Anregung für die weitere Arbeit geben wollen. Wenn Sie sich an den Umgang mit Printjournalisten gewöhnt haben, dann können Sie sich weiter an die komplexeren und riskanteren Medien wie Radio oder Fernsehen wenden.

Gerade Funk und Fernsehen haben durch unübersichtliche Produktionsprozesse, an denen viele Menschen beteiligt sind, eine Eigendynamik, durch die Inhalte am Ende stark von dem Tenor abweichen können, den man meinte, beim interviewenden Journalisten wahrgenommen zu haben. Mit anderen Worten: Durch Schnitttechnik und Kombination von verschiedenen Takes kann letztlich die Aussage verzerrt gesendet werden. Aufnahmen mit Ihnen werden von verschiedenen Redaktionsgruppen diskutiert und die Aussagen auf ihre jeweilige Stoßrichtung hin eventuell neu vereinbart. Im Vorfeld können Sie deshalb nie wissen, ob beispielsweise Ihre Forschungsergebnisse zu den Schäden durch Nikotingenuss schwangerer Frauen als

Beitrag zur Suchtprävention oder nur in dem Kontext gesendet werden, dass Wissenschaft sich immer mehr in das Privatleben der Menschen einzumischen versucht.

Radio und Fernsehen, die Sie noch viel weniger im Griff haben als die Printmedien, sollten Sie in Ihren ersten Berufsjahren tunlichst meiden. Denken Sie vor allem daran, dass kleine Szenen in Archiven des jeweiligen Senders landen und von beliebigen, Ihnen völlig unbekannten Journalisten für deren Sendungen hineingeschnitten werden können.

Gleichwohl empfiehlt es sich, schrittweise die öffentliche Präsentation der eigenen Forschungsergebnisse zu versuchen. Wenn Sie in einer größeren Forschungsgruppe arbeiten, werden Sie diesen Prozess eher als Zuschauende oder in der Rolle einer von vielen Interviewten erleben. Aber es gibt immer auch eigene Forschungsergebnisse, die es sich lohnt, einem breiteren Publikum zu vermitteln. Dabei sollten Sie zuerst den Rat der professionellen Pressestelle Ihrer Universität in Anspruch nehmen. Sie verfügt nicht nur über die besten Kontakte zu verschiedenen Medien, sondern vor allem über das Know-how im Mediensektor.

Es sollte deutlich sein, dass die Zusammenarbeit mit den Medien Fallstricke birgt. Lassen Sie dennoch die Optionen, die Ihnen die Presse bietet, nicht aus! Denn die Präsentation in der Öffentlichkeit ist ein wichtiger Weg, Ihren Ruf gleichzeitig in der Wissenschaftswelt auszubauen.

Wesentlich dabei: Mutieren Sie nicht zu einer „Rampensau“, wenn Sie von Ihrer Persönlichkeit eher ein ernsthafter Typ sind. Bleiben Sie sich treu, aber sorgen Sie gleichwohl dafür, um Ihre Forschungsergebnisse in der Öffentlichkeit sichtbar werden zu lassen.

8.11 11. Ort: das Sprungbrett Vertretungsprofessur

Die Universität ist kein rechtsfreier Raum, es gibt Satzungen und Hochschulgesetze, Fakultätsordnungen und ministerielle Erlasse, die den Alltag in einen Paragrafendschungel verwandeln. Doch eine Nische gibt es, bei der faktisch nahezu alle Reglungen und Rechtsvorschriften außer Kraft gesetzt werden, selbst wenn sie weiterhin formaljuristisch Gültigkeit haben. Dieser de facto rechtsfreie Raum entsteht sehr häufig bei der Besetzung der Position der Vertretungsprofessur. Hier werden Stellen nach Gutsherrenart vergeben, oft in Windeseile. Meist erlangt man eine derartige, gut bezahlte Position durch Empfehlungen per E-Mail oder Telefon.

Alix Both, die über ihre Erfahrungen als Vertretungsprofessorin berichtet, bezeichnet das Erlangen dieser beruflichen Position als „Loyalitätsprämie“ (Both 1913, S. 7). Denn meist werden Professorinnen oder Professoren von ihren befreundeten Fellows angerufen: „Bei uns hat der erste Listenplatzierte abgesagt, wir müssen in zwei Wochen zu Semesterbeginn eine Vertretungsprofessur besetzt haben. Weißt du jemanden?“ Einen etwas transparenteren Weg gehen die Kommissionsvorsitzenden der Fachgesellschaften. Viele führen Listen mit habilitierten Wissenschaftlern, die für Vertretungsprofessuren infrage kommen. Doch auch dies ist ein irrationaler Vorgang. Wer dann tatsächlich auf Anruf vorgeschlagen wird, entzieht sich jeglicher demokratischer Kontrolle.

Eine Vertretungsprofessur ist ein Sprungbrett in die wissenschaftliche Laufbahn. Denn bei den nächsten Bewerbungen tritt man mit der Aura auf, bereits einmal von einer Universität als einer Professur würdig eingestuft worden zu sein. Das erhöht die Karrierechancen mehr als jedes veröffentlichte Forschungsbuch. Denn in einem derartig fragilen Wertungssystem ist fast jeder unsicher. Entscheidungen anderer Universitäten sind in diesem Falle eine Krücke, auf die man sich ein wenig stützen kann – selbst wenn eigentlich jeder weiß, auf welch irrationale Weise die Entscheidungen gerade bei Vertretungsprofessuren fallen. Selten werden derartige Personalvorschläge durch Gremien ordentlich abgesegnet.

Doch am irrationalsten ist der Prozess, durch den es zu einem Vorschlag kommt. Er entsteht durch einen außerordentlich intransparenten, subjektiven Empfehlungsweg. Hat man es auf eine Vertretungsprofessur abgesehen, sollte man dafür sorgen, potenziell empfohlen zu werden und Kontakte aus dem engeren oder weiteren wissenschaftlichen Dunstkreis zu pflegen. Es ist keine Schande, sich selbst in diesem Zusammenhang als geeignet anzupreisen. Sie können durchaus bei Tagungen gezielt Leute fragen, mit denen Sie produktive Gespräche geführt haben, ob an deren Hochschule demnächst die Aussicht besteht, dass eine Vertretungsprofessur zu besetzen ist. So werden sich diejenigen im Zweifelsfalle leichter an Sie erinnern.

Der Erwerb einer Vertretungsprofessur ist nicht nur Erfahrungsgewinn, sondern eine riesige Stufe im Weg aufwärts auf der akademischen Karriereleiter.

9 Insidertipps

Viele beliebte Reiseführer geben Insidertipps. Damit sind nicht Hinweise auf gängige Sehenswürdigkeiten gemeint, sondern Empfehlungen für Orte, die weniger bekannt sind, aber eine Reise besonders interessant und erfahrungsreich machen. Insidertipps basieren meist auf subjektiven Erfahrungen, die die Autorin/der Autor des jeweiligen Reiseführers vor Ort gemacht hat und jetzt an die Leserschaft weitergegeben werden sollen.

Für die Reise nach Academia gibt es eigentlich nur wenige Insidertipps. Doch wer diese kennt, bekommt mit großer Wahrscheinlichkeit Lust, im Wissenschaftsbereich zu bleiben, und ist meines Erachtens besser gewappnet, sich den Gefahren und Fallstricken darin zu entziehen.

9.1 Zweifeln ist die Basis wissenschaftlichen Denkens

Der erste Tipp lässt sich sehr knapp formulieren. Er heißt: Zweifeln. Wissenschaft zu betreiben bedeutet, einer Frage sehr differenziert nachzugehen. Wenn man seine eigenen Ergebnisse, Denkansätze oder Datensätze stets aufs Neue anzweifelt, bilden sich in Gedanken immer mehr Aspekte und klarere Strukturen heraus.

Wissenschaft lebt vom Dialog, doch tatsächlich finden vor allem Monologe statt. Will sich ein Nachwuchswissenschaftler unter allen Umständen weiterbringen, sollte er sich eine zweite Stimme geben, die ihn und seine Ideen hinterfragt. Wenigstens im wissenschaftlichen Selbstgespräch kann man eine kritische Position entwickeln und sich selbst immer wieder klar machen, weshalb der eigene Forschungsansatz richtig ist. Manchmal führt die Reflektion auch dazu, dass dieser Ansatz verändert werden muss. Gleichwohl haben die eigenen Bedenken dazu geführt, der Sache mehr auf den Grund gegangen zu sein. So wird das eigene Forschungsproblem bis in die Tiefen ausgelotet und kann differenzierter betrachtet werden. Wenn man es nicht durch kritisches Hinterfragen auf seine Stabilität hin geprüft hat, kann es sehr fragil bleiben.

Dadurch besteht die Gefahr, beim nächsten stärkeren Windstoß mitsamt den Forschungsfragen umgepustet zu werden und schlimmstenfalls schon sehr früh in die Tiefe der Schlangengrube hineinzufallen.

Der Zweifel stärkt das eigene Denken, es rankt sich um den eigenen Ansatz wie ein zunehmend stabilisierendes Gerüst. Jede Form von Bedenken führt dazu, die eigenen Gedanken noch genauer zu schärfen und sie damit noch weiter zu festigen. So gewinnt ein (angehender) Wissenschaftler mehr Halt und kann nicht so leicht abstürzen.

Der Zweifel ist das Herz des wissenschaftlichen Arbeitens; er treibt es an, gibt ihm Kraft und Stärke. Allerdings darf das Herz nicht hektisch schlagen, sonst kommt es zu Versorgungsproblemen. Man sollte den gedanklichen Zwiespalt bewusst betrachten und ruhig und klar nach positiven Gegengewichten sucht. So wie beim autogenen Training die Formel zum Herzen lautet: „Mein Herz schlägt ruhig und klar“, sollte bei Unschlüssigkeiten die Formel lauten: „Ich weiß, dass ich jetzt Zweifel habe. Doch das gehört zum wissenschaftlichen Arbeiten dazu. Ich überlege, wie ich diesen Zweifeln Schritt für Schritt begegnen kann.“

Es lohnt sich, sogar in Erwägung zu ziehen, jeden ambivalenten Gedanken schriftlich zu fixieren und in den folgenden Tagen jeweils ein Gegenargument oder eine Gegenposition oder einen Gegenbeleg dazu aufzuschreiben. So werden Sie erfahren, dass die Zweifel nicht zum Verzweifeln sind, sondern zum produktiven Weiterdenken führen. Sie sind das Salz oder die Würze Ihrer Arbeit und nur dann zerstörerisch, wenn sie in einem Übermaß über das eigene Forschen ausgeschüttet werden.

Also bleiben Sie gelassen, wenn Sie von Bedenken geplagt werden, und warten Sie ab, ob diese Ihnen nicht bald neue Aspekte und Erkenntnisse bringen, die Sie ohne Unsicherheiten nicht gefunden hätten. Beginnen Sie, den Zweifel als Herzstück und Motor zu schätzen, und erinnern Sie sich an die vielen Momente, in denen Sie aus der Unsicherheit heraus in Ihrer Arbeit einen wichtigen Schritt weiter vorwärts gekommen sind. Kultivieren Sie aktiv den Zweifel, denn er wird Sie letztlich sicher weiter geleiten und zu neuen Erkenntnissen führen.

9.2 Zurück zum ursprünglichen Denken!

Der zweite Tipp mag zunächst ungewöhnlich klingen in Anbetracht der Tatsache, dass es um eine Reise durch den Wissenschaftsbetrieb geht. Er lautet: Zurück zum ursprünglichen Denken! Gemeinhin herrscht die Überzeugung, dass Wissenschaft durch möglichst abgehobenes Denken gekennzeichnet ist. Jedoch sollte man dabei das Denken nicht mit der Sprache verwechseln. Es kommt tatsächlich darauf an, als Wissenschaftler zu lernen, sich in seinen Gedanken nicht in den Elfenbeinturm zurückzuziehen, sondern auf die Welt zuzubewegen.

Dieser Weg lässt sich zum Beispiel erproben, indem man einer Gruppe jüngerer Kinder das eigene Forschungsgebiet zu erklären versucht. Grundschulen, Kindertagesstätten oder Hortgruppen öffnen Ihnen durchaus ihre Türen, wenn Sie den jeweiligen Pädagoginnen und Pädagogen Ihr Vorhaben schon einmal im Vorfeld schmackhaft machen. Ihr Nutzen: Erläutern Sie jüngeren Kindern Ihre Ideen, müssen Sie notgedrungen elementarisieren und anschauliche Beispiele finden. Dies hilft Ihnen, das eigene Forschungsgebiet – und sei es noch so allgemein – besser zu durchdringen. Sie werden feststellen, dass die Fragen der Kinder derart produktiv und zahlreich sind, dass Sie hinterher eine Schreibblockade sofort überwinden können. Viel eher werden Sie sogar das Problem haben, die vielen Gedanken rechtzeitig zu notieren, bevor Sie sie vergessen.

Auch und insbesondere ältere Menschen sind dankbare Zuhörer. Entweder kennen Sie selbst Seniorinnen oder Senioren, die sich freuen würden, wenn Sie ihnen von Ihrer Forschung berichten. Oder Bekannte helfen Ihnen dabei, Kontakt aufzubauen. Kommt ein Treffen zustande, ist es eine wirkliche Win-Win-Situation. Sie bekommen einen Anlass, Ihre eigene Forschung klarer zu umreißen, während die älteren Herrschaften die Chance erhalten, an der Außenwelt und ihren neuesten Entwicklungen in der Forschung teilzuhaben. Und Sie werden plötzlich merken, was beim Erklären der eigenen Forschungsarbeit gegenüber Seniorinnen und Senioren besonders wichtig ist: Sie lernen, einen neuen Blick auf die eigene Arbeit zu werfen, und werden dadurch viel zielgerichteter. Die Haltung sollte also lauten, dass nicht Sie den älteren Mitbürgerinnen und Mitbürgern Ihre Zeit gegeben, sondern im Gegenteil diese Ihnen ihr Ohr geliehen haben, damit Ihre Aussagen genauer werden und Sie den Sinn Ihrer Aussagen näher überprüfen können.

Jene „normalen Mitbürger“, die nicht vom Virus der unverständlichen Formulierungsweise in der Wissenschaftswelt infiziert sind, können für Sie eine Hilfe sein, das Wesentliche Ihrer Arbeit klar auszudrücken. Das hilft nicht nur bei der Weiterentwicklung Ihrer Gedanken, sondern auch bei der Steigerung Ihrer Motivation. Denn wenn Sie spüren, dass Sie Ihr Gegenüber von der Bedeutung Ihrer Forschung überzeugen konnten, werden Sie auch selbst mehr von Ihrem Tun überzeugt sein.

Und das ist ein wichtiger Antrieb für die weitere Arbeit, nämlich den Sinn zu erkennen und von anderen im Vorfeld Rückmeldungen zu erhalten.

9.3 Eintauchen in die Fachgeschichte

Auch der dritte Tipp fällt scheinbar heraus aus dem Wissenschaftsbetrieb. Dieser Tipp empfiehlt Ihnen, sich in ein Museum zu begeben, das etwas mit Ihrem Fach zu tun hat – und sei es oft nur in Form einzelner Exponate oder eines Geburtshauses eines bekannten Fachvertreters aus früheren Zeiten. Sie können sich Gedanken machen, wie früher in Ihrem Fach geforscht wurde und welchen Schwierigkeiten die Vorväter Ihres Faches begegnen mussten, um zu ihren letztlich bahnbrechenden Ergebnissen zu gelangen. Im direkten Vergleich werden Sie lernen, dem heutigen Wissenschaftsbetrieb mit seinen negativen Seiten etwas Positives abzugewinnen. Sie werden geduldiger mit sich selbst und sehen, wie langsam historisch der wissenschaftliche Fortschritt verläuft. So können Sie Ihre eigenen kleinen Schritte etwas gnädiger betrachten.

Immerhin erhalten Sie zusätzliche Motivationsschübe, denn Sie erfahren, wie viele wichtige Fragen es in Ihrem Fach gibt. Egal ob Sie im Technikmuseum für Technikgeschichte nach dem Zusammenhang mit der heutige Ingenieurwissenschaft suchen, ob Sie im Museum über historische Pädagogen die frühen Denkschritte Ihrer Disziplin nachvollziehen oder ob Sie sich in einem Museum historische Musikinstrumente ansehen. Sie werden erkennen, dass das eigene Fach interessante Aspekte zu bieten hat. So können Sie sich selbst motivieren. Denn ohne interessante Bezüge kann man die trockenen Phasen wissenschaftlichen Arbeitens nicht durchhalten. Doch wenn Sie sich selbst in ein historisches Netzwerk des schrittweisen Erkenntnisfortschritts eingebunden sehen, können Sie mit sich selbst geduldiger sein und sich in diesem historischen Kontext besser wertschätzen.

Das Wissen über die Fachgeschichte macht zudem stolz darauf, dass man derart mutige Entdecker wie etwa die frühen Apotheker des Mittelalters oder die ersten Naturkundler der Renaissance zu seinen geistigen Vorfahren zählen darf. Diese Leidenschaft der Vordenker des Fachs, die deutlich zu spüren ist, wenn man sich in deren Biografie vertieft, hilft dabei, sich mit dem eigenen Forschungsgebiet zu identifizieren. In vielen Disziplinen fällt auf, dass sich ihre Vertreter oft gegen den Widerstand aus dem Umfeld durchsetzen mussten, sei es in der Astronomie, der Physik, der Psychologie oder der Biologie. Selbst in sehr alten Disziplinen wie der Theologie oder der Philosophie kann man erkennen, welch einen Kampf die Fachvorfahren gegen das Althergebrachte ausfechten mussten. So eingebettet in eine lange

Vorgeschichte kann man sich im eigenen Fachgebiet besser zu Hause fühlen.

Für die historische Vertiefung in das eigene Forschungsthema lohnt es sich, an Schlüsselfragen zu überprüfen, wie weit man in die Tiefe vorgedrungen ist. Solche Fragen können sein:

- Seit wann wird zu meinem Thema geforscht?
- Wer waren die Protagonisten der ersten Forschungsansätze?
- Mit welchen Begriffen wurde in den frühesten Untersuchungen der Gegenstand zu erfassen versucht?
- Was waren die frühesten Forschungsmethoden?
- Kenne ich Vorläuferkonzepte zu meinem Ansatz?
- Welche Konzepte/Theorien sind damals zeitgleich entstanden?

Insbesondere für den eigenen Erkenntnisprozess lohnt sich ein Blick darauf, wie vielfältig die Bemühungen in der Geschichte waren, im jeweiligen Fachgebiet zu Erkenntnissen zu gelangen. Der Bezug auf die historischen Vorbilder schafft obendrein die Möglichkeit, gegenwärtige Methodenstreitereien etwas gelassener zu betrachten und im großen historischen Maßstab nicht so ernst zu nehmen. Man kann so sicherer sein, dass bald der nächste Diskurswechsel die Fachwelt bewegen wird und die gegenwärtigen Autoritäten nicht das letzte Wort haben werden.

Eine historische Betrachtungsweise lässt alle aktuellen Konflikte kleiner erscheinen, weil sie im Gesamtrahmen der Fachgeschichte nur kleine vorübergehende Ereignisse sind. Diese Erkenntnis kann ungemein tröstend sein, sollte man einmal in ein Produktivitätstief geraten sein. Mit den Gedanken an die Probleme der eigenen Fachvorgänger fällt es leichter, sich wieder aufzurichten.

9.4 Concept Mapping zur Strukturierung der Gedanken

Der vierte Tipp lautet: Concept Mapping. Eine Concept Map ist eine strukturierte grafische Anordnung von Gedanken, bei der das Thema oder die Problemstellung im Mittelpunkt steht. Begriffe zu den jeweiligen Aspekten werden um dieses Zentrum herum ausgerichtet und mit Pfeilen hin und/oder zurück in Beziehung gebracht.

Eine solche Concept Map lässt sich sehr einfach herstellen: Schreiben Sie alle wichtigen Begriffe, Daten und Stichpunkte zum Kern Ihrer Arbeit jeweils auf ein kleines Kärtchen. Dann versuchen Sie, durch Hin- und Herschieben der einzelnen Karten eine Struktur zu entwickeln. Wenn alle Kärtchen gelegt sind, können Sie Pfeilkarten zurechtschneiden und diese zwischen die einzelnen Begriffe legen[21]. Was folgt aus welchem Aspekt? Welcher Begriff führt zu welchem Gedanken? So entstehen immer differenziertere Beziehungen zwischen den einzelnen Begriffen. Auch Wechselwirkungspfeile sind möglich und zeigen produktiv die dynamischen Beziehungen in Ihrem Gedankengeflecht. Sie werden merken, dass Ihnen die so entstandene Concept Map mit Bezugspfeilen zwischen den einzelnen Kärtchen sehr helfen wird, Ihre eigenen Gedanken zu ordnen.

Wenn Sie im ersten Schritt noch Schwierigkeiten haben, können Sie sich mit einigen Leitfragen auf die Sprünge helfen. Dazu zählen etwa:

- Welche Begriffe gehören zu meinem Konzept?
- Wie definiere ich den wichtigsten Begriff meines Konzepts?
- Welche Kontrastbegriffe kenne ich?

In einem zweiten Schritt können Sie diese Kärtchen auf einen größeren Bogen legen und kleben. Beim Legen werden Sie sicherlich noch einmal darüber nachdenken, wie nahe bestimmte Aspekte einander inhaltlich sind, ob einige Gedankengänge in Abhängigkeit zueinander stehen und ob andere Karten ganz unabhängige Gedankenstränge repräsentieren.

Anschließend können weitere Begriffe, Unterbegriffe und Ergänzungen mit Pfeilen verbunden und zur Content Map hinzuzugefügt werden. So entsteht nach und nach ein immer differenzierteres und immer durchdachteres Gedankenkonstrukt. Dieses hilft Ihnen, Ihre eigenen Ideen zu sichten, zu ordnen und zu vertiefen. Gleichzeitig bringt Ihnen das Produkt grafisch anschaulich zu Bewusstsein, wie wichtig und aspektreich Ihre Thematik ist. Sie überzeugen sich dadurch noch einmal von Ihrem Forschungsvorhaben, seiner Relevanz und Dichte.

Gleichzeitig ist eine Concept Map ein Instrument, um das Denken anzuregen. Oft gelingt es nicht auf den ersten Blick, die genauen Beziehungen zwischen Begriffen herzustellen oder die passenden Unterbegriffe zu formulieren. Derartige Denklücken werden bei der grafischen Form dieser Veranschaulichung von Gedanken deutlich sichtbar und mahnen zu genauerem Nachdenken. Letzteres muss nicht sofort geschehen: die Lücken lassen sich auch nach und nach ausfüllen. In jedem Fall ist die Concept Map auch in dieser Hinsicht eine wirksame Hilfe zur Strukturierung der eigenen Überlegungen.

Zusätzlich gelingt es Ihnen durch das veranschaulichte Gedankenkonstrukt, die verschiedenen Aspekte Ihrer Arbeit in Beziehung zu-

21 Es gibt zwar auch Software zum elektronischen Erstellen von Concept Maps, ich empfehle aber die manuelle Form, weil sie viel Zeit zum Nachdenken verlangt.

einander zu setzen. Eine Concept Map können Sie auf den Schreibtisch legen und als Hintergrundfolie beim Schreiben einer Forschungsarbeit betrachten. Sie werden merken, dass Sie dadurch substanzreicher argumentieren können, und auf Ihr Machwerk stolz sein dürfen. Das schützt gegen die ohnehin immer wieder auftauchenden, destruktiven Selbstzweifel und stabilisiert beim strukturierten Vorwärtsdenken.

Eine andere Form dieser „Gerüsttechnik" bieten Mindmaps. Dabei werden die Begriffe nur einander zugeordnet, jedoch nicht noch durch grafische Beziehungspfeilen ergänzt. Welche Form man wählt, ist letztlich von der Fragestellung und den eigenen Vorlieben abhängig.

Alle Techniken laufen darauf hinaus, ein Gedankenchaos zu vermeiden, sondern Ideen in ein klar gegliedertes Gerüst einzuordnen. Es hilft einerseits beim Weiterdenken und andererseits dabei, das Schreiben der Arbeit zu strukturieren, weil die verschiedenen Aspekte in differente Felder eingeordnet werden. Diese Felder lassen sich dann schrittweise beim Schreiben bearbeiten.

9.5 Positives Lesen als Grundhaltung

Der fünfte Insidertipp scheint auf den ersten Blick kein Geheimnis zu sein, sondern nur eine selbstverständliche Denkweise. Es geht dabei um das positive Lesen. Damit ist gemeint, aus den gelesenen Schriften zuerst die positive Substanz herauszuarbeiten. Doch mittlerweile findet diese Vorgehensweise kaum noch Anwendung und fristet ein Randdasein angesichts der giftigen Haltung vieler gegen alles und jeden im Wissenschaftsbereich.

Auf andere einzuschlagen ist nämlich nicht nur der Habitus mancher pubertierender Gewalttäter, sondern als Verhaltensmuster im Wissenschaftsbereich verbreitet. Hier wird zwar nicht die Faust eingesetzt, dafür aber die ebenfalls außerordentlich schmerzhafte Schreibfeder bzw. Computertastatur. An erster Stelle werden andere Schriften kritisiert, welche Aspekte sie vergessen haben, worin sie falsch liegen und was sie nicht bedacht haben. Liest man wissenschaftliche Literatur mit einer derartigen negativen Haltung, nimmt man sich selbst die Freude am Lesen. Es schafft zwar das Gefühl, anderen überlegen zu sein, erhöht jedoch gleichzeitig die Angst vor Kritik[22] bei eigenen

22 Wagner (1992, S. 19) beschreibt diesen Mechanismus schon bei Studierenden, die sich anderen überlegen fühlen, aber gleichzeitig lähmende Angst vor Kritik beim eigenen Referat bekommen; er sieht das Prinzip der Aufwertung der ei-

Schriften. Sobald man sich dafür entschieden hat, diese Haltung ins Gegenteil zu kehren und der Leistung anderer mit Wohlwollen und Anerkennung zu begegnen, wird das Lesen von Schriften, das für jede wissenschaftliche Arbeit unerlässlich ist, zu einem Genuss.

Dann erst sucht man nach positiven Gedanken, versucht den Ansatz der anderen zu verstehen und zu überlegen, inwiefern einen das Gelesene bei seinen Überlegungen weiterbringt. Mit dieser positiven Einstellung wird das Lesen der Fachliteratur interessant und ist keine lästige Pflicht. Die Stimmung ist besser, als würde man nur von oben herab das Gelesene – wie manche es bereits vor der ersten Zeile tun – als dünn und „nichts Neues" abkanzeln.

Mit einer positiv würdigenden Haltung bei Schriften entwickelt man eine echte Wertschätzung für die Personen, die diese verfasst haben. Nicht Kritizismus ist dabei angesagt, sondern Achtung. So entwickelt man eine kollegiale Sichtweise und kann auf Tagungen auch einmal Anerkennung für andere Wissenschaftlerinnen und Wissenschaftler aussprechen, anstatt immer nur als Erstes nach dem Haar in der Suppe zu suchen.

Letztlich sägt man mit Dauerkritizismus am eigenen Ast, denn so werden die vielen Mühen wissenschaftlicher Arbeit generell abgewertet. Je mehr man dagegen andere wertschätzt, nach den bereichernden Erkenntnissen sucht und diese aufgreift, umso nuancenreicher wird die eigene Arbeit. Wer alle anderen nur heruntermacht, wird nur scheinbar groß. Tatsächlich bleibt seine Arbeit mager, weil er die vielen Erkenntnisse bisheriger Forschung auf dem eigenen sowie auf benachbarten Gebieten nicht positiv gewürdigt, sondern nur ausgrenzt und somit die eigene Arbeit verdünnt hat. Im Stand der Forschung sollte schlussendlich eine positive Sichtweise der bisherigen Bemühungen anderer zur Fragestellung deutlich werden.

9.6 Echte Lust an wissenschaftlicher Arbeit entwickeln

Der sechste Insidertipp zielt darauf ab, wirklich Lust an der wissenschaftlichen Arbeit zu entwickeln. Als erste Bedingung dafür sollten Sie die Wahl Ihrer Thematik und Fragestellung voll vertreten können. Sie werden eine derart lange Arbeit nicht durchhalten, wenn Sie nicht wirklich von dem überzeugt sind, was Sie schreiben. Das, was Sie erforschen, müssen Sie selbst für relevant halten, um sich über Jahre in

---

genen Person durch Abwertung anderer als das durchgängige Prinzip an Hochschulen an (1992, S. 35).

jeder freien Minute damit auseinandersetzen zu können und zu wollen. Gerade weil wissenschaftliche Arbeiten so intensive Detailarbeit verlangen, ist es von höchster Bedeutung, dass Sie voll uns ganz hinter Ihrer Fragestellung stehen. Oft allerdings entstehen Forschungsaufgaben in größeren Projekten, dabei werden bestimmte Themen den Doktorandinnen und Doktoranden quasi zugeteilt. Dies ist in den Naturwissenschaften fast die Regel.

In diesem Fall ist es wichtig, dass Sie sich selbst im ersten Schritt fragen, warum Sie diese Fragestellung für wichtig halten. Im zweiten Schritt sollten Sie versuchen, sich selbst von der Bedeutung Ihrer Arbeit zu überzeugen. Dazu gibt es viele Möglichkeiten. Eine ist sehr einfach zu bewerkstelligen. Sie nehmen einfach an einer Familienfeier teil und gönnen sich dafür Zeit. Schauen Sie, welche Verwandten Ihnen persönlich besonders gewogen sind, und erzählen Sie ihnen vom Inhalt Ihrer Forschungsarbeit, von den Zielen und Fragestellungen, die Sie verfolgen. Im Gespräch mit Ihnen wohlgesonnenen Menschen gelingt es besser, den Sinn in Ihrem wissenschaftlichen Vorhaben und die Bedeutung Ihrer Arbeit zu erkennen, um schließlich Begeisterung dafür zu entwickeln. Nur wenn Sie emotional von Ihrer Forschungsaufgabe angetan sind, werden Sie es schaffen, diese erfolgreich abzuschließen und auch für andere verständlich zu vermitteln.

Diese positive Haltung gegenüber der eigenen Arbeit unterstützt die Selbstakzeptanz. Sie ist nach Frank (2010) glücksfördernd und erhöht das eigene Wohlbefinden. Mit dieser Selbstverstärkung des inhaltlichen Interesses tragen Sie dazu bei, die Hauptmechanismen des gegenwärtigen akademischen Betriebs ins Wanken zu bringen, die vom Streben nach Macht und Ansehen geprägt sind. Diese untergraben letztlich die ursprüngliche Aufgabe der Wissenschaft, die Wahrheitssuche. Je mehr Leute sich nicht nur um Macht und Ansehen kümmern, umso produktiver und befriedigender kann das wissenschaftliche Arbeiten werden.

Für Neulinge im akademischen Bereich ist es natürlich nicht leicht, sich von externer Bewertung unabhängig zu machen. Schließlich ist die akademische Laufbahn wie ein enges Nadelöhr, durch das es sich durchzupressen gilt. An dessen Seiten entscheiden die Arrivierten des Faches mit Argusaugen, wen sie durchlassen. Doch die Wahrscheinlichkeit gefressen zu werden, steigt, je mehr das Kaninchen auf die Schlange starrt. Deshalb sollte man beweglich bleiben und mit Freude und Lust ans Werk gehen. Sehen Sie auf Ihr Werk, nicht auf die gefährliche Viper! Dann haben Sie mehr Mut, Ideen zu entwickeln.

Aber diese Haltung ist nicht einfach einzunehmen. Es kostet immer wieder Kraft, sich nicht vor den herrschenden Schlangen zu ducken, sondern eigene Wege zu gehen. Ein gute Möglichkeit, sich selbst zu motivieren, ist es, die eigene Forschung anderen, die nicht in die akademischen Zirkel eingebunden sind[23], mit Begeisterung vorzustellen. Diese Begeisterung überträgt sich auf das eigene Denken und führt dazu, mehr Ideen zu entfalten.

Gerade weil im Wissenschaftsbetrieb der Mammon das Sagen hat und alle sich nach der Decke der Geldgeber strecken, werden neue Gedanken und Ideen verhindert und nur Teilforschungsergebnisse im Mainstream zugelassen. Wer mit erfolgreichen Drittmitteleinwerbern ehrliche Gespräche führen kann, wird erfahren, dass sie den Forschungsantrag so gestrickt haben, dass er durchkommt, und nicht so, wie es ihnen durch ihre Überzeugung für die Forschungsfrage persönlich ein Bedürfnis gewesen wäre. Diez (2014) formuliert diese Tendenz, an mächtigen Institutionen wie der Universität das Streben nach Anerkennung allem voranzustellen, sehr skeptisch: „Das Neue wird hier verhindert, aus karrieristischen, egoistischen, formalistischen, institutionellen Gründen. Es darf gar nicht existieren, das Neue, weil sonst das Alte seine Legitimität verlieren würde" (Diez 2014, S. 1).

Trotzdem kann man diesen Trends gegensteuern, indem man sich selbst von der Bedeutung seines Themas oder seiner Fragestellung überzeugt und somit inhaltlich motivieren kann. Auf diese Weise ist man stärker gegen den Druck des Mitmachens und Schaulaufens im Forschungszirkus gewappnet.

9.7 Nach Praxisrelevanz suchen

Der siebte Insidertipp soll erreichen, dass Sie mehr Praxisrelevanz in Ihrem Forschen und Schreiben herstellen und sich nicht im Elfenbeinturm verkriechen. Denn der Sinn von Forschung und Wissenschaft sollte eigentlich sein, das menschliche Leben zu verbessern. Er geht in der selbstreferentiellen akademischen Welt jedoch leicht verloren. Der Elfenbeinturm bringt oft nur Glasperlenspiele hervor, die keine Relevanz für die Wirklichkeit haben. Doch es macht keinen Sinn, darüber zu klagen und zu jammern, dass zu viele wissenschaftliche Bemühungen sich nur im Elfenbeinturm verlieren. Es gibt immer einen Weg, wenn ein Wille zur Veränderung besteht. Und Praxisrelevanz in der eigenen Arbeit ist etwas sehr Befriedigendes. Deshalb lohnt sich die Mühe, Praxisrelevanz in der eigenen Forschung herzustellen.

23 Vgl. auch Insidertipp 2.

Überlegen Sie sich, für welche Menschen und Praxisfelder Ihre eigene Forschungsarbeit sinnvoll und wichtig sein könnte! Gehen Sie in dieses Praxisfeld, seien es Betriebe, Labore, politische Institutionen, Landschaften, Biotope, Museen, Verwaltungen, Bildungseinrichtungen oder Vereine! Schauen Sie sich das Praxisfeld genau an und machen Sie sich hinterher Notizen! So kommen Sie direkt in Berührung mit der gesellschaftlichen Realität und geraten weniger in die Gefahr, abgehobene wissenschaftliche Texte zu schreiben.[24]

Manchmal gibt es sogar Kooperationen zwischen Wirtschaft und Hochschule oder öffentlichen Einrichtungen und Universitäten, bei denen Praxisaufgaben zur Forschung angeboten werden. Diese Zusammenarbeit ist besonders für kleine gesellschaftliche Institutionen von großem Interesse, die sich keine eigene Forschungsabteilung leisten können. Aber Sie können auch eigenständig diese Kontakte zwischen Hochschule und gesellschaftlichen Feldern knüpfen, indem Sie Gespräche mit Menschen aus der Praxis führen, die in etwa zu dem von Ihnen bearbeiteten Forschungsfeld passen. Ebenso können kleine Beobachtungen und Praktika vor Ort Impulse für konkrete Forschungsfragen geben.

Wenn Sie ein Praxisfeld oder eine Praxisaufgabe zum Bezugspunkt Ihres eigenen wissenschaftlichen Arbeitens ausbauen können, haben Sie für sich einen Sinn geschaffen. Eigentlich müsste es sogar umgekehrt laufen. Das Praxisfeld sollte Ihnen zeigen, was es zu erforschen gibt. Reale Probleme sollten Ausgangspunkt Ihres wissenschaftlichen Denkens und Strebens sein. Nur wenn Sie eine Forschungsfrage haben, von der Sie überzeugt sind, dass Sie mit Antworten etwas bewirken können, werden Sie sich wirklich wohlfühlen. Dieser Effekt hilft, die im Prozess des wissenschaftlichen Arbeitens notwendigerweise auftretenden Durststrecken besser durchzuhalten. Wenn Sie zu einer Praxisaufgabe stehen, dann fließt die Energie in Richtung Ihrer Problemlösung und nicht in Richtung Ihrer Kollegen. In diesem Fall wird es nämlich nicht mehr nur darum gehen, Kämpfe gegen Kollegen zu gewinnen, sondern vor allem darum, Erkenntnisse zu erzielen. Aus solch einer Haltung heraus gelingt es Ihnen leichter, in problemorientierter Weise ohne hinderliche Konkurrenzhaltung zu forschen.

Frank (2010) zählt zu den glücksfördernden Strategien, sich danach zu fragen, was man für die Gesellschaft tun könne. Sie glaubt, dass man aus einem selbst definierten Lebenszweck Genugtuung ent-

24 Dies ist eine mögliche Antwort auf das von Wagner beschriebene Defizit der Praxisferne von Wissenschaft: „Vor lauter Wissenschaftlichkeit und Kritik hatten die Menschen, Lehrende wie Studierende, den Kontakt zur Wirklichkeit, zum Stoff ihres Nachdenkens, verloren“ (Wagner 1992, S. 20).

wickeln kann. Im wissenschaftlichen Bereich lässt sich dieses Gefühl dadurch erreichen, dass man sich vergegenwärtigt, welche Praxisrelevanz die eigene Forschung hat.

9.8 Einüben von Begeisterung

Der achte Insidertipp bezieht sich auf das Einüben von Begeisterung für die eigenen Thesen. Damit ist nicht Selbstverliebtheit gemeint, sondern Überzeugung. Dies geht noch über die aufrichtige Lust an der eigenen Fragestellung hinaus. Begeisterung ist auf das Ergebnis bisherigen Forschens und auf den Prozess des Forschens bezogen, nicht nur auf die Fragestellung.

Wirkliche Begeisterung zu entwickeln gelingt am besten im persönlichen Gespräch mit Menschen, die nicht Teil des Wissenschaftsbetriebs sind.[25] Im Face-to-Face Gespräch kann man sich besser auf andere einstellen und argumentiert präziser. Denn man will ihnen schließlich überzeugend klar machen, warum man so viel Zeit für die wissenschaftliche Detailarbeit verwendet. Dabei zieht man sich quasi am eigenen Schopf aus dem möglichen Sumpf und redet angetan von der eigenen Arbeit. Deshalb lautet dieser Insidertipp konkret: Sprechen Sie mit Freunden über Ihre Forschungsarbeit und erklären Sie Ihnen, wie wichtig sie ist! So zeigen Sie den Sinn Ihrer Arbeit und können ihn lebendig präsentieren – jedenfalls wenn Ihre Freunde nicht aus demselben Fachgebiet stammen.[26] Jeder Dialog über Ihre Arbeit bringt Sie voran und kann Sie in Begeisterung versetzen, besonders wenn Ihr Gegenüber Sie nicht als Konkurrent sieht, sondern ehrlich bereit ist zuzuhören.

Insbesondere das Vorstellen der eigenen Arbeit im Kreise von jungen Forschenden, die möglichst später nicht mit Ihnen um dieselben Stellen kämpfen werden, lohnt sich sehr. Wenn Sie an Ihrer Universität im übergreifenden Kolloquium anderen Doktorandinnen/Doktoranden oder Nachwuchswissenschaftlerinnen und -wissenschaftlern[27] von Ihrer Arbeit erzählen, werden Sie merken, dass Sie selbst dabei in Fahrt kommen und sich ein Lächeln in Ihrem Gesicht breit macht.

---

25 Vgl. auch Insidertipp 2.

26 So kommen Sie einer Forderung Wagners näher, der betont: „Gute Bücher und Aufsätze bringen Leben in ihren Gegenstand“ (Wagner 1992, S. 18).

27 Falls es das nicht gibt, können Sie es durch ein paar E-Mails gründen und über die Studiendekane eine Einladung an andere Doktoranden anderer Fakultäten weiter leiten lassen.

Wenn Sie es noch nicht schaffen, irgendetwas Positives über Ihre Forschung zu sagen, das Ihnen selbst Freude bereitet, dann müssen Sie noch in sich gehen und überlegen, ob Sie Ihre Arbeit wirklich sinnvoll auf eine für die Welt relevante Fragestellung ausgerichtet haben. Sobald Sie Gründe gefunden haben, weshalb Ihre Forschung wichtig und sinnvoll ist, können Sie diese auch in Gegenwart anderer Menschen vortragen. Und je öfter Sie dies tun, umso mehr tragen Sie dazu bei, dass Sie sich selbst von Ihrer Arbeit überzeugen und begeistert wirken. Es lohnt sich, jeden Tag oder jede Woche zu bilanzieren, was man alles Produktives bei der eigenen Arbeit geschafft hat. Das bringt „Mikromomente des Glücks" (Frank 2010) und hilft, eine positive Einstellung zu schaffen.

Zudem lässt sich Begeisterung quasi im inneren Dialog üben. Das geht ganz einfach. Schreiben Sie auf, was alles an Ihrer Arbeit einzigartig, gelungen oder besonders ist, und bewahren Sie diesen Zettel auf. Nach einigen Tagen sollten Sie diesen Zettel wieder lesen und ergänzen. Schrittweise wird Ihnen auf diese Weise klar, was Sie eigentlich leisten. Am klügsten ist es, sich diesen Zettel täglich vor Beginn der Schreibtischarbeit laut vorzulesen. Dann merkt man, dass es wirklich gute Gründe gibt, sich begeistert über seine Arbeit zu äußern. Am Ende der Arbeit kann man Gedanken von diesem Zettel sogar ins Vorwort und bei den Schlussfolgerungen einbauen.

Die sinnvollste Form des Einübens von Begeisterung vollzieht sich im Dialog mit den Praxisfeldern. Wenn Sie wissen, für welches Praxisfeld Ihre Ergebnisse bedeutsam sind, haben Sie es leicht, eine positive Einstellung zu Ihrer eigenen Forschungsarbeit zu entwickeln. Dann brauchen Sie den Menschen aus dem Praxisfeld eigentlich nur erste Zwischenergebnisse zu zeigen. Sofern diese auch nur ein wenig Substanz und Praxisrelevanz haben, werden Sie es an der Resonanz spüren.

Wer von der eigenen Arbeit begeistert ist, bekommt einen enormen Motivationsschwung. Derjenige traut sich mehr zu, weil er den Sinn erkannt hat. Er muss nicht künstlich positiv über seine Arbeit denken, sondern weiß, warum sie gut ist.

Damit löst man sich aus der Gefahr, sich immer mehr unter den Scheffel zu stellen. Auf Immanuel Kant in einer Passage aus der „Metaphysik der Sitten" geht der folgende Aphorismus zurück: „Wer sich zum Wurm macht, kann nachher nicht klagen, wenn er mit Füßen getreten wird."[28] In der universitären Hierarchie ist es verbreitet, sich in der unteren Statusgruppe zusätzlich klein zu machen. Ich habe einmal

---

28 http://www.gutzitiert.de/zitat_autor_immanuel_kant_thema_gehorsam_zitat_9083.html. Abruf 1.7.2015.

ein sehr drastisches Beispiel erlebt, als ich beobachtete, wie ein Habilitand meiner damaligen Fakultät kurz vor Eröffnung seines Verfahrens an der Tür eines entscheidungsmächtigen Professors anklopfte, um noch ein letztes Good-Will-Gespräch vor der entscheidenden Prozedur zu führen. Er, der sonst immer aufrecht durch die Gänge der Universität lief, nahm eine gekrümmte Haltung ein. Ich persönlich – zu der Zeit war ich noch sehr viel jünger und stand noch in den Anfängen meiner akademischen Karriere – war völlig erschreckt von diesem Anblick. Damals sagte ich zu mir selbst: „So möchte ich mich niemals in meinem Leben erniedrigen."

Dieser Gefahr, sich selbst abzuwerten, entgeht man, wenn die Begeisterung für die eigene Arbeit wächst. Denn sie sorgt für einen aufrechten Gang, weil man weiß, was man will.

9.9 Aufbau einer guten Literaturdatenbank von Anfang an

Der neunte Tipp ist eigentlich kein Insidertipp, sondern Usus. Dennoch sollte er in diesem Buch besprochen werden, weil die Umsetzung dieses Ratschlags besonders zeitsparend und nützlich ist – es geht um den Aufbau einer guten Literaturdatenbank.

Früher bestanden Literaturdatenbanken aus Zettelkästen mit unendlich vielen Karteikarten, die handschriftlich beschrieben wurden. Um Notizen zu gelesenen Schriften wiederzufinden, war ein durchdachtes inhaltliches System enorm wichtig. Doch je mehr Zettelkästen entstanden, umso weniger übersichtlich wurde das Ganze. Manchmal waren die Kästen so eng bepackt mit kleinen Karteikarten, dass es gar nicht so einfach war, die richtige herauszufischen. Oft versanken wichtige Gedanken für immer und ewig in verstaubenden Schubern.

Dieses Problem ist heute nicht mehr so relevant. Trotzdem sollte man unter allen Umständen ernst nehmen, Gelesenes nicht zu verlieren, sondern für später zu sichern. Es geht darum, von Anfang an eine Literaturdatenbank aufzubauen, in die man alle recherchierten und gelesenen Schriften aufnimmt. Je mehr Schlagwörter man dazu eingibt, umso besser lassen sich diese Schriften später finden. Gerade weil im Wissenschaftsbetrieb so viel gelesen werden muss, sollte die Sortierung und Dokumentation gut sein, sonst können viele Erkenntnisse verloren gehen.

Es gibt verschiedene Systeme, wie Citavi (http://www.citavi.de/de/index.html), mit denen man wunderbar systematisch arbeiten und zusätzlich im Internet weitere Literatur zum eigenen Inhaltsgebiet recherchieren kann. Derartige elektronischen Datenbanken sind insbesondere deshalb nützlich, weil man später, je nach Anforderung der Herausgeber verschiedener Zeitschriften, die eigene Literaturliste mit einem Knopfdruck auf die jeweiligen formalen Vorschriften anpassen kann. Per Hand würde man dazu viele Stunden brauchen. Derartige Datenbanken können sogar Zitate und eigene Gedanken geordnet sammeln. So entwickeln Sie eine Fundgrube für Ihre wissenschaftlichen Arbeiten – für die gegenwärtige Forschung und sogar als Fundus für zukünftige Vorhaben.

Besonders wichtig ist es, dass man diese Literaturdatenbank nach den formalen Literaturformen Monographie, Herausgabeschrift, Zeitschriftenartikel, Online-Veröffentlichung und Buchbeitrag anlegt. Denn jede Publikationsform hat andere Regeln. Noch gibt es keine einheitlichen internationalen Vorgaben, computergesteuerte Datenbanken bieten sogar die Funktion an, Zitate an die jeweils geltenden Muster anzupassen.

Neben diesen formalen Regeln ist es ferner sehr empfehlenswert, ein inhaltliches Schlagwortsystem anzulegen, indem man zu jeder Schrift die für die Forschungsarbeit relevanten Stichworte aufschreibt, um später schnell mit Suchbegriffen die gewünschten Texte zu finden. Eine ideale Grundstruktur für das Stichwortsystem bieten die Stichworte aus den vorher eventuell verfassten Concept Maps.

In Online-Zeitschriftendatenbanken finden sich auch Abstracts, die helfen, den Inhalt des Gelesenen sofort zu erinnern. Diese bereits vorhandenen Abstracts sollte man unbedingt in die eigene Literaturdatenbank einbinden. Wo derartige Inhaltsangaben nicht verfügbar sind, lohnt es sich, selbst Abstracts zu verfassen. Denn will man in späteren Schriften etwas zum Stand der Forschung zu einem speziellen Gebiet schreiben, muss man bestimmte Artikel nicht noch einmal lesen, da die Inhaltsangabe zeigt, dass zur Fragestellung oder Stichprobe nichts Konkretes zu finden ist.

Es lohnt sich, neben der Literatur auch sämtliche Gedanken festzuhalten. Ein Forschungstagebuch[29] ist dabei die einfachste Form. Jeden Tag werden unstrukturiert Gedanken gesammelt. Man wundert sich, wie hilfreich diese später bei der Arbeit sein können. Abschnitte dieses Forschungstagebuches lassen sich mithilfe etwa des Organisationsprogramms „OneNote Online“ sortieren. Bilder oder Grafiken, die man aus dem Internet kopiert hat, lassen sich sammeln, sortieren und mit zugehörigem Link für die spätere Quellenangabe speichern.

29 vgl. Insidertipp 16.

Mit „OneNote Online“ lassen sich alle Inhalte unter bestimmten Schlagworten sammeln. So können auch Kurzabschnitte aus dem Forschungstagebuch einsortiert werden. Eine besonders weitführende Funktion dieses Programms besteht darin, dass mehrere Personen gleichzeitig daran arbeiten können. So kann man sich mit Wissenschaftlerinnen und Wissenschaftlern, die an ähnlichen Fragestellungen oder in analogen Gebieten arbeiten, kooperativ austauschen und gegenseitig Impulse geben. Dies ist allerdings die hohe Kunst, aus dem Dasein des isoliert und konkurrenzbewusst vor sich hin forschenden „Halb-Lebewesens“ auszusteigen.

9.10 Sich am roten Faden der eigenen Arbeit festhalten

Der zehnte Insidertipp wiederum ist nicht so leicht an anderer Stelle zu finden. Er hilft sehr, sich nicht in seiner Forschung zu verlieren. Es geht darum, den roten Faden der Arbeit zu entwickeln. Denn ohne ihn wird sie unstrukturiert. Aber da das Verfassen die einzelne Teile einer Forschungsarbeit viel Zeit benötigt, ist die Gefahr groß, dass irgendwann der rote Faden abreißt oder ganz verloren geht.

Dieser ist jedoch elementar, um eine wissenschaftliche Arbeit im Inneren zusammenzuhalten. Deshalb sollte man sich gezielt vornehmen, den roten Faden nicht zu verlieren, und bewusst Akzente setzen, damit er fest mit der eigenen Arbeit verknüpft ist. Dazu sollte man zumindest die folgenden zwei Tricks verwenden:

a. Fragestellung betonen
Die eigene Fragestellung wird – genau ausformuliert – hinter die Überschrift in jedes Kapitel kopiert und fett formatiert. So fällt es leichter, die jeweiligen Abschnitte zur Interpretation oder zur Methodik immer wieder auf die Fragestellung zu beziehen. Den roten Faden kann man selbst beim Schreiben der eigenen Arbeit fortspinnen. Man sollte die fettgedruckte Fragestellung erst am Ende der Arbeit löschen, wenn man überprüft hat, dass jedes Kapitel sich organisch um die Forschungsfrage rankt und Interpretation, Darstellung der Ergebnisse, Methodik sowie Stand der Forschung im Inneren mit der Forschungsfrage verwoben sind.

b. Stand der Forschung mit Interpretation verbinden
Ratsam ist, dass der Stand der Forschung nicht als bloße Fingerübung im zweiten Kapitel steht, sondern integriert in die Arbeit eingebunden wird. Dazu lässt sich der Trick anwenden, alle Zitate und Literaturverweise aus dem zweiten Kapitel herauszufiltern und sie unten in das fünf-

te Kapitel, in dem die Interpretation erfolgen sollte, als Textsammlung hineinzukopieren. Sobald Sie einen Aspekt Ihrer Daten interpretiert haben, sehen Sie unten in der angehängten Textsammlung nach, welches Forschungsergebnis anderer damit belegt, variiert oder gar widerlegt worden ist. So können Sie jedes bisherige Forschungsergebnis, das einen Zusammenhang mit Ihren Ergebnissen aufweist, schrittweise in Ihre Interpretation einbauen und in der Textsammlung löschen.

Über diese beiden „Tricks“ hinaus sollten Sie alles tun, um den roten Faden Ihrer Arbeit aufrechtzuerhalten. Am Schluss lohnt es sich, alle direkt auf den roten Faden bezogenen Textstellen rot zu markieren. Dann zeigt der optische Überblick bereits, wie intensiv Sie den roten Faden eingehalten haben. Behalten Sie diese Arbeitsfassung am besten als Datei, bevor Sie in der Endfassung den Text wieder in schwarzen Buchstaben darstellen! Sie werden später an dieser Arbeitsversion Ihre Freude haben: Sie können sie als Grundlage für Vorträge nehmen, da Sie sofort die Passagen sehen, die sich direkt um die Fragestellung Ihrer Arbeit ranken. Für Ihre Leser oder Zuhörer bedeutet das Durchhalten des roten Fadens Klarheit und Struktur.

9.11 Kritische Freunde gewinnen

Der elfte Tipp ist nicht so leicht in die Tat umzusetzen, weil er nicht allein ausgeführt werden kann. Hierzu bedarf es anderer Menschen. Es geht darum, kritische Freunde zu finden, welche die eigene Arbeit verstehen, dabei aber nicht in Konkurrenzdenken verfallen und entsprechend voreingenommen reagieren, sondern sich solidarisch zeigen. Denn bei allem Intrigantentum und allen Fallstricken, die dazu gedacht sind, den Gegner in die Schlangengrube hineinrutschen und am Gift ersticken zu lassen, bedarf es starker Kräfte, um sich am Rande der Grube festzuhalten.

Die wichtigste Kraft, die beim Überleben in diesem gefährlichen Terrain hilft, ist ein kritischer Freund. Man kann ihn tatsächlich finden, wenn man lange genug sucht. Je weniger sich ein Nachwuchswissenschaftler selbst dem Habitus der Macht und der Geltungssucht hingibt, umso eher wird es ihm gelingen, Gleichgesinnte am Rande der Schlangengrube zu finden. Sie können helfen, die eigene Arbeit oder Teilergebnisse kritisch zu kommentieren und unterstützende Ratschläge zu geben.

Kritische Freunde zu gewinnen bedeutet nicht nur, die eigene Position zu stärken, sondern hebelt zudem ein wenig das hierarchische Wissenschaftssystem aus den Angeln. Denn dort gilt das eherne Gesetz: „Konkurrenz ist stärker als Solidarität.“ Es führt letztlich dazu, dass inhaltliche Arbeit immer mehr zum Mittel zum Zweck verkommt und Wissenschaft verarmt. Kann man durch das Gewinnen kritischer Freunde die Grenzen des gegenwärtigen Wissenschaftssystems etwas durchbrechen, trägt man letztlich zum Überleben von produktiver Wissenschaft bei.

Kritische Freunde bedeuten vor allem eine menschliche Stütze, um sich den Systemzwängen der Universität schrittweise entziehen zu können. Denn „die Universität ist ... ein System, das sich am Leben erhält, indem es sich immer wieder selbst abbildet, Akademiker klont, Wissen klont: Unterstützt von einer ‚Politik der warmen Türklinke', wonach das Geld dorthin fließt, wo jemand sitzt, der einem wiederum auch Geld zuschieben kann" (Diez 2014, S. 1). Kritische Freunde sind ein wahrhaftiges Gegenüber, das neue Orientierungen bietet. Somit eröffnen sie die Chance, sich dem Druck des akademischen Systems etwas zu entziehen.

Kritische Freunde sind für einen Nachwuchswissenschaftler deshalb so wichtig, weil er ein (mit)menschliches Korrektiv erhält. Diese Freunde arbeiten möglicherweise nicht im akademischen Bereich und finden die Regeln dort vielleicht sogar befremdlich, weil sie sie nicht kennen. Somit ist man gezwungen, ihre Sichtweise einzunehmen und ihnen zu erklären, was man eigentlich meint. Besonders für die sprachliche Klarheit und die Zuspitzung der Aussagen auf ihren tatsächlichen Kern sind kritische Freunde eine wirkliche Hilfe. Denn Freunde lassen sich nicht von wissenschaftlich hochtrabend klingendem Geschwätz überzeugen; sie wollen wissen, was man wirklich meint. Sie fragen nach und geben dadurch Denkanstöße, den Sinn der Aussagen mehr zu durchdringen.

Kritische Freunde sollten nicht erst beim Korrekturlesen der Arbeit um Hilfe gebeten, sondern von Anfang an in den wissenschaftlichen Prozess eingebunden werden. Oft genügt es, ihnen zu sagen, woran man gerade arbeitet und weshalb. Allein diese beiden Fragen zu beantworten kann schon helfen, die eigene Arbeit besser zu durchdringen und die Resultate zielgruppengerechter zu formulieren.

Sie sollten allerdings aufpassen, dass Sie nicht diejenigen als kritische Freunde auswählen, die mit Ihnen in einem potenziellen Konkurrenzverhältnis stehen. Kritische Freunde sollten vielmehr möglichst gegensätzliche Karrierewege verfolgen.

9.12 Den Geltungssüchtigen den Spiegel entziehen!

Der zwölfte Insidertipp ist in fast jeder Konstellation sinnvoll, in der Wissenschaftler zusammenkommen. Denn bei jeder Gruppierung gibt es einen, der besonders in den Vordergrund drängt, mehr redet und dabei die eigene Bedeutung unter Beweis zu stellen versucht. Dieses

Bestreben gelingt aber nur, wenn es auf Resonanz stößt. Lassen Sie derartige eitle Personen lieber auflaufen. Es geht also darum, dem Geltungssüchtigen nicht die Gelegenheit zu geben, Verstärkung und Bestätigung zu erhalten. Sie wollen sich in der Runde hervortun und von anderen bestärkt werden.

In so einem Fall hilft es, im ersten Schritt gelassen zur Kenntnis zu nehmen, dass diese Person es offensichtlich nötig hat, im Mittelpunkt zu stehen. Ein friesisches Alltagssprichwort kann dazu beitragen, Ruhe zu bewahren: „Auf jedem Schiff, das schwimmt und schwabbelt, ist einer drauf, der dämlich sabbelt." Die Dominanz einer Person ist also ein übliches Verhalten in der Gruppe und bedarf keiner besonderen Beachtung. Schafft man es zu vermeiden, speziell auf diese Person zu hören und seinem Geltungsbedürfnis zu entsprechen, hat man schon das meiste geschafft. Falls sich die dominante Person bei einer Tischrunde in den Mittelpunkt redet, besteht die Möglichkeit, die Gesprächspartner auf der anderen Seite einzubeziehen und den um Anerkennung buhlenden Wissenschaftler mit einem Gegenüber allein zu lassen. Die anderen in der Runde werden sich gerne vom lauten „Möchtegern" abwenden. Seine verbale Dominanz findet so keine Resonanz mehr und verklingt ungehört. Dem Wichtigtuer ist seine Grundlage entzogen, denn er braucht das Publikum, in dem er seine eigene Größe spiegeln kann.

Insbesondere bei großen Auditorien findet man immer die – meist männlichen – Zuhörer, die sich mit Diskussionsbeiträgen zum Vortrag in den Mittelpunkt rücken. Sie wollen ihre eigene Größe und Bedeutung kundtun und kleiden dies oft in eine Frage ein, obwohl sie nichts zu fragen haben. Oft wollen sie mit der vortragenden Person konkurrieren und zeigen, dass sie selbst besser oder klüger oder informierter sind oder zumindest den zentralen Inhalt des Vortrags bereits kannten.

Bescheidene Diskussionsteilnehmer neigen dazu, sich in ihren Beiträgen auf diese Wichtigtuer zu beziehen. Sinnvoller wäre es allerdings – wenn schon die Moderatoren der Diskussion nicht den Mut aufbringen, dem Gernegroß aus dem Publikum Grenzen zu setzen –, ihn wie Luft zu behandeln, nicht zu ihm hinzusehen und sich auf keinen Fall im eigenen Diskussionsbeitrag auf seinen Beitrag zu beziehen. Auch kritische Antworten sind nicht angemessen. Die beste Strategie ist, einen „Möchtegern" einfach zu überhören, denn es handelt sich bei seiner Frage in der Regel nicht um einen Sachbeitrag zur Diskussion, sondern nur um die Beanspruchung persönlicher Geltung.

Sogar in akademischen Gremien kann man feststellen, dass dort das Haschen nach Bedeutung gang und gäbe ist. Da werden wegen einer kleinen juristischen Frage zu einer Prüfungsordnung lange Grundsatzreden geschwungen. Junge Nachwuchswissenschaftlerinnen und Nachwuchswissenschaftler sehen diesem Geschehen oft hilflos zu und versuchen, die Großredner durch Beipflichten zu stoppen. Aber das Gegenteil ist der Fall; sie hören nicht auf, wenn sie auf Zustimmung stoßen, weil ihr Anerkennungsbedürfnis unendlich und niemals befriedigt ist. Gerade hier gilt es, dem Vielredner implizit den Spiegel der Anerkennung zu entziehen, indem man seine Aussagen nicht aufgreift oder nicht zu ihm hinsieht.

9.13 Literaturkenntnis als Abwehrwaffe

Die bisherigen Insidertipps bezogen sich mehr darauf, mit sich selbst im Reinen zu sein und sich vom Schlangengrubengehabe möglichst fernzuhalten. Doch man hält sich an Universitäten grundsätzlich in der Nähe giftiger Quellen auf und sollte gewappnet sein, sich dieser Gefahren zu erwehren. Deshalb ist es nicht nur nötig, sich mit der eigenen wissenschaftlichen Arbeit inhaltlich klar und motiviert zu beschäftigen, sie sinnvoll und praxisorientiert zu entwickeln, sondern auch sich vor Angriffen von außen zu schützen. Je irrationaler ein gesellschaftliches Feld ist, umso wahrscheinlicher sind unerwartete Attacken, selbst wenn man nur an der eigenen wissenschaftlichen Freiheit festhält.

Der dreizehnte Insidertipp bezieht sich deshalb auf Waffenkunde, genauer gesagt auf Verteidigungswaffen. Das wirksamste und schärfste Schwert im Wissenschaftsbetrieb ist die Literaturkenntnis. Die Schlagkraft dieser Waffe liegt darin begründet, dass kein Mensch alle relevante Literatur in seinem Fachgebiet lesen kann. Selbst wenn jemand ein Jahr lang nur liest, wird er es nicht schaffen, sämtliche Publikationen zu seiner Thematik zu lesen.

Umfassende Literaturkenntnis ist also ein Mythos, der dem akademischen Betrieb eingeschrieben ist. Denn der schöne Schein des Wissenschaftsbetriebs gibt vor, dass ein Forscher selbstverständlich alles gelesen haben muss. Und das, obgleich sich jeder ausrechnen kann, dass bei dem Umfang an Publikationen pro Fachgebiet ein Menschenleben mit seinen lediglich 24 Stunden pro Tag nicht ausreicht, sämtliche vorhandenen Schriften zu lesen und zugleich noch gedanklich zu verarbeiten. Gleichwohl steht Literaturkenntnis hoch im Kurs. Deshalb wird einem Wissenschaftler sofort Respekt entgegengebracht, wenn er seine Position mit einer – möglichst angloamerikanischen – Literatur belegen kann. Und dabei nicht nur Name-dropping betreibt, sondern vermittelt, dass er die Inhalte kennt und sich mit ihnen auseinandergesetzt hat. Man kann davon ausgehen, dass mindestens 98 Prozent der Zuhörenden diese Schrift noch nicht gelesen hat.

Da die alte preußische Militärregel, Angriff ist die beste Verteidigung, auch im Wissenschaftsbetrieb gilt, sollte man sich vor jeder fachlichen Versammlung, auf der man eine eigene Position vortragen will, mit beeindruckender Literatur wappnen. Dazu lohnt es sich, in den Abstracts von angloamerikanischen wissenschaftlichen Zeitschriften herumzublättern und die passenden Belege zu suchen. Das macht unschlagbar, denn man kann sicher sein, dass kaum jemand die benannten Titel kennt. Und man ist plötzlich nicht mehr allein auf weiter Flur, sondern weiß die Autorengruppe des Artikels aus den USA neben sich an der Front. So werden Sie unbesiegbar und wehren im Vorfeld Angriffe ab, weil Sie sich in einer Phalanx mit einer kleinen Privatarmee von gefürchteten amerikanischen Koryphäen befinden, die ein Außenstehender vorsichtshalber lieber nicht angreifen würde.

9.14 Zwischen den Zeilen lesen können

In vielen Dokumenten aus dem Hochschulalltag steht etwas anderes geschrieben, als eigentlich gemeint ist. Dies gilt besonders für Stellenausschreibungen. Sie sind oft Kompromisspapiere, in denen sich jede/r an der Entscheidung Beteiligte mit ihrem/seinem wichtigen Aspekt eingebracht hat. Die von außen kommenden Bewerber wundern sich manchmal, wieso an der Uni XY die eierlegende Wollmilchsau gesucht wird, und zerbrechen sich den Kopf darüber, warum er gleichzeitig die Fähigkeit vorweisen soll, Eier zu legen wie ein Vogel, und ein wolliges Fell zu haben wie ein Schaf und Milch zu geben wie eine Kuh.

Doch dies ist mitnichten gemeint. Es wollte nur eine Person lieber viel Wolle in der Fakultät scheren, während die andere Person Milch für zukunftsträchtiger hielt. Die dritte Person wiederum bevorzugte die Produktion von fettem Fleisch durch eine weitere Sau, um in einem vollen Schweinestall das Sagen zu haben. Nach etlichen Diskussionen einigte sich die Kommission am Ende darauf, alle Kriterien aufzunehmen. Außenstehende können darum nicht wissen, ob es besser ist, sich als Vogel, Kuh oder Schaf zu präsentieren. Das kommt letztlich auf die interne Machtstruktur an.

Klar ist: Was im Ausschreibungstext verlangt wird, kann niemand erfüllen. Deshalb ist es wichtiger, authentisch zu bleiben und zu zeigen, was man tatsächlich kann, und sich nicht nach der Decke des konstruierten Textes zu strecken, die man ohnehin nie erreichen wird. Danach ist und bleibt es ein Glücksspiel, ob die eigenen Qualifikationsschwerpunkte nun den mächtigsten und einflussreichsten Personen der Auswahlkommission besser gefallen haben als die der weiteren Bewerber. Aber man hat sich der Qual entledigt, es allen recht machen zu wollen. Letztlich ist Bewerbung an Hochschulen immer nur Lotterie: Sagt der Bewerber den entscheidenden Leuten zu bzw. ist er der ideale Kompromisskandidat, auf den sich die verbittert gegeneinander kämpfenden Lager schließlich einigen, weil keiner seinen Favoriten durchsetzen konnte?

Noch komplizierter wird es, wenn in derartigen Texten kryptische Fachwörter zu lesen sind. Manche ehrliche Haut zermürbt sich den Kopf, warum im Ausschreibungstext z.B. steht: „Voraussetzung ist die Kompetenz zu externalisierter Funktionsanalyse." Manche kennen den Terminus nicht aus dem eigenen Fachgebiet, und grübeln, was damit wohl gemeint sei. Tatsächlich sind besonders abstrakt klingende ungewohnte Begriffsschöpfungen oft nur ein Indikator für dahinter stehende Angst. Je mehr ein Institut sich klein fühlt, weil das Nachbarinstitut mit beeindruckenden Drittmitteln zeigt, wer hier das Sagen hat, umso mehr versucht es, mit großen und möglichst unverständlichen Worten unantastbar zu sein. Das ist die eigentliche Botschaft, die zwischen den Zeilen einer sehr abstrakten Begriffsneuschöpfung steht. Wer sich das klar macht, auf den wirken derartige Abstraktionen nicht mehr furchterregend, sondern deren Schöpfer schlicht bedauernswert.

Man sollte sich den Stress ersparen, den sich viele Bewerber an Hochschulen machen, um bei der eigenen Vorstellung ein besonders gutes Bild von sich abzugeben und herauszukriegen, was wohl für Erwartungen hinter dem Ausschreibungstext stehen. Gerade bei Bewerbungen um Professuren[30] ist viel mehr Gelassenheit gefragt. Denn Berufungsverfahren sind Verfahren, in deren Rahmen neue Kollegen rekrutiert werden, die am besten zum bisherigen Kollegenkreis zu passen scheinen. Ein Kollegium bzw. eine gewählte Elite aus dem Kollegium, die Berufungskommission, sucht aus, mit wem sie sich ihre Zukunft am besten vorstellen kann. Je authentischer ein Bewerber auftritt, umso leichter macht er die Entscheidung. Wenn er weiß, dass es nicht um die eigene Qualifikation geht, sondern um bestimmte Prioritäten der anderen, ist er weniger gekränkt und enttäuscht, wenn hinterher die Entscheidung für einen Mitbewerber gefallen ist.

Grundsätzlich ist es wichtig zu wissen, dass geschriebene Texte von Hochschulen eine oberflächlich sichtbare Aussage enthalten, aber auch eine darunter verborgene transportieren. Deswegen sollte man sich die Mühe machen, die verborgenen Botschaften zu entschlüsseln, um besser zu verstehen, was der Text eigentlich aussagen soll. Das gilt für Profilpapiere, Ausschreibungstexte, Visionspapiere und andere

30 Vgl. Kapitel 6.2, 6.3.

Verlautbarungen, welche die Identität von Hochschulinstanzen ausdrücken sollen. Meist ist neben der äußeren Ebene die innere zu finden und aufzudecken, um an die tatsächlichen Intentionen der Autorinnen und Autoren heranzukommen.

9.15 Textbausteine klug verwalten

Jede Publikation wird mehrfach bearbeitet. Meist muss man kürzen. Denn Zeitschriften räumen einem Artikel nur einen begrenzten Seitenumfang ein. Sogar bei Dissertationen kommt es in der Endfassung darauf an, möglichst wenige Seiten zu produzieren. Denn jede Druckseite, die über ein eng begrenztes Limit hinausgeht, führt zu einem größeren Druckkostenzuschuss und erhöht den Verkaufspreis. Ein hoher Verkaufspreis wiederum verhindert die Verbreitung eines Werkes. Und nichts ist wichtiger, als dass möglichst viele von den jahrelangen Forschungsmühen Kenntnis nehmen. Beim Kürzen sollte man allerdings klug vorgehen und alle herausgeschnittenen Teile aufbewahren und dazu mit Schlagworten versehen, um sie auffindbar zu machen. So sammelt man eine große Zahl an selbst formulierten Textbausteinen, die sich in spätere Publikationen einsetzen lassen. Das ist nicht Plagiat, sondern kluge und umsichtige Verwertung eigener Inhalte.

Insbesondere bei Dissertationen fordern Verlage oft, dass sie umformuliert werden, um besser für den Verkauf geeignet zu sein. Ursprünglich wurde eine Dissertation tunlichst so geschrieben, dass ein besonders hohes wissenschaftliches Niveau daraus abzulesen ist. Das kommt bei potenziellen Käufern von Fachbüchern nicht gut an. Deshalb ist es aus Verlagssicht notwendig, viele wissenschaftlich reflexive und methodische Passagen zu streichen.

Wer dabei vorausschauend vorgeht, nimmt für die Druckfassung alle abgehobenen wissenschaftlichen Textstellen aus der Publikation und speichert sie gut verschlagwortet ab. Am klügsten ist es, jedem Textbaustein eine Überschrift zu geben und zusätzlich am Ende ein paar Stichworte hinzuzufügen wie bei einer Literaturdatenbank. So lassen sie sich schnell in der eigenen Sammlung finden. Wenn möglich sollte man die Textbausteine nach dem Ausschneiden und Sortieren wieder in Ordnern sammeln, die systematisch nach bestimmten Stichworten gegliedert sind. Die Langfassung der Dissertation kann bei den meisten Verlagen als CD beigefügt werden.

Hinterher wird man merken, wie strategisch effektiv es war, eine Textbausteindatei anzulegen und alle gestrichenen Textabschnitte vorsorglich hinein zu kopieren. Später lassen sich daraus viele Artikel zur

Dissertation stricken. So können die methodischen Schritte in einem forschungsmethodischen Artikel besonders beleuchtet werden. Oder die wissenschaftstheoretischen Aspekte können in einem diskurstheoretischen Organ veröffentlicht werden. Insgesamt trägt man dazu bei, dass die eigene Publikationsliste bald länger wird. Gleichzeitig wird die eigene Arbeit immer wieder von neuen Gesichtspunkten beleuchtet und weiter verbreitet. Taktisch gesehen sind das bereits Veröffentlichungen nach der Dissertation, die zu den habilitationsadäquaten Schriften gezählt werden können.

9.16 Forschungstagebuch führen

Eine wissenschaftliche Arbeit ist eine äußerst komplexe Angelegenheit und bereitet sehr viele Mühen in methodischer, wissenschaftstheoretischer, kontextbezogener und diskursbezogener Perspektive. Wir springen beim Denken von der einen Ebene zur anderen. Oft machen wir uns Probleme zu Fragen, über die wir im Augenblick gar nicht schreiben.

Um all die Gedankenarbeit nicht zu verlieren, gibt es eine wunderbare Möglichkeit, alle Überlegungen, Einschätzungen, Ideen oder Interpretationsansätze einfach täglich aufzuschreiben. So ein Forschungstagebuch ist später wichtig, weil man nachlesen kann, welche wertvollen Gedanken man schon hatte. Es dient vor allem beim Schreiben der Interpretation, denn man wird nachher feststellen, dass die Überlegungen im Forschungstagebuch keineswegs nur alltägliche Banalitäten waren, sondern bereits wichtige Anknüpfungspunkte für die weitere Deutung der eigenen Forschungsergebnisse enthielten. Besonders für den Methodenteil der Arbeit und seine strukturierte Ausarbeitung ist das Forschungstagebuch von unschätzbarem Wert, denn irgendwann haben wir niedergeschrieben, warum wir an diesem einen methodischen Weg Zweifel hatten, was dazu geführt hat, diesen oder jenen Weg einzuschlagen oder welche Hintergrundgedanken man bei diesem Schritt der Datenerhebung hatte. Ein Forschungstagebuch ist nicht nur für Geisteswissenschaften von Nutzen. Auch in den Naturwissenschaften kann man die apparativen Bedingungen, Anflüge von weiteren Hypothesen, theoretische unausgegorene Gedanken und Nebenbeobachtungen beim Versuchsaufbau in einem Tagebuch festhalten. Man kann nie wissen, ob dies nicht vielleicht später von großem Nutzen sein kann und neue experimentelle Varianten anregt.

Wenn man sich täglich abends 15 Minuten für das Forschungstagebuch Zeit nimmt, wird dieser Text am Ende recht lang sein, aber enorm hilfreich, um eine mehrdimensional reflektierte Arbeit zu erstellen. Das Forschungstagebuch hat insbesondere eine entlastende Funktion, weil man dort alle noch nicht zu Ende gedachten Gedanken abladen kann und sich nicht mühselig Wege ausdenken muss, wie dieser oder jener Gedanke denn in den Text der eigenen Forschungsarbeit integriert werden könnte.

Man kann sagen, dass das Forschungstagebuch in der ersten Phase eine entlastende Funktion hat und später sogar zu einer Form wird, die viele wichtige Gedanken sammelt und ein produktives Verfassen der Arbeit erleichtert.

Neben dem Forschungstagebuch sollte man sich schriftliche Notizen von allen Gesprächen über die eigene Arbeit anfertigen. Im Anfangsstadium ist es recht klug, diese den betreuenden Hochschullehrerinnen und Hochschullehrern zur eigenen Vergewisserung vorzulegen bzw. zurückzusenden, um sicherzustellen, dass beide Seiten sich angemessen verständigen und dasselbe meinen.

Denn selbst bei Gesprächen über ein und dieselbe Arbeit ist nicht sicher ausgemacht, ob beide Seiten diese gleichermaßen verstanden haben. Es beruhigt ungemein zu wissen, dass die eigenen Gedanken auch von einer anderen Person aus deren Perspektive erkannt werden und dass man sich auf dem richtigen Weg befindet.

9.17 Zielführendes Selbstmanagement

Eine wissenschaftliche Arbeit kostet viel Zeit und Kraft, wenn sie nicht als Plagiat mit möglichst geringem Aufwand eingereicht wird. Man wird sie nur dann erfolgreich abschließen können, wenn man ein System des Selbstmanagements entwickelt, um nicht in der letzten Arbeitsphase am Boden zerstört aufzugeben.

Alle Menschen, die schwere geistige Arbeiten bei freier Zeiteinteilung leisten, brauchen individuelle Strategien, um ihr Ziel zu erreichen und sich nicht zu verlieren. Mason Currey hat in seinem Buch über Daily Rituals (Currey 2013) die Arbeitsgewohnheiten und Strategien von 161 erfolgreichen Wissenschaftlern und Künstlern zusammengetragen. Deutlich wird dabei, dass es vor allem darauf ankommt, Pausen zu machen und eine klare Struktur in die Arbeitswoche und den Arbeitstag zu bringen. In einer Kurzfassung dieses Buches[31] hebt Sarah Green einige besonders einprägsame Beispiele hervor.

31 http://www.harvardbusinessmanager.de/blogs/getting-things-done-genies-als-vorbilder-a-1017761.html. Abruf 1.7.2015.

a) Abstand gewinnen

Der Schriftsteller Arthur Miller schrieb einmal: „Ich finde es besser, von der Schreibmaschine aufzustehen und Abstand zu gewinnen, solange ich noch etwas zu sagen habe." Er wollte sich bewusst arbeitsfreie Momente nehmen. Für manche Doktorandinnen und Doktoranden hierzulande ist das kaum denkbar, weil sie glauben, die Zeit laufe ihnen weg und sie müssten in jeder freien Minute an ihrer Arbeit weiterschreiben.

Aber Weiterschreiben heißt nicht unbedingt Weiterkommen. Viel wichtiger ist es, Ruhephasen einzuplanen, in denen man quasi von außen auf die eigene Forschungsarbeit blicken und sich aus dem Hamsterrad heraus begeben kann. Pausen beim Schreiben sind keine verlorene Zeit, sondern ein Gewinn. Sie sind dazu da, noch einmal das eigene Schaffen zu hinterfragen, vielleicht zu modifizieren oder ganz umzustrukturieren. Wenn man sich die Zeit lässt, verstreicht sie langsamer, als wenn man ständig unter Zeitdruck arbeitet und arbeitet, aber doch glaubt, nicht produktiv genug zu sein.

b) Spaziergänge machen

Sarah Green (Green 2015, S. 3) betont, dass eine bewusst eingelegte Pause durch einen täglichen Spaziergang sehr wohl ein wirksames und produktives Rezept sein kann. Sie beschreibt, wie Charles Dickens täglich am Nachmittag einen dreistündigen Stadtbummel unternahm und seine Beobachtungen unmittelbar danach in seine Romane einfügte. Auch Sören Kierkegaard und Pjotr Iljitsch Tschaikowski pflegten tägliche Spaziergänge zu machen, um danach eine Vielzahl an Gedanken in die eigene Arbeit einzubringen. Über Kierkegaard wird berichtet, dass er sich sogar mit Hut, Spazierstock und Regenschirm an den Schreibtisch begeben hat (Green 2015, S. 3). Ludwig van Beethoven und Eric Satie nutzten ihre Wanderungen dazu, ihren Gedanken freien Lauf zu lassen, und notierten sich unterwegs wichtige Ideen.

Ich selbst verfolge diese Strategie seit 20 Jahren, ohne damals zu wissen, dass auch andere sie nutzen. Meine Regel war und ist, einmal im Monat auf die Insel Wangerooge zu fahren und mir dort bei täglichen langen Spaziergängen bis zur Ostplate nichts vorzunehmen. Sogar mit Doktorandinnen habe ich diese Inselwanderungen gemacht. Am Abend und am nächsten Morgen fanden wir dann etwa wichtige Strategien für den Auswertungsprozess der Daten. Viele Ideen für Bücher sind bei diesen Spaziergängen entstanden.

Auch auf die Idee, dieses Buch zu schreiben, kam ich bei heftigem Sturm auf dem Weg zur Ostplate der Insel Wangerooge.[32] Dabei

---

32 Dazu schreibe ich ausführlicher im Vorwort dieses Buches.

musste ich mich immer wieder gegen den starken Wind stemmen und kam schließlich erschöpft, aber sehr erfüllt wieder im Haus an. Da wurde mir schlagartig klar, dass es im Wissenschaftsbetrieb ähnlich ist: Man muss seinen Weg trotz des starken Gegenwindes gehen und sich dem Sturm stellen, darf sich dabei jedoch nicht umwerfen lassen. Hinterher ist man erleichtert und gestärkt, dass man es trotz heftiger Gegenwinde geschafft hat, das Ziel zu erreichen. Aus dieser Ursprungsidee ist allmählich dieses Buch entstanden. So sollte es auch gelesen werden – nämlich als Hilfe dazu, standhaft seinen Weg weiter zu gehen, selbst wenn die Umstände rau und widrig sind.

c) Wichtiges von Unwichtigem trennen
Eine zentrale Strategie erfolgreicher Geistesschaffender ist es, zwischen „wichtiger Arbeit und unproduktiver Routinetätigkeit" (Green 2015) zu unterscheiden. Früher war das Beantworten von Briefen mit hohem Zeitaufwand verbunden, heute sind es die unzähligen Kommunikationskanäle wie E-Mails, Online-Fragebögen, Chats, SMS oder Skype-Nachrichten, die uns immer wieder von der Arbeit abhalten. Hierzu bemerkt Green, dass die meisten erfolgreichen Geistesgrößen klare Zeitpläne gehabt hätten, wann sie ihrer kreativen Tätigkeiten und wann sie ihre Routinebriefe schrieben (Green 2015, 5). Für die heutige universitäre Realität hieße das, nicht jede E-Mail sofort zu beantworten, nicht ständig über das Smartphone online zu sein, sondern dafür eine bestimmte Stundenzahl pro Tag einzuplanen. Die übrige Zeit sollte ganz der wissenschaftlichen Arbeit oder anderen Aktivitäten gewidmet werden.

d) Freiraum zum Arbeiten schaffen
Wesentlich ist, sich nicht zu verzetteln. „Pablo Picasso und seine Freundin Fernande Olivier borgten sich die Idee, den Sonntag zum ‚Zu-Hause-Tag' zu erklären" (Green 2015, S. 8). William Faulkner schraubte den Türgriff zu seinem Zimmer ab und nahm ihn zu sich an den Schreibtisch. Graham Greene mietete sogar ein eigenes Arbeitszimmer auswärts (Green 2015, S. 2). Die Wege zur nötigen Arbeitsruhe waren und sind sehr vielfältig. Wichtig ist, sich Freiräume zu schaffen, die nur der Arbeit gewidmet werden und nicht durch andere und anderes okkupiert werden dürfen.

Die Endphase meiner Doktorarbeit musste ich neben meiner vollen Stelle als Lehrerin bewältigen. So war ich gezwungen, strukturierte Zeitpläne aufzustellen. Ich hatte nur in den Schulferien ein Zeitfenster für die Arbeit. Deshalb musste jeder Ferientag gut genutzt werden. Darum habe ich mich in dieser kostbaren Zeit konsequent vom Nachmittag bis spät in die Nacht in ein von der Wohnung abgetrenntes Arbeitszimmer zurückgezogen. Den Vormittag habe ich jedoch bis zu seinem Mittagsschlaf ganz intensiv mit meinem damals zweijährigen Sohn gespielt.

Deutlich wird, dass ein individueller Arbeitsplan viel Wert ist. Er besteht aus den geplanten Arbeitszeiten sowie den Tages- und Wochenabläufen, außerdem sollte er Phasen für die Regeneration enthalten. Denn ohne Zeit für Erholung werden wir unproduktiv, deshalb sollte sie bewusst im Arbeitsplan einkalkuliert werden.

Wenn Sie diese Insidertipps befolgen, werden Sie sehen, dass Sie die Wissenschaft ganz neu erleben werden und sich innerlich erfüllter ihrer so zeitraubenden wissenschaftlichen Qualifikationsarbeit widmen können. Diese Tipps basieren auf den negativen Erfahrungen anderer, die sich oft im Gewirr der möglichen Gassen und Wege verlaufen haben. So wie Insidertipps auf Reisen zu interessanten Ausblicken, besonderen Handwerkskünsten oder typischen Restaurants der Region führen, sollten auch diese Insidertipps helfen, die richtigen Orte und Wege zur Unikarriere zu wählen. Zwar kommt man auch auf langen Umwegen irgendwann zum Ziel, sollte sich diese nach Möglichkeit aber ersparen. Tipps von anderen helfen bei jeder Reise, schneller zu schönen Zielen zu gelangen, und ersparen mögliche Frustrationen durch Irrwege.

10 Gefahren: „No-go-Areas"!

Das Auswärtige Amt gibt für jedes Land der Erde Hinweise, wo Gewaltexzesse drohen, wo das Malariarisiko hoch ist oder wo Kleinkriminalität den Alltag durchzieht, sodass es bereits gefährlich ist, an einem Geldautomaten Geld abzuheben. Gute Reiseführer übersetzen sie von Behördendeutsch in Alltagssprache und Verhaltensempfehlungen.

Für die Reise nach Academia sind derartige Ratschläge nicht einfach zu geben, denn hier sind die Gefahren nicht konkret sichtbar. Sie erwachsen aus der Interaktion zwischen Menschen. Manchmal entstehen sie aus eigener Hilflosigkeit im institutionellen Labyrinth. Hier seien nur einige der möglichen Gefahren in der akademischen Schlangengrube genannt. Tatsächlich ist die Anzahl möglicher Gefahren wesentlich höher.

10.1 Selbstaufgabe

Eine der größten Gefahrenquellen ist die Selbstaufgabe. Der Betroffene verliert den Halt und rutscht tiefer in die Schlangengrube hinein, als ihm lieb ist, obwohl er sie eigentlich verlassen wollte. Erfahrene Bergsteiger schlagen metallische Bolzen in den Fels, um sich für den Rückweg abzusichern. In der akademischen Laufbahn geht es eigentlich nur aufwärts – jedenfalls wird dies oft so suggeriert. Sinkt dann plötzlich das Vertrauen in die eigenen Kräfte, gibt es keinen Bolzen für einen kurzen Schritt zurück. Der Betroffene sagt nicht zu sich: „Heute lasse ich mal meine Doktorarbeit liegen. Ich habe gerade eine Schreibblockade." Weil der Rückweg nicht schrittweise abgesichert ist, gibt es keine Möglichkeit, den Fuß ein wenig zurückzusetzen. Dann kann sich leicht das Gefühl ausbreiten, ganz aufhören zu müssen.

Fast jede Doktorandin/jeder Doktorand, hat bei der Promotion diesen Krisenmoment erlebt. Sie/er hatte die steile Felswand vor Augen, die noch überwunden werden musste, und verlor den Mut. Es stellt sich die Frage, ob dieser Aufwand wirklich lohnt. Weil die Hindernisse, die vor einem liegen, jetzt auf halber Höhe zum Gipfel größer aussehen, als sie aus der Entfernung im Tal wirken, kann die Motivation drastisch sinken. Mit der Motivation stürzt auch das Selbstvertrauen ab. Dieser Moment stellt die größte Gefahr für das weitere Vorankommen dar. Denn ohne Selbstvertrauen fehlt die Kraft, die vorhandenen Hürden zu überwinden. Zudem gilt es aufzupassen, nicht in einen Zirkel der fortschreitenden negativen Selbstbewertung zu gelangen. Betrachtet man nur die eigenen Schwächen, schädigt man sein Wohlbefinden und verstärkt so die negative Stimmung (vgl. Frank 2010).

Aber die Krise hat auch etwas Positives: Sie wirft Zweifel an der Arbeit und dem eingeschlagenen Weg auf. Derartige Zweifel sind ambivalent – einerseits förderlich für das wissenschaftliche Denken, andererseits droht die Selbstaufgabe.

Um diese Krisen zu bewältigen, ist es vernünftig, vorzubeugen und einen Halt für den Rückweg einzubauen. Dazu ist es wichtig, von vornherein der Tatsache ins Auge zu blicken, dass es einmal oder mehrmals beim Verfassen einer so aufwändigen Schrift wie einer Doktorarbeit oder Habilitationsschrift eine Krise geben wird, in der man alles aufgeben will. Schüren Sie nicht zusätzlich Angst, indem Sie nun mit aller Gewalt aufwärts klettern und die Arbeit weiterschreiben wollen. Sinnvoller ist es, sich im Vorfeld primitive Recherche- oder Rechenaufgaben zur Datenüberprüfung bereitzulegen, die mit wenig Motivation und innerer Kraft zu erfüllen sind, um sich ihnen dann zu widmen, wenn der Mut sinkt. So bekommt man das Gefühl, doch ein wenig weiter in Richtung Ziel gelangt zu sein. Dieses Zurückgehen auf schon vorher bereit gelegte einfache Aufgaben lässt sich mit dem Zurückgehen auf einen vorherigen sicheren Halt beim Bergsteigen vergleichen. Der vor einem liegende Fels erscheint dann nicht mehr so bedrohlich steil und man kann, wenn man wieder zu Kräften gelangt ist, einen zweiten Aufstiegsversuch starten.

Die Krise der Selbstaufgabe hat eine sehr positive Funktion: Der Betroffene macht sich dadurch klar, welchen Wert die eigene Arbeit hat, und kann sie nach dem tiefen Loch mit mehr Stolz betrachten. Wichtig ist, nach einer überwundenen Krise weiterhin optimistisch in die Zukunft zu blicken und sich die eigenen mittelfristigen Ziele noch deutlicher vor Augen zu führen.

Dies gilt insbesondere für Nachwuchswissenschaftlerinnen. Sie hegen sogar nach bestandener Disputation noch weiter Selbstzweifel. Denn Frauen verlassen die Hochschule auch nach der Dissertation häufiger als Männer. Dies muss frau wissen und eine bewusste Entscheidung zur Zukunftsplanung treffen. Ist die Aufgabe der wissenschaftlichen Karriere gewollt und sind positive Alternativen vorhanden, etwa die Gründung einer eigenen Firma oder die Entscheidung für eine Karriere in der freien Wirtschaft, kann dieser Weg durchaus produktiv sein. Oft geschieht dieser Schritt jedoch emotional und wenig reflektiert. In dieser Hinsicht sollte frau aufpassen, ihre Entscheidung, die wissenschaftliche Laufbahn aufzugeben, nicht spontan zu treffen. Kritische Freunde können bei der Entscheidungsfindung hilfreich zur Seite stehen.

10.2 Vertrauensseligkeit

Die nächste Gefahr beim Weg durch Academia mit seinen Schlangengruben ist unangebrachte Vertrauensseligkeit im Arbeitsumfeld. Eigentlich weiß jeder, dass beim wissenschaftlichen Arbeiten plötzlich ungeahnte Schwierigkeiten auftreten können. Beispielsweise lässt sich bestimmte Literatur nicht leicht beschaffen oder der Betreuer hat schlechte Laune. Wenn man zu viel von seinem Kummer oder seinen Sorgen ausplaudert, gibt man ein Bild der Schwäche von sich. Es wird im Flurfunk weiter getragen und führt dazu, dass die Erwartungshaltung an die Leistungsfähigkeit im Kollegium sinkt.

Wer sich wegen einer Schreibblockade beraten lassen will, kann zu professionellen psychosozialen Beratungsstellen gehen. Die Fakultät ist hierfür nicht der richtige Ort. Im Gegenteil: Dort wird Ihre – vermeintliche – Schwäche im Zweifelsfalle gegen Sie verwendet.

10.3 Ideenklau

Eine weitere Gefahr auf der Karriereleiter lauert von Seiten unfähiger Kollegen und kann milde mit Ideenklau bezeichnet werden. Sie haben gemerkt, dass Sie Ansehen beim Doktorvater genießen und schon allerhand geschafft haben. Einige versuchen dann, Wissen und Erkenntnisse aus Ihnen herauszupressen und in die eigene Arbeit einzubauen. Nicht immer ist es einfach, ein Plagiat nachzuweisen. Einmal habe ich von dem Fall gehört, dass eine junge Wissenschaftlerin eine bestimmte Substanz eines Bakteriums in mühseligen kleinen Beobachtungen und Versuchen gefunden hatte. Sie erzählte in ihrer Arbeitsgruppe erfreut von dieser wunderbaren Entdeckung und wo im Teichwasser sie auf dieses besondere Lebewesen gestoßen sei. Sie glaubte lange Zeit, es handele sich dabei um ihr geistiges Eigentum, weil sie ja dieses Substanz identifiziert hatte. Sie verließ sich darauf, dass diese neue Erkenntnis später in ihrer Doktorarbeit stehen würde. Bald musste sie jedoch zu ihrem Entsetzen erfahren, dass das Patent auf diese Entdeckung unter einem anderen Namen offiziell beim Patentamt eingetragen worden war. Sie beendete zwar noch ihre Doktorarbeit, verließ danach allerdings den Wissenschaftsbetrieb. Die fundamentale Enttäuschung über das unkollegiale Verhalten hatte das Ihrige dazu beigetragen.

10.4 Doppelbödigkeit

Besondere Gefahren warten auf diejenigen, denen die Doppelbödigkeit des akademischen Betriebs nicht klar ist. Viele Personen glauben an das, was ihnen auf der Oberfläche suggeriert wird, und erkennen nicht, dass manchmal etwas ganz anderes gemeint ist. Dazu kann ich ein besonders heftiges Beispiel anführen. Es ging um eine ausgeschriebene Stelle für eine Professur im Fach XYZ. Ich erfuhr am Telefon, dass Herr A mit dem Schwerpunkt VWX persönlich vom Vorsitzenden der Kommission ermuntert worden war, sich zu bewerben. Herr A fand sich fachlich zwar nicht ideal ausgewiesen, hatte aber dennoch Hoffnung geschöpft, dass die persönliche Aufforderung vielleicht heißen könnte, dass er gute Chancen hätte. Wenige Tage später erfuhr ich, dass Frau B – ebenfalls mit dem Schwerpunkt VWY – auch einen derartigen Anruf erhalten hatte. Sie frohlockte genauso in der Annahme, dass diesmal eine Bewerbung um eine Professur vielleicht von Erfolg gekrönt sein könnte, da man direkt bei ihr angefragt hatte. Auf ähnliche Weise wurden bei Frau C mit dem Schwerpunkt VWZ große Hoffnungen geweckt.

Als der Vorstellungstermin vorbei war, erfuhr ich von Herrn A, dass er äußerst bösartig befragt worden sei und sich dort sehr unwohl gefühlt hätte. Frau B hatte den Eindruck, hinterhältig in die Mangel genommen worden zu sein, und Frau C teilte mir mit, dass sie von der schlechten Stimmung bei ihrer Vorstellung so verunsichert gewesen sei, dass sie Probleme gehabt hätte, sachlich auf die Fragen zu antworten. Am Ende stellte sich heraus, dass Herr D, der wenig mit dem Schwerpunkt der Stelle zu tun hatte und eher dem Gebiet TUZ zuzuordnen wäre, die gewünschte Person war. Da er in den universitären Seilschaften durch persönliche Kontakte mit dem Dekan gut vernetzt war, wurden die anderen fachlich wenig einschlägigen Kandidatinnen und Kandidaten herbeitelefoniert, um Herrn D bei den übrigen Kommissionsmitgliedern in besserem Licht erscheinen zu lassen. Die übrigen Bewerber waren nur Staffage – so mussten keine Vertreter des eigentlichen Schwerpunktes XYZ eingeladen werden. Herr D präsentierte sich im Vergleich zu den Bewerbern A, B und C deutlich sicherer und kompetenter und bekam schließlich die Professur auf einem Gebiet, zu dem er noch nie vorher eine Zeile veröffentlicht hatte.

10.5 Sexuelle Übergriffe

Für junge Nachwuchswissenschaftlerinnen gibt es eine besondere Gefahrenquelle. Im immer noch männlich dominierten Feld der Hochschule werden sie leicht zum Objekt sexueller Begierde. Ich kenne eine ehemalige Doktorandin, die in einem sogenannten Orchideenfach promovieren wollte, das nur von einem Professor vertreten wurde. Dieser machte mehr oder weniger deutliche Annäherungsversuche, denen sich die Doktorandin standhaft verweigerte. Das Ergebnis war, dass sie ihre Promotion nie abschließen konnte. Sie hatte jedoch das Glück, in der Nachbardisziplin angenommen zu werden und dort eine befristete Stelle zu bekommen. Für ihre berufliche Weiterentwicklung war das universitäre Umfeld gestorben; sie ging als Entwicklungshelferin nach Afrika und machte dort für ihre erfolgreichen Projekte weitere wissenschaftliche Studien.

Nun sind sexuelle Belästigungen am Arbeitsplatz generell keine Seltenheit, nach einer repräsentativen Studie des Bundesministeriums für Familie, Frauen, Jugend und Senioren aus dem Jahre 2004[33] gilt dies für ca. 25 Prozent aller Beschäftigten. Es kommt dabei vor allem in hierarchischen Strukturen am Arbeitsplatz zu Übergriffen. Diese Hierarchien sind gerade im akademischen Bereich besonders ausgeprägt, sodass zu vermuten ist, dass wissenschaftliche Mitarbeiterinnen in besonderem Maße von derartigen Nachstellungen männlicher Vorgesetzter betroffen sind. Dies wirkt sich gravierend aus, weil sie von den Tätern abhängig sind und sich nicht so leicht wehren können wie in der freien Wirtschaft.

Diese hier skizzierten Gefahren gilt es ernst zu nehmen. Die naive Einstellung, dass alle nett miteinander umgehen, zeugt zwar von einer positiven Erwartungshaltung, ist jedoch eine Haltung, die nicht schützt. Im Gegenteil: Vertrauensseligkeit und ungerechtfertigter Glaube an vorbehaltlose Unterstützung macht jede Nachwuchswissenschaftlerin/jeden Nachwuchswissenschaftler schutzlos. Bereits das Bewusstsein von den möglichen Gefahren kann vermeiden helfen, dass man tatsächlich zum Opfer wird. Mittlerweile gibt es an vielen Hochschulen Richtlinien zum Schutz vor sexuellen Übergriffen, die auch anonyme Beschwerden und Beratung möglich machen. Auch das am 18. August 2006 in Kraft getretene Allgemeine Gleichbehandlungsgesetz (AGG) bietet Sicherheit, ist allerdings im Alltag wenig bekannt.

---

33 http://www.bmfsfj.de/BMFSFJ/gleichstellung,did=73018.html. Abruf 1.7.2005

11 Tipps für die Reise: Wo kann ich wohnen? Wo sollte ich mich zeigen und aufhalten?

So wie es für den Erfolg einer Reise ausschlaggebend ist, welche Unterkunft man wählt, so spielen auch für die akademische Laufbahn die Orte eine große Rolle, an denen man sich aufhält. Viele haben die falsche Vorstellung, am besten sei es, sich ins eigene Kämmerlein zurückzuziehen und sehr genau an allen Formulierungen und Literaturbelegen der Forschungsarbeit zu feilen. Das wäre bei einer Reise die Variante der Trockenübungen: zu Hause zu bleiben und nur den Reiseführer zu studieren. Auf diese Weise kommt man nicht wirklich weiter – auch wenn man durchaus bildhafte Eindrücke des zu bereisenden Landes gewinnen kann. Wer allerdings in ein Hotel nahe dem eigentlichen Ziel fährt, in dem viele Ausflugsfahrten angeboten werden, kann sich sicher sein, in einem Minibus zu allen landschaftlichen und kulturellen Highlights zu gelangen. Auch in Hostels für Backpacker werden genug Tipps gegeben, wie man hierhin und dorthin gelangt und welche Sehenswürdigkeiten zu den lohnenswerten Zielen der Umgebung gehören.

Wesentlich ist: Will man wirklich reisen, muss man sich auf den Weg machen – nur so gelangt man ans Ziel. Gleiches gilt für die akademische Karriere. Man muss sich aufmachen in Richtung des angestrebten Ziels und sich Academia schrittweise annähern, um es am Ende dauerhaft zu betreten.

Der erste und wichtigste Rat besteht darin, sich tatsächlich im Herz des Geschehens, also in der Universität aufzuhalten, jedoch nicht in seine Untiefen zu geraten. Wer sich von außerhalb – aus Firmen, Schulen oder Behörden heraus – für eine Position an der Universität bewirbt, hat wenig Chancen. Man sammelt zwar Erfahrungen in anderen Bereichen. Weil die akademische Karriere aber auf einem Beziehungsnetzwerk basiert, ist jeder Aufenthalt außerhalb des universitären Zirkels verlorene Zeit[34]. Denn man kann sich von außen nicht alltäglich selbst vermark-

34 Für die eigene Entwicklung kann dennoch eine Zeit außerhalb der Hochschule außerordentlich produktiv sein. Ich persönlich blicke sehr glücklich auf meine

ten. Und ohne Marketing geht es in einer durch und durch ökonomisierten Universität nicht. „Erfolge zu kommunizieren und auch Anerkennung einzufordern ist wichtig“ (Günther 2015, S. 1).

Auch weil Universitäten immer noch ihren elitären Status pflegen, ist es sinnvoller, sich vorwiegend in ihrem Dunstkreis zu bewegen und nicht etwa in Praxisfeldern wie sozialen Einrichtungen, Schulen oder Betrieben. Nur innerhalb der Hochschule können Sie vermitteln, welche Ziele Sie haben, was Sie gerne erreichen möchten, welche Aufgaben Ihnen besonders liegen. Wenn dies bekannt ist, besteht bei der nächsten Gelegenheit, bei der eine passende Position zu besetzen ist, eher die Wahrscheinlichkeit, dass sich mächtige Entscheidungsträger an Sie erinnern.

Ein wichtiger Ort der ansonsten auf Arbeit ausgerichteten Hochschule sind die internen akademischen Feiern[35] etwa zu Antrittsvorlesungen, Verleihungen von Ehrendoktorwürden, Diplomabschlüssen, Verabschiedungen oder runden Geburtstagen. Meist werden diese Anlässe mit einem oder mehreren Vorträgen und endlos vielen Grußworten der bedeutenden Vertreter verschiedener Ebenen akademischer und politischer Würden umrahmt.

Auch wenn derartige Festreden meist nichts Neues bringen und die oft standardisiert verfassten, formelhaften Grußworte das Durchhaltevermögen aller im Saal sitzender Menschen auf eine harte Probe stellen, ist die Anwesenheit bei einem solchen Anlass unerlässlich. Denn die eigene Präsenz soll zeigen, dass man „dazu“ gehört. Außerdem sind meist mehrere einflussreiche Professoren gleichzeitig anwesend, sodass man derartige Anlässe gut für einen kurzen Small Talk nutzen kann. Man muss keine weltbewegenden Weisheiten von sich geben. Es reicht, die Begleitmusik gelungen zu finden oder sich mit dem Jubilar über die vielen Blumengeschenke zu freuen. Dabeisein ist alles. So wird man Schritt für Schritt in die Scientific Community vor Ort adoptiert.

Persönliche Netzwerke aufzubauen, ist unumgänglich, denn die Unikarriere ist mit harten Steinen gepflastert. Oft werden in Forschungsprojekten nur halbe, auf zwei Jahre befristete Stellen vergeben. Selbst um diese zu bekommen, bedarf es einer fördernden Hand. Die lässt sich durch gute Arbeit im Fach erreichen, aber auch durch eigene Kontakte zu einflussreichen Kollegen.

Nicht nur die Teilhabe an akademischen Feiern, sondern das Mitwirken am ganzen akademischen Leben trägt wesentlich zum Errei-

---

Praxisjahre zurück und glaube, dass ich daraus viel für meine Lehre gewonnen habe. Für einen schnellen Karriereweg waren intensive Praxiserfahrungen allerdings abträglich.

35 Vgl. die Ausführungen zu akademischen Feiern in Kapitel 8.5.

chen der eigenen Karriereziele bei. Denn der akademische Betrieb ist in mancherlei Hinsicht ein einziger Klatsch- und Tratschverein. Gerade wegen der Vereinsamung im wissenschaftlichen Betrieb ist die Sehnsucht aller groß, sich mit anderen auszutauschen. Die Folge ist, dass es trotz des einsamen Arbeitens immer wieder zu weitreichenden Verbindungen kommt. Der Austausch kann über Telefonat oder E-Mail stattfinden. Manchmal sind es Randgespräche auf Tagungen. Auf die konkrete Kommunikationsform kommt es dabei nicht an.

Worum es geht, ist zu wissen, dass es ein unsichtbares Netz in der Scientific Community gibt, über das Nachrichten vermittelt werden, die für Nachwuchswissenschaftlerinnen und ihre berufliche Karriere von elementarer Bedeutung sind. Da werden Vertretungsprofessuren über kurze Nachrichtenwege verschachert. Wenn man nicht mit denjenigen, die gefragt werden, ob sie jemanden für die Stelle empfehlen können, verbandelt ist, dann sind die Chancen sehr gering, berücksichtigt zu werden. Zwar haben auch die Fachgesellschaften Listen von Personen, die sich für eine meist sehr plötzlich frei werdende Vertretungsprofessur formal eignen würden. Oft werden diese Sprungbretter jedoch über persönliche Beziehungen vergeben. Der Schwarzmarkt mit Weltmeisterschaftskarten kann nicht die Schnelligkeit aufbieten, mit der akademische Stellen über den Ladentisch gehen. Wer in diesem Geschäft mitmachen will, muss Präsenz zeigen und sich so im Gedächtnis der Personen, die an den kommunikativen Netzwerkknoten sitzen, verankern.

Deshalb gilt es zu beachten, immer wieder auf Tagungen, in der eigenen Forschungsgruppe, in Forschungsverbünden, in Doktorandinnengruppen, in Fachgesellschaftsarbeitsgruppen und allen sonstigen Verbindungen anwesend zu sein. Nur so wird einem Strippenzieher im richtigen Moment der eigene Name einfallen. Zwar ist die Ausschreibung und Vergabe von Stellen im öffentlichen Dienst reguliert. Doch die wichtigsten Sprungbretter wie Vertretungsprofessuren oder Projektmitarbeiterstellen werden wie auf einem arabischen Basar durch Zuruf verteilt. Darauf sollte man vorbereitet sein und sich durch Präsenz einen Namen in der Scientific Community machen.

Der zentrale Ort zum Wohnen ist die eigene Forschungsarbeit. In dieser sollte man sich wirklich heimisch fühlen. In diesem Zuhause haben die verschiedenen Reiseaktivitäten ein Ziel gefunden, an dem es sich zu verweilen lohnt. Natürlich gibt es wie bei jeder Wohnung Phasen der Renovierung und der Umgestaltung, die auch mühevoll sind. Dann sehen die Zimmer durcheinander und manchmal staubig aus. Doch man weiß, irgendwann wird sich die Mühe des Tapezierens, des Möbelabschleifens oder des Gardinennähens auszahlen und die Freude über die Veränderungen überwiegen.

Ähnlich wie die Gestaltung der Wohnung kann man sich auch das wissenschaftliche Arbeiten vorstellen. Mit der Wahl einer Fragestellung hat man zwar eine Adresse. Aber noch ist die Wohnung sehr unwirtlich, es gibt kein Licht, keine Farben, keine Sitzgelegenheit und kein Bett zum Ausruhen. Erst im Laufe der Zeit kommt durch gründliche Arbeit Licht ins Dunkel der Doktorarbeit.

Allerdings sollte man sich nicht allein in eine Ecke verkrümeln und sich verbissen mit Literatur beschäftigen oder ein Experiment noch einmal und noch einmal wiederholen. Eine gute Doktorarbeit entsteht kommunikativ. Schon Kleist schrieb von der „allmählichen Verfertigung der Gedanken beim Reden". Besonders privilegiert sind Doktoranden, die ihre Arbeit in einer Graduiertenschule anfertigen dürfen. Dort haben sie mehrere Mitdoktoranden, die an einem ähnlichen Thema arbeiten, mit denen sie sich austauschen können. In Kolloquien treffen sich zusätzlich mehrere Doktorandinnen und Doktoranden mit Dozentinnen und Dozenten, um den aktuellen Arbeitsstand der Dissertation vortragen zu können und zur Diskussion zu stellen.

Der erste Schritt zum Schreiben ist, sich selbst von seiner Thematik zu überzeugen. Es kommt darauf an, „dass sich jemand vom Thema hat(te) berühren lassen, von der eigenen These überzeugt und begeistert war" (Wagner 1992, S. 18). Dieses Wissen, warum die Forschungsarbeit wichtig ist, sollte auf jeden Fall bereits zu einem frühen Zeitpunkt stichwortartig notiert und später im einleitenden Kapitel zur Problemstellung genauer ausgeführt werden.

Der zweite Schritt zum Schreiben besteht darin, einfach anzufangen. Denn Schreiben lernt man nur durch Schreiben. Dazu gibt es eine gute Startmöglichkeit: Zuerst wird eine vorgefertigte Grobgliederung in die eigene Arbeit hineinkopiert. Diese Grobgliederung soll die Schritte wissenschaftlichen Arbeitens enthalten, nämlich:

1. Problemstellung und eigene Sicht auf das Problem
2. Stand der Forschung, Formulierung der Forschungslücke, Präzisierung der eigenen Fragestellung
3. Untersuchungsdesign, Erhebungsmethoden, Auswertungsmethoden
4. Darstellung der Ergebnisse
5. Interpretation
6. Zusammenfassung und Schlussfolgerungen[36]

36 Im Band von Rischka, Peter (1987): Uni, ich komme. Wien – München – Zürich: Verlag Perlenreihe, S. 74 werden zusätzlich Schritte der Überprüfung von Lösung und Problemstellung sowie Neuformulierung der Problemstellung aufgelistet. Diese sollten selbstverständlich innerhalb der einzelnen Schritte als

Anschließend beginnt man mit der *-Methode, kleine Gedanken, Stichworte und Literaturverweise, an die man sich gerade erinnert, in die jeweiligen Kapitel einzufügen. Hinter jedes Stichwort, hinter jede fragmentarische Idee, hinter jeden bruchstückhaften Satz setzt man ein Zeichen, das auf der Tastatur des Computers gut zu finden ist. Ich persönlich bevorzuge das *-Zeichen. Es signalisiert mir, dass ich diese Stelle später noch einmal gründlich überarbeiten muss. Durch das Zeichen kann man mit der Suchfunktion des Schreibprogramms die zu verbessernden Stellen schnell finden.

Umgekehrt macht dies Mut, einfach drauf los zu schreiben, was gerade an Gedanken zum Thema in den Sinn kommt. Man wird in seinem Schreibfluss nicht durch eigene Qualitätsansprüche gehindert, sondern schreibt erst einmal. So wird schon am ersten Arbeitstag die erste Seite der eigenen Arbeit voll und das Geleistete sichtbar. Verfährt man so weiter, wird man mit Freude feststellen, dass der Arbeitstext wächst. Das schafft Erfolgserlebnisse, die bei einer so langfristig angelegten Forschungsarbeit bitter nötig sind, um alle Tiefen durchzustehen. Durch die Möglichkeit, die geschriebenen Zeilen später zu korrigieren, fällt der Schritt leichter, einfach anzufangen. Später ist oft die Verwunderung groß, wie viele Gedanken man bereits hatte.

Erst wenn etliche Seiten mit diesen Notizen gefüllt sind, kann man sich daran machen, einzelne Sätze auszuformulieren. Dabei sollte das Kapitel zur Problemstellung nur ganz provisorisch geschrieben werden. Es ist das Kapitel, das erst ganz am Schluss endgültig formuliert werden sollte, da es besonders komplex ist. Die Eingrenzung der Untersuchung und die konkrete Formulierung der Fragestellung sollten dagegen schon sehr früh schriftlich festgehalten werden, um sich nicht zu viel vorzunehmen.

In der Regel beginnt man damit, das zweite Kapitel zum Stand der Forschung zu schreiben und erste Notizen für das dritte Kapitel zur Methodik einzufügen. Durch das Lesen von Fachliteratur und gleichzeitiges Notieren in der bruchstückhaften Version kommt man gut voran und wird bereits nach der ersten Woche sehen, dass man schon fast zehn Seiten geschrieben hat. Bei den Inhalten kann es sich zuweilen nur um im richtigen Unterkapitel eingefügte Zitate oder Gedankensplitter handeln. Die Hauptsache ist, mit dem Schreiben zu beginnen, um auf bislang Geleistetes mit Stolz zurückblicken zu können. Denn ist man einige Stufen höher gestiegen, erscheint der Berg vor einem nicht mehr so hoch.

Rückbezüge und Korrektur eingebaut werden. Wegen der Übersichtlichkeit habe ich diese Korrektur- und Rückbezugsschritte nicht gesondert aufgezählt.

In der Einleitung einer Dissertation werden die Darlegung einer Problemstellung, die Präzisierung der Fragestellung und die Auflistung möglicher Hypothesen erwartet. Auch die subjektive Stellungnahme, was der Autor persönlich mit dieser Fragestellung verbindet, gehört in diesen Abschnitt. Ferner wäre der methodische Ansatz, um zu Erkenntnissen bei der gegebenen Fragestellung zu gelangen, in groben Zügen zu skizzieren. Wichtig ist zudem, trotz des weiten Horizonts, in den man seine Fragestellung einordnen sollte, die Aufgabe im Kapitel zur Problemstellung ganz klar einzugrenzen. Die Forschungsaufgabe muss durchführbar sein und sollte nicht alle Aspekte der Thematik ausloten, sondern von einer klar umrissenen Fragestellung ausgehen. Nur wenn man sich nicht zu viel vornimmt, kann man Erfolg haben. Und der Erfolg ist ein wichtiger Motivator fürs Vorankommen.

Neben der inhaltlichen Seite gibt es auch eine formale als Kriterium für eine gute Arbeit. Nur wenn die Qualitätsmaßstäbe wissenschaftlichen Arbeitens erfüllt sind, kann der Autor mit sich zufrieden sein und ruhig schlafen. Das heißt, dass man mehrere Gütekriterien einhalten muss, sowohl in den Naturwissenschaften als auch in den Geistes- und Sozialwissenschaften.

Das Ziel des wissenschaftlichen Arbeitens ist, die Forschungsergebnisse der Arbeit für jeden objektiv nachvollziehbar und wiederholbar zu machen. Die allgemein anerkannten Qualitätskriterien sind:

- Systematische Erkenntnissuche zu einer klar definierten Fragestellung in einem Problemhorizont auf der Basis des Standes der Forschung
- Objektivität, also Trennung von Person und Gegenstand
- Klare Definitionen
- Methodische Reflexion: systematisches, nachvollziehbares methodisches Vorgehen
- Reliabilität, also Zuverlässigkeit und Wiederholbarkeit der Untersuchung
- Validität, also Gültigkeit
- Ergebnisoffenheit
- Sorgfalt bei der Dokumentation der Quellen und Literaturbelege sowie der Daten der Untersuchung

Diese Qualitätsmaßstäbe wirklich einzuhalten ist die eigentliche Leistung beim Verfassen einer Forschungsarbeit. Je gründlicher der Autor dies getan hat, umso standfester kann er jeglicher Kritik entgegensehen. Und je öffentlichkeitswirksamer die eigenen Resultate sind, umso stärker wird der Autor mit Gegenpositionen konfrontiert. Da ist es erleichternd, sich sagen zu können, dass man besten Gewissens die Standards wissenschaftlichen Arbeitens eingehalten hat.

Auch wenn es beim Erstellen einer gelungenen Doktor- oder Forschungsarbeit um viele unterschiedliche Schritte geht, ist der erste der entscheidende. Man sucht am Anfang nach einer Forschungsfrage, die einen wirklich interessiert, auf dem Gebiet, für das man sich begeistern kann. Die eigene Überzeugung von der Fragestellung muss echt sein. Nur eine Fragestellung, die von innen kommt und von innen getragen wird, ist so tragfähig, dass man alle Widrigkeiten überstehen kann. Und angesichts der Tatsache, dass man bei seiner Dissertation seine Kreise am Rande der akademischen Schlangengrube zieht, ist es essenziell, wirklich forschen zu wollen. Nur wenn dieses Ziel authentisch ist, kann es Halt geben und die Gefahr bannen, in die Tiefen der Schlangengrube hinabzurutschen.

Eine weitere wichtige Strategie, um Halt im undurchschaubaren akademischen Dschungel zu finden und allen Anforderungen zu genügen, besteht darin, im privaten Bereich ein Gegengewicht zum Arbeitssog des universitären Systems zu schaffen. Die eigene Familie und gute Freundeskreise sind wesentliche Stützen, die uns daran hindern, hilflos im Strudel wissenschaftlicher Konkurrenzkämpfe zu versinken. Außenstehende, die zu einem halten, können einem nicht nur Kraft und Mut geben, sondern auch die Augen öffnen, damit man die Absurditäten des eigenen Systems erkennt und kritisch distanziert oder auch humorvoll darauf blickt.

Manche Ferienwohnungen sind geeignet, um sich im fremden Terrain wohlzufühlen, und so schön, dass sie viel gute Gefühle wecken und man nach dieser Erfahrung weiter reisen will. Mit einer derartigen Ferienwohnung vergleichbar ist es, einen wissenschaftlichen Preis zu gewinnen. Schon allein das Ritual der Preisverleihung mit Honoratioren und Lobrede ist es wert, so etwas zu erleben. Aber viel wichtiger als der genussvolle Augenblick der Preisverleihung ist die Tatsache, diesen Preis nun bei jeder Bewerbung in seinen Lebenslauf schreiben zu können und von seiner Wirkung zu profitieren.

Je höherrangig ein Preis in der Scientific Community gewertet wird, umso mehr Energie geht von ihm aus. Deshalb sollte man gründlich im Internet recherchieren, welche Preise für die eigene Person und das eigene Fach infrage kommen. Ist man fündig geworden, sollte man sich auf jeden Fall für diesen Preis bewerben – falls Selbstbewerbungen möglich sind – oder andere Personen bitten, diesen Vorschlag einzureichen. In Deutschland gibt es im Wissenschaftsbereich längst nicht so viele Preise wie etwa in den USA. Umso bedeutender ist es, wenn man einen solchen gewonnen hat. Diese Chance auf ein

Sprungbrett für die wissenschaftliche Laufbahn sollte man auf jeden Fall nicht unversucht lassen. Insbesondere für Nachwuchswissenschaftlerinnen und Nachwuchswissenschaftler gibt es deutlich mehr Preise, als man vermuten würde. Darunter sind sowohl allgemeine themenorientierte Preise wie auch fachspezifische, die für alle im letzten Jahr abgeschlossenen Arbeiten aus dem Fach ausgelobt werden. Egal auf welchen Preis man sich letztlich bewirbt: Man sollte sich die Wettbewerbsbedingungen genau durchlesen, um eine formal korrekte Bewerbung rechtzeitig einsenden zu können.

12 Botschaften: Woher bekomme ich Hilfe?

In fast jedem völkerrechtlich anerkannten Land gibt es auswärtige Botschaften. Ist das Land zu klein und unbedeutend, übernimmt die Botschaft eines Nachbarlandes die Aufgabe, die Staatsbürger, die das kleine Land besuchen, vor Gefahren zu schützen.

12.1 Institutionelle Hilfe

Doch wo finden im akademischen Dschungel allein reisende Nachwuchswissenschaftlerinnen und -wissenschaftler diese schützenden Institutionen?

Sicherlich gibt es so etwas wie einen Sprecher- oder Personalrat oder andere gewerkschaftsähnliche Einrichtungen. Manche Universitäten haben sogar eine Beschwerdestelle. Diese sollte man allerdings nur aufsuchen, wenn persönliche Grenzen überschritten worden sind, etwa in Form von sexuellen Belästigungen oder Arbeitsausbeutung von Hilfswissenschaftlerinnen und -wissenschaftlern. Tatsächlich sind solche Fälle gar nicht so selten. In den Naturwissenschaften werden Doktorandinnen und Doktoranden, deren Beschäftigungsverhältnis eigentlich auf einem Stipendium basiert, mit dem sie ihre Doktorarbeit schreiben sollten, von ihrer Doktormutter/ihrem Doktorvater zu allerhand Hilfsarbeiten in Forschung und Lehre abkommandiert. Da sie sich in einem Abhängigkeitsverhältnis zu ihrer Doktormutter/ihrem Doktorvater, den Gutachtern ihrer Arbeit, befinden, sehen sie sich oft gezwungen, diesen Dienstanweisungen Folge zu leisten. Deshalb kommt es in diesen Konstellationen selten zu offiziellen Beschwerden, psychosomatische Leiden dagegen sind im Falle eines doppelten Leistungsdrucks nicht selten.

Hier ist Fingerspitzengefühl gefragt. Denn wird dieses Problem der Arbeitsüberlastung nicht angesprochen, nimmt es zu, gleichzeitig sollte der anleitende Professor nicht den Eindruck bekommen, dass es sich bei seiner Doktorandin/seinem Doktoranden um eine nicht belastbare Person handelt. Das einzige Argument: zu erklären, dass die

Arbeit an der Dissertation stockt, weil bislang so viele Klausuren zu korrigieren waren, Forschungsgeräte gewartet oder internationale Kooperationspartner des Professors täglich bis in den späten Abend hinein begleitet werden mussten.

Die Situation gestaltet sich anders, wenn es sich tatsächlich um sexuell übergriffiges Verhalten handelt. Meist sind Frauen Zielscheiben verbaler Anzüglichkeiten und übergriffiger Handlungen. Sie sollten sich bei der entsprechenden Beschwerdestelle melden. Viele Universitäten verfügen bereits über solche Stellen, wo Opfer anonym Anzeige erstatten können. Die Anonymität ist allerdings oft nur formal gegeben. Auf informellen Kanälen kann schnell durchsickern, wer es gewagt hat, übergriffiges Verhalten beim Wort zu nennen. Für die einzelne Person, die sich getraut hat, Grenzen zu setzen, fühlt sich dieser Schritt in der Regel zwar gut an, weil sie so die eigene Integrität geschützt hat. Danach ist es eher möglich, nach einiger Zeit wieder zur inneren Ruhe zu gelangen. Allerdings ist es nicht immer klug, an diesem Institut weiter wissenschaftlich tätig zu sein. Man sollte den Wechsel an eine andere Universität in Erwägung ziehen. Oft kann es sinnvoller sein zu versuchen, die Karriereleiter noch einmal an einer anderen Universität zu besteigen. Denn Kollegien halten zusammen. Selbst wenn der Täter kritisch in seinem Kollegium beäugt wird, ist er doch Kollege und steht unter Schutz, während die eigentlich schutzbedürftige Person, das Opfer, weniger Chancen hat.

Derartige Möglichkeiten der Anzeige von sexuellen Übergriffen existieren noch nicht lange im Hochschulsystem. Vor einigen Jahrzehnten gab es unter der Hand viele Gerüchte über Professoren, sie würden ihre wissenschaftliche Assistentin, Diplomandin, Doktorandin oder Habilitandin schamlos ausnutzen. Dennoch wagen viele bis heute nicht, die oft als traumatisch erlebten Übergriffe anzuzeigen. Aber letztlich bestehen die Alternativen nur darin, sich zu wehren, die Universität zu wechseln oder die wissenschaftliche Karriere ganz aufzugeben. Der rechtliche Rahmen ist mittlerweile im universitären Bereich deutlich besser als in vielen anderen beruflichen Feldern. Es fehlt aber aus den oben genannten Gründen vielfach der Mut, diesen tatsächlich in Anspruch zu nehmen.

12.2 Hilfe zur Selbsthilfe

Neben der Hilfe von andern kann man im Hochschulsystem Selbsthilfe gebrauchen. Dazu muss man eigene Schwächen sehen können und tradierte Muster schrittweise durchbrechen. Wer ängstlich vor einer

Schlange zittert, muss sich nicht wundern, von ihr gebissen zu werden. Besonders Frauen neigen dazu, sich im akademischen Bereich klein zu machen, und werden dadurch eher Opfer von Angriffen der Konkurrenz oder der Gralshüter. Jene Männer, die sich bereits als kleine Jungen im Hahnenkampf geübt haben, können viel eher selbst zubeißen, um sich Platz und Ansehen zu verschaffen. Frauen haben dagegen von Anfang an gelernt, Harmonie zu anderen durch Kommunikation herzustellen. Deborah Tannen (1998) spricht in diesem Zusammenhang von der Beziehungssprache. Das bedeutet, dass bereits kleine Mädchen anfangen, in Gesprächen gemeinsames Verständnis untereinander herzustellen. Zum Wissenschaftsbetrieb passt jedoch nicht eine Konsens-, sondern vielmehr eine Konkurrenzhaltung, wie das männliche Geschlecht sie mehrheitlich bei seinen Hahnenkämpfen gelernt hat. Hier sollten Frauen Gruppen bilden, um durch wechselseitige Rückmeldung zu lernen, sich aus dem Muster des zitternden Kaninchens zu lösen.

Das nächste Manko von Frauen, aus dem sie sich selbst befreien sollten, besteht darin, sich bei Seminardiskussionen unterbrechen zu lassen. Männer ergreifen viel öfter das Wort und heben dabei ihre Bedeutung hervor. Sie reden bei Vorträgen von Frauen dazwischen und mindern damit deren Geltung. Frauen lassen sich gefallen, unterbrochen zu werden, und erlauben damit, dass ihr eigener Redebeitrag abgewertet wird. Um dies zu verhindern, sollte eine Referentin sich vor Beginn eines Wortbeitrages sagen, dass sie weiß, wie wichtig die eigene Botschaft oder Aussage ist. Mit großer Wahrscheinlichkeit wird sie ihren Seminarbeitrag anschließend klarer formulieren und weniger unterbrochen.

Weiterhin sollten Frauen einige rhetorisch wirkungsvolle Antworten bereithalten, um in derartigen Situationen besser kontern zu können. Die mildeste Form der Reaktion ist: „Darf ich bitte ausreden?" Sie kann gesteigert werden durch eine Formulierung wie: „Ich werde Sie auch ausreden lassen, wenn Sie dran sind, jetzt erwarte ich erst einmal, dass ich alles ausführen kann." Es sind auch sachlich klare verbale Konter möglich wie: „Die Fragen sind laut Programm nach dem Vortrag dran." Ironisch zugespitzt kann auf eine Unterbrechung des Redebeitrags geantwortet werden: „War das ein vorgezogener Diskussionsbeitrag?" oder noch subtiler: „Wollen Sie jetzt meinen Vortrag fortsetzen?" Wichtig ist, dass sich derjenige, der unterbrochen hat, nicht weiter in der Position des Überlegenen sonnen kann. Er sollte spüren, dass er sich nicht an generelle Gesprächsregeln gehalten hat und dies öffentlich sichtbar geworden ist.

Auch aus der Bewegungstherapie lassen sich Strategien auf den Hochschulbereich übertragen. So kann es förderlich sein, als Frau eine raumgreifende Gangart nach Männerart einzuüben. Wenn Sie einen

Seminarraum oder das Sprechzimmer des prüfenden Professors betreten, sollten Sie sich nicht zögernd verhalten und mit kleinen Trippelschritten Unsicherheit vermitteln, sondern sich langsam und zielgerichtet bewegen. Eine selbstbewusste Gangart symbolisiert die Bedeutung dessen, was die Referentin zu sagen hat. Am besten ist es, mit einer aufrechten Haltung auch das Seminar zu beginnen.

Im Wissenschaftsbetrieb ist die Angst um den Verlust des Ansehens das leitende Prinzip. Deshalb sollte man sich nicht klein machen, sondern seine Selbstsicherheit durch eine ruhige zielgerichtete Gangart kundtun. Dies gilt insbesondere für das Betreten eines Prüfungsraumes, aber auch grundsätzlich. Denn durch selbstbewusstes Auftreten lassen sich Angriffe vermeiden. Denn wer einen starken Eindruck macht, der ist nicht so leicht zu schwächen. Das spüren andere sehr genau und werden sehr wahrscheinlich von möglichen Einwänden oder Verunsicherungsversuchen absehen.

13 Sprachführer

Die Sprache dient der Verständigung und sollte gerade im wissenschaftlichen Bereich, in dem es vorrangig um wechselseitigen Austausch gehen sollte, besonders hoch gewertet werden. Menschen brauchen sprachliche Ausdrucksmittel, um etwas mitzuteilen oder mit anderen zu interagieren. Selbst in Vanuatu, dem Land mit der größten Sprachenvielfalt, haben die Menschen ein System gefunden, einander durch Sandschriften in Form von normierten Zeichen Wichtiges zu vermitteln.

Ein Reisender sollte einige Worte aus dem Sprachgebrauch der Einheimischen des Landes beherrschen, das er gerade besucht. Denn er darf nicht erwarten, dass die Bewohner die eigene Sprache verstehen und sprechen können. Die Höflichkeit gebietet es, zumindest die wichtigsten Vokabeln zu lernen. Auch bei Eintritt in den Wissenschaftsbetrieb gilt es, sich die Grundzüge der in Academia vorherrschenden Sprache anzueignen.

Dabei geht es nicht nur um einzelne Worte, sondern auch und insbesondere um den Sprachstil. Ohne beides zu beherrschen ist der Eintritt in dieses abgeschottete Land unmöglich. Schon für erste universitäre Leistungen wie Bachelor-, Seminararbeit oder Diskussionsbeiträge in Seminaren braucht man ein gewisses Level an „Wissenschaftssprech".

Es ist eine eigenständige Sprache mit eigener Syntax, eigenem Vokabular und verschiedenen Dialekten. Sie ist durchsetzt von lateinischen Lehnwörtern, zurückgehend auf die Ursprungssprache europäischer Wissenschaft, und zunehmend auch Anglizismen, die in die moderne globalisierte Wissenschaftssprache eingeflossen sind. Rischka nennt einen Abschnitt seines Buches sinnigerweise: „Do you speak wissenschaftlich?" (Rischka 1978, S. 75). Die Hauptdialektgruppen teilen sich in die naturwissenschaftlich-technischen und die sozialwissenschaftlich-geisteswissenschaftlichen Sprachtypologien ein. Allerdings gibt es auch noch diverse Unterdialekte, die sich stark voneinander unterscheiden. Es lohnt sich also, zunächst nur den Dialekt zu lernen, der auf dem Gebiet gesprochen wird, auf dem man arbeiten möchte.

Alltagssprache und „Wissenschaftssprech“ werden einander nun an Beispielen gegenübergestellt:

Es ist völlig undenkbar, in einem Seminar zum Fach Biologie zu sagen: „Bei unserem Ausflug fand ich besonders schön, die Blumen anzugucken.“ Im akzeptierten Fachjargon würde es heißen: „Bei unserer botanischen Exkursion haben wir den Fokus auf Blütenpflanzen gelegt.“ Oder das Fach Soziologie: Es wäre unangemessen, die folgende Aussage aus dem Blog der Gesellschaft für Soziologie alltagssprachlich zu vereinfachen: „Menschliche Subjekte sind jedoch immer mehr als ‚Akteure‘, die etwas bewirken (wollen). Sie lassen sich nur unter Einbüßung der Angemessenheit der Beschreibung auf ihr Akteur-Sein reduzieren. Menschliche Subjekte sind immer auch mehr, sie sind in soziale Beziehungen und soziale Situationen eingebettete Individuen, die fühlen, hoffen und fürchten, denken, entscheiden und sich dem Leben hingeben bzw. von ihm gebeutelt werden. Gegenstand der qualitativen Sozialforschung ist also nicht die Handlungs-Einheit, die etwas bewirkt (sonst wäre ihr Gegenstand der Körper), sondern ihr Gegenstand ist immer die leiblich-geistige Einheit, die sinnhaft handelt, also aufgrund des sozialen Sinns, den die Welt und die anderen für diese Einheit hat.“[37] In Alltagssprache übersetzt hieße dies in etwa: „Menschen können vielfältige Gedanken und Gefühle entwickeln. In der Forschung kommt es darauf an, diesen Ganzheitlichkeit des Menschen in seiner Welt zu erfassen.“ Bei diesem Übersetzungsversuch wird deutlich, dass viele Nuancen der wissenschaftlichen Ausdrucksweise in der Alltagssprache verloren gehen.

Die Wissenschaftssprache sollte deskriptiv und distanziert sein, mit Fachtermini durchmischt und ohne eigene Gefühlsäußerungen. Man kann dabei zwei Varianten unterscheiden. Bei der einen handelt es sich um eine abgehobene Wissenschaftssprache, die nur gestelzt klingt, um sich klug zu gebärden. Die andere Variante ist deshalb so kompliziert, weil sie sehr genau einen Gegenstand, ein Problem oder ein methodisches Vorgehen zu beschreiben versucht. Um die „Angebersprache“ von der „Präzisionssprache“ zu unterscheiden, sollte man auf jeden Fall Wissenschaftssprech beherrschen. Nur so lassen sich inhaltsleere Floskeln enttarnen. Die Wissenschaftssprache zu beherrschen ist also unerlässlich, wenn man sich in den Wissenschaftsbetrieb begeben will.

37 Entnommen aus: http://soziologie.de/blog/?cat=197. Abruf am 23.5.2014.

13.1 Merkmale der Wissenschaftssprache

Eine wichtige Regel für diese Fremdsprache besteht darin, dass sie viele Worte enthält, die der lateinischen Sprache entlehnt worden sind. Dies ist durchaus plausibel, denn die erste Sprache, die in den europäischen Wissenschaften verwendet wurde, war Latein. Somit ist jeder lateinische Fachterminus ein Erinnerungsmerkmal an die ursprüngliche Wissenschaftssprache und lässt einen Satz wissenschaftlicher klingen. Dabei gilt: Nicht nur in der Botanik, der Medizin und der Pharmazie erhalten bis in die Gegenwart Gegenstände, Substanzen, Verfahren etc. einen lateinischen Namen.

Heute dringt im Zuge der Internationalisierung von Wissenschaft darüber hinaus die englische Sprache massiv in die Wissenschaftssprache ein. Die erste Korrekturleserin dieses Buches[38] hat bei den von mir laufend gebrauchten Begriffen wie Abstract, Referee oder Concept Map zu Recht angemerkt, ob ich nicht die deutschen Entsprechungen verwenden könne. Doch weil ich selbst eine Bewohnerin von Academia bin, halte ich die Anglizismen für so selbstverständlich, dass ich mich dagegen entschieden habe, eine unübliche deutsche Übersetzung zu wählen.

Auch der Satzbau der wissenschaftlichen Sprache ist besonders. Es gibt weniger Verben, dafür viele attributive Ergänzungen und Schachtelsätze, welche die vielen vorsichtigen Einschränkungen und Zurücknahmen der ursprünglichen Aussage vermitteln. Im Allgemeinen sind die Sätze sehr lang. Denn es geht bei der Wissenschaftssprache nicht darum, sich verständlich auszudrücken, sondern so differenziert wie möglich. Jede Aussage wird gleichzeitig relativiert und in ihrer Geltung eingeschränkt. So schützt man sich gegen Angriffe von außen. Dies kann zur Folge haben, dass die Wissenschaftssprache so kompliziert wird, dass der Sinn oder ein konkreter Inhalt sich kaum noch erschließen lässt.

Manchmal besteht die Intention lediglich darin, durch Phrasendreschen die eigene Bedeutung mehr hervorzuheben. Je komplizierter etwas klingt, umso mehr Furcht kann man bei denjenigen auslösen, die die Worte nicht verstehen. Allerdings entsteht dabei ein fatales Missverständnis: Der Wissenschaftler glaubt, dass Furcht mit Ehrfurcht und Achtung einhergeht. Jedoch führt die Furcht oft zur Abwendung von der Wissenschaft statt zur Hochachtung. Doch diese Falle wird von denen, die möglichst abstrakte sprachliche Muster verwenden, nicht bemerkt. So ist und bleibt die Wissenschaftssprache

38 Hiermit danke ich meiner Schulfreundin Kathrin Feldhoff ausdrücklich für die gründliche erste Manuskriptkorrektur. Auch Katrin Windheuser danke ich herzlich für das anschließende Korrekturlesen dieses Buches.

eine Kombination aus präziser begrifflicher Beschreibung und unverständlicher Phrasendrescherei zur Abgrenzung vom „gemeinen Volk“. Ganz sicher schafft die Wissenschaftssprache einen besonderen Kulturraum für die Eingeweihten, die sich so untereinander besser verständigen und von anderen abgrenzen können.

Hier einige Beispiele für „Wissenschaftssprech“ aus den verschiedenen Disziplinen:

Philosophie: „Als Wissen bezeichnet man den Erkenntniszustand allgemeiner intersubjektiv-vermittelter Sicherheit.“[39]

Sozialwissenschaften: „Das erklärende Verstehen der Sozialwissenschaften geht insofern über das aktuelle Verstehen des gemeinten Sinns einer Handlung hinaus, als dass es den Sinnzusammenhang erfasst, in den die Handlung hineingehört. Verstehen ist also die Rekonstruktion des gemeinten Sinns bzw. des Sinnzusammenhanges und zwar methodisch angeleitet durch die Konstruktion eines Idealtypus.“[40]

Physik: „Die Lorentzkraft wirkt auf die im Magnetfeld bewegte Ladung und führt zu einer Verschiebung der Elektronen. Dadurch entsteht eine Induktionsspannung zwischen den Leiterenden. Damit berechnet sich die induzierte Spannung aus dem Kräftegleichgewicht: $F_{Lorentz} = F_{elektrisch}$.“[41]

Indogermanistik: „Referenz ist der Bezug eines nominalen Ausdrucks auf die Objekte der außersprachlichen Wirklichkeit, d. h. der Sprecher bezieht sich mit der Verwendung von Nomen [sic] auf Gegenstände, Personen u. a., die in der Welt real existieren (Hansen 1996: 22).“[42]

Chemie: „Multivalente Liganden, die im richtigen Abstand auf definierten Gerüsten präsentiert werden, können überproportionale Verstärkung von Bindungskonstanten an einen entsprechenden Akzeptor hervorrufen, so dass Gleichgewichte vollständig zugunsten der Komplexe verschoben werden.“[43]

Biologie: „Im zweiten Projektbereich werden neuronale Vitalfunktionen und ihre zelluläre Pathologie untersucht. Zentrale Fragen sind da-

39 Quelle: http://vorhilfe.de/forum/4_Grundfragen_der_Philosophie/t170756. Abruf 2.5.2014.

40 Quelle: http://www.uni-protokolle.de/Lexikon/Methodenstreit.html. Abruf 2.5.2014.

41 Quelle: http://www.physik-grundlagen.de. Abruf 2.5.2014.

42 Quelle: http://www.indogermanistik.uni-jena.de/dokumente/PDF/DeterundReferenz.pdf. Abruf 19.5.2014.

43 Quelle: http://www.sfb765.de. Abruf 2.5. 2014.

bei die Voraussetzungen für neuronale Entwicklung, ontogenetische Netzwerkbildung und neuronales Überleben bzw. neuronalen Zelltod während der Entwicklung sowie die Mechanismen neuronaler Degeneration und Regeneration im adulten ZNS. Dabei werden gut etablierte und charakterisierte Zellkultur- und in vivo Modelle eingesetzt und mit molekularbiologischen, immunhistochemischen und elektrophysiologischen Techniken bearbeitet."[44]

Psychologie: „MicroDYN basiert auf der Theorie operativer Intelligenz (Dörner, 1986), die dynamisches Problemlösen in fünf Facetten unterteilt: (1) Informationsgenerierung, (2) Modellbildung, (3) Prognose, (4) Informationsreduktion und (5) Bewertung. Bisher ermöglicht MicroDYN ausschließlich die individualdiagnostische Kompetenzeinstufung der ersten drei Facetten."[45]

Wirtschaftswissenschaft: „Der traditionell geprägte Ansatz bezieht sich dabei auf die Stabilität von Systemen gegenüber Störungen, wohingegen neuere Ansätze in Abgrenzung dazu die Persistenz von Systemen im Sinne von Selbst- und Reorganisation, Lernen, Innovation und Transformation als Reaktion auf Störungen diskutieren."[46]

Diese Beispiele können beliebig erweitert werden, sie sind nur eine zufällige Auswahl und noch nicht einmal das Höchstmaß an Unverständlichkeit. Nichtsdestoweniger wird deutlich, dass jede Fachrichtung ihren besonderen Wissenschaftsjargon pflegt. An wenigen Worten lässt sich bereits erkennen, um welche Fachrichtung es sich jeweils handelt. Wer diese spezielle Sprache des eigenen Faches nicht beherrscht, kann weder wissenschaftliche Artikel lesen noch gar selbst welche verfassen. Insider und Newcomer outen sich dadurch, dass sie noch nicht verstanden haben, wie in ihrem Fachgebiet gesprochen wird. Ohne diese Sprache zu beherrschen, bleibt man aus den höher gestuften Fachkreisen ausgeschlossen. Sie lässt sich genauso einfach erlernen wie eine Fremdsprache – durch Zuhören, wenn Fachexperten sprechen, und durch Lesen von Fachartikeln.

Wissenschaftssprache wird nicht nur dazu eingesetzt, komplizierte Sachverhalte auszudrücken und sich abzugrenzen. In vielen Fällen ist die Sprache so abstrakt und schwer verständlich, um Kritik abzuwehren.

---

44 Quelle: http://www.uak.medizin.uni-tuebingen.de/sfb430/sfb430_allg.html. Abruf 2.5.2014.

45 Quelle:https://www.psychologie.uni-heidelberg.de/ae/allg/forschun/bmbf_facetten/index.html. Abruf 2.5.2014.

46 Quelle: http://www.uni-leipzig.de/~ral/gchuman/klassen/regawa/module/modul-3/. Abruf 2.5.2014.

„Aus Angst vor Kritik wird ein hohler deskriptiver Weg gesucht, andere Positionen werden vorgestellt und zerrissen“ (Wagner 1992, S. 19). Diese Seite der Wissenschaftssprache ist Gift für einen produktiven Erkenntnisprozess ab. Für Studierende und Nachwuchswissenschaftler, die noch nicht lange im Wissenschaftsbetrieb sind, ist es nicht einfach zu unterscheiden, wann die Spezifika des Gegenstandes beschrieben und wann Kritik abgewehrt werden soll. Je besser man selbst die Wissenschaftssprache beherrscht und sie versteht, umso leichter ist es, hohle Phrasen von differenzierter Ausdrucksweise zu unterscheiden.

Ein Wissenschaftler sollte also nicht anfangen, möglichst unverständlich zu sprechen und zu schreiben, nur weil im deutschen Hochschulsystem das Hehre und Große in der Wissenschaft heiliggesprochen wird. Allerdings gilt es als Schimpfwort oder zumindest abwertend, wenn die Sprache anderer Wissenschaftler als verständlich oder populär charakterisiert wird (Wagner 1992, S. 59). Auch mit dem Wort „nützlich“ oder „anwendungsorientiert“ wird eine Abwertung vorgenommen. Nicht ohne Grund gibt es im deutschen Hochschulsystem die unausgesprochene hierarchisierende Unterscheidung zwischen den anwendungsorientierten Fachhochschulen (university of applied science) und den reinen „echten“ Universitäten.

Diese Wertungshierarchie wird man selbst nicht außer Kraft setzen können. Die Wissenschaftssprache gilt es als Norm zu akzeptieren. Darüber hinaus ist es wichtig, selbst zweisprachig zu sein. So sollte man die Fachsprache in Fachkreisen lesen, formulieren und schreiben können – auch um die darin enthaltenen hohlen Phrasen aufzudecken. Gleichzeitig sollte man als polyglotte Person für die Menschen außerhalb der Fachcommunity verständlich sprechen. Denn man sollte der Norm, dass Wissenschaftlichkeit mit „Schwerverständlichkeit, Exklusivität und Zweckfreiheit“ (Wagner 1992, S. 59) gleichzusetzen sei, nicht unreflektiert entsprechen. Wissenschaft ist eine Tätigkeit, die von der breiten Mehrheit der Bevölkerung über die Steuergelder mitfinanziert wird. Ihre Ergebnisse sollten auch im Sinne der Transparenz an die Bevölkerung vermittelt werden können, anstatt sie im Elfenbeinturm von jeder Realität zu entfernen.

13.2 Nützliche Redewendungen

Um in einem fremden Land klar zu kommen, ist es wichtig, häufig gebrauchte Redewendungen zu beherrschen wie:

„Ist das der Weg nach ...?“
„Wo ist die nächste Tankstelle?“

„Ich suche hier ein Hotel. Können Sie eins empfehlen?"
„Wo ist das nächste Restaurant?"

Nur wer zumindest ein Minimum an Redewendungen versteht und anzuwenden vermag, schafft es, in einer fremden Umgebung akzeptiert zu werden und die eigenen Wünsche auch tatsächlich umzusetzen.

Die Redewendungen in Academia lauten zweifelsohne anders und dienen oft der Verunsicherung des Gegenübers. Sie sind grundsätzlich dazu gedacht, das eigene Wissen auf- und das des anderen abzuwerten, ohne sich selbst allzu sehr festzulegen. Beispiele für derartige, allzeit einsetzbare Redewendungen sind:

- „Diese These ist höchst fragwürdig".
- „Das ist methodisch außerordentlich gewagt".
- „Das müsste erst einmal überprüft werden".
- „Dieser Ansatz ist überholt".
- „Das basiert auf einer zu dünnen Datenbasis".
- „Das muss noch geschärft werden".
- „Er ist im Gebiet XY noch nicht ausgewiesen".
- „Da fehlt der XY-Diskurs".
- „Diese Schrift ist mit heißer Nadel gestrickt".
- „Wichtige Schriften sind nicht berücksichtigt worden".
- „Dieser Ansatz ist wissenschaftlich nicht belegt".
- „Das muss noch einmal gründlich methodisch revidiert werden".
- „Diese These lässt sich anzweifeln".
- „Es fehlen wichtige Belege".
- „Ob dieser Ansatz der Kritik standhält, wage ich zu bezweifeln".
- „Das muss noch diskutiert werden".
- „Diese Position hält neueren Forschungsergebnissen nicht stand".
- „Er hat wohl noch nicht die neuesten Schriften von XY gelesen".

In einem Konkurrenzsystem sind solche Redewendungen, die eine Abwertung des anderen enthalten, grundsätzlich üblich und bewirken impliziert eine Aufwertung der kommentierenden Person. Der Wissenschaftsbetrieb ist ein großer Konkurrenzzirkus, und nur wer die Klaviatur zu bespielen gelernt hat, kommt voran. Um die Konkurrenz nicht weiter auf die Spitze zu treiben, kann man die Formulierungen individuell entschärfen. Wichtig ist stets, diese Muster zu erkennen und sich selbst für den Fall zu wappnen, dass man Opfer eines derartigen verbalen Angriffs wird. Kann man das Gesagte als Abwertungsversuch identifizieren, fühlt man sich nicht so stark unter Druck gesetzt.

13.3 Nützliche Vokabeln

Um den Wissenschaftsbetrieb erfolgreich meistern zu können, hat man möglichst klug zu klingen. Äußert man sich unverständlich, hat ein Zuhörer in der Regel Angst davor, diese Aussagen zu kritisieren. Denn es könnte durchaus sein, dass er beispielsweise eine Theorie nicht zur Kenntnis genommen hat und sich nicht blamieren will.

Ich hatte einmal ein Schlüsselerlebnis, das zeigt, wie belanglos Wissenschaft für die Wirklichkeit sein kann. Ich hörte bei einem Fachkolloquium unserer Fakultät einem der wöchentlich stattfindenden Vorträge zu, den ein Fakultätsmitglied über seine Forschungsarbeiten hielt. Ich hatte bei diesem Referenten das Gefühl, überhaupt nicht zu verstehen, wovon die Rede war. Aber ich schwieg. Ein anderer junger Kollege war mutiger. Er fragte während des Vortrags den Redner: „Haben Sie dafür ein Beispiel?" Der Redner hielt inne, dachte eine kurze Zeit nach und antwortete schlicht mit „Nein, bis jetzt habe ich kein Beispiel gefunden." Dadurch wurde mir klar, dass der Vortrag sich auf Forschung bezog, die letztlich nur ein akademisches Glasperlenspiel war.

Hätte die mutige Person nicht gefragt, hätten wir alle beeindruckt genickt und gedacht, dass nur wir selbst den Vortrag nicht richtig verstehen würden. Es ist wie beim Märchen vom Kaiser ohne Kleider: Der Vortrag machte den Eindruck, als sei er prunkvoll bekleidet; nur durch einen unverstellten Blick lässt sich das ganze Theater durchschauen und erkennen, dass der Kaiser nackt ist.

Der Wissenschaftsbetrieb ist eine ideale Einrichtung, um großes Wissen zu suggerieren bzw. vorzutäuschen. „Rituale der Unverständlichkeit" (Wagner 1992, S. 59) durchziehen den Universitätsalltag. Diese sollten nicht fortgeführt werden. Dennoch ist es oft sinnvoll, bestimmte Fachtermini zu gebrauchen, um an andere Aussagen anzuknüpfen und einen professionellen Eindruck zu vermitteln.

Deshalb empfehle ich hier einige Vokabeln vor allem aus dem sozialwissenschaftlichen Diskurs, deren Einsatz jedoch dosiert und nur dann erfolgen sollte, wenn die Vokabeln auch zur Aussage passen.

- bifokal
- biopsychosoziale Genese
- Database
- diskursiv-kontradiktorisch
- Emotionsregulation
- Externalisierung
- hermeneutisch-analytisch
- konstruktivistisch

- Metaanalyse
- multikriterial
- Parametervarianz
- performative Persistenz
- potenzielle Signifikanz
- Problemkonstellation
- progrediente Risiken
- protektive Faktoren
- proximaler Risikofaktor
- Sampling
- Setting
- systemtranszendierend
- Transaktionsanalyse
- Transzendenzfiktion
- triangulativ methodologisch
- universell-präventiv
- virtuell transzendental

Allerdings sollte man diese Vokabeln nicht zur Einschüchterung anderer einsetzen, sondern nur, wenn man sie wirklich verstanden hat und sie der eigenen Aussage tatsächlich etwas hinzuzufügen vermögen. Außerdem ist dieser Vokabelzettel nur eine kleine zufällige Auswahl. Wir finden noch viel mehr, wenn wir die fachspezifische Literatur der eigenen Domain – um gleich auch ein Fachwort mit zu benutzen – gründlich durchschauen.

Grundsätzlich gilt: Je weniger verständlich die Aussage, umso höher steigt der Wert der Person, die sie gemacht hat. Aber dieser Effekt ist nur oberflächlich und kurzfristig. Er basiert auf der Tatsache, dass alle in der Scientific Community unter Konkurrenzdruck stehen. Wenn sie etwas nicht verstehen, wagen die meisten nicht nachzufragen, sondern unterstellen, dass diese unverständliche Aussage wohl stimmt und die Schuld bei ihnen liegt. In diesen Momenten scheint der Wissenschaftsbetrieb nicht dazu da zu sein, der Welt Inhalte verständlich zu erklären, sondern Hierarchien herauszubilden. Dabei sollte der höher stehende Anspruch genau gegenteilig sein: Eigentlich sollte die Wissenschaft dazu beitragen, die Welt zu verstehen.

Die meisten Disziplinen orientieren sich am angloamerikanischen Raum, dies gilt insbesondere für die Psychologie, aber auch für die Naturwissenschaften und – etwas weniger – für die Wirtschafts-, Sozial- und Erziehungswissenschaften. Von daher durchdringen immer mehr englischsprachige Termini die wissenschaftliche Literatur. Englische Kategorien machen Eindruck und verstärken somit die Hierarchie zwischen (Besser)Wissenden und Nichtwissenden. Um sich selbst in den Vordergrund in der Scientific Community zu stellen, ist der Gebrauch englischer Termini ein wichtiger Schritt.

13.4 Zwischen den Zeilen lesen lernen

Eine Sprache zu beherrschen bedeutet, sie nicht nur sprechen, sondern auch verstehen zu können. Die Wissenschaftssprache wartet dabei nicht nur mit komplizierten Sätzen auf. Im Wissenschaftsbetrieb ist manchmal etwas gemeint, das nicht gesagt wird, und etwas gesagt, das gar nicht gemeint ist. Dies zu durchdringen ist für Neulinge natürlich sehr schwer. Denn es schwingt dabei immer das Geheimwissen der Eingeweihten mit. Besonders schwer zu lesen sind Texte, in denen sich subtil die Kräfteauseinandersetzungen an der Universität widerspiegeln.

Zu den Highlights der Geheimwissenssprache zählen die Stellenausschreibungen. Auf den ersten Blick steht darin nur geschrieben, welche Qualifikationen der Bewerber vorzuweisen und welche Aufgaben er zu erfüllen hat. Einige Zeilen am Schluss sind den formalen Vorgaben der Gleichbehandlung geschuldet. Obwohl darin geschrieben steht, dass Frauen bei gleicher Qualifikation bevorzugt werden, hat das wenig zu sagen. Ich kenne eigentlich kaum einen Fall, in dem diese Zeile für die Auswahl relevant war.

Interessanter sind die vorherigen Zeilen. Die meisten sind schockiert, wenn sie eine Anzeige für eine ausgeschriebene Professur lesen, weil die Anforderungen so hoch sind.[47] Viele Nachwuchswissenschaftlerinnen lassen sich davon abschrecken und wagen gar nicht erst, sich zu bewerben. Geht man nach der Stellenausschreibung, müsste ein Bewerber in der Forschung bereits mehr geleistet haben als die meisten der Professoren vor Ort: Er muss exzellente Projekte vorweisen, sollte auf mehreren Spezialgebieten Expertise aufweisen und diese durch eine lange Publikationsliste belegen können; internationale Kooperationen sowie ausgezeichnete Lehre werden ebenfalls wie selbstverständlich vorausgesetzt.

Die Lesart: „Das ist zu viel verlangt, das kann ich nicht alles leisten“ fehlinterpretiert den Text. Denn eigentlich sollte ihn der Bewerber eher so verstehen, dass das Professorium an dieser Universität weiß, was alles nötig ist, um den Ruf des eigenen Instituts aufzubessern, und verlangt all diese Fähigkeiten nun vom neuen Professor. Man könnte es auch so lesen: „Die Verfasser dieser Stellenanzeige

47 vgl. die Aussagen oben zur eierlegenden Wollmilchsau in Abschnitt 9.14.

konnten sich nicht auf das Wesentliche einigen und haben ausnahmslos alle Anforderungen im Inserat aufgenommen."

Wer genau hinschaut, entdeckt auch Widersprüche in Stellenausschreibungen. Das kommt daher, dass diese Inserate meist das Resultat langer kollegialer Auseinandersetzungen sind. Die einen wollten Schwerpunkt A, die anderen Schwerpunkt B. In der Ausschreibung steht schließlich, dass der Schwerpunkt A und B gleichermaßen verlangt wird, obgleich A und B eigentlich nicht kompatibel sind. Und eigentlich wird auch nicht A und B gefordert, denn die eine Seite sieht nach wie vor A, die andere B als Schwerpunkt. Von daher ist es vergebliche Liebesmüh, bei der Bewerbung einen Vortrag zu A und B zu halten. Vielleicht stehen A und B auch nur deshalb im Ausschreibungstext, weil es sich um eine Stelle handelt, die ursprünglich im Gebiet A angesiedelt war, aber von den Machthabern des Schwerpunkts B beansprucht wird. Das Stichwort A in der Anzeige zu lassen, jedoch die Stelle im Bereich B zu besetzen, ist dann der Kompromiss.

Das Resultat einer Stellenausschreibung ist abhängig vom Kräfteverhältnis der beiden Gruppierungen innerhalb der Kommission und auf keinen Fall davon, ob die Bewerbenden den Ausschreibungstext richtig interpretieren können. Es lohnt sich nicht, Bewerbungstexte ganz genau zu deuten. Denn ein Außenstehender kann nicht wissen, welche Kompromisse und Auseinandersetzungen zur der endgültigen Fassung geführt haben. Es ist ein Konsenspapier der Verfasser – und an Ausschreibungstexten arbeiten viele Personen aus unterschiedlichen Gremien. Es ist kein geschlossen zu lesender Sachtext, sondern eine Kodifizierung der Waffenstillstandsvereinbarung verschiedener kollegialer Gruppen.

Man sollte sich als Bewerber also lieber nicht zu viele Gedanken machen, sondern prüfen, ob er die ausgeschriebene Position haben möchte und eine passende Besetzung wäre. Kann er beide Fragen mit „ja" beantworten, lohnt sich eine Bewerbung. Sich zu überlegen, was wohl hinter dieser oder jener Formulierung im Ausschreibungstext steckt, sollte man sich sparen. Denn oft ist der Text nicht im Hinblick auf die Bewerbenden geschrieben, sondern so, dass er allen Wünschen der Verfassenden gerecht wird. Er vermittelt einen Eindruck, was den Kollegen der Hochschule wichtig ist, aber nicht unbedingt, was den Bewerber tatsächlich auszeichnen soll.[48] Von den Doppeldeutigkeiten und Botschaften zwischen den Zeilen sollte man sich nicht verunsichern lassen, sondern Ruhe bewahren.

48 Vgl. auch die Ausführungen zu Berufungen in Kapitel 6.2.

14 Bloß nicht ...

Ein bekannter Verlag für Reisebücher hat die Rubrik „Bloß nicht" am Ende jedes Reiseführers eingeführt. Sie enthält Hinweise darauf, was in dem jeweiligen Land als besonders gravierendes Fehlverhalten gilt. In Chile soll man beispielsweise einem Polizisten keine Widerworte geben. Sie haben seit der Militärdiktatur eine besondere Autorität. Diese infrage zu stellen ist auch heute noch ein schweres Vergehen. Wer in diesem Land ohne Probleme reisen will, sollte sich an derartige Ratschläge halten. In Israel wiederum muss man die Sabbatruhe einhalten und sollte nicht bzw. nicht öffentlich sichtbar arbeiten. An diesem geheiligten Tag darf in der Öffentlichkeit auch nicht das IPad oder das Smartphone eingeschaltet werden. Ratsam ist auch, am Sabbat in einem hohen Hotelgebäude nicht in den Sabbatfahrstuhl zu steigen: Er hält auf jeder Etage, sodass es lange dauern kann, bis man im gewünschten Stockwerk ist. Auf den Philippinen sollte man tunlichst die Ruhe bewahren und nicht ungeduldig werden. Die Menschen können unsere auf Effizienz ausgerichtete Lebensweise nicht verstehen und finden sie befremdlich.

Um noch einige weitere Beispiele zu nennen: In Zypern ist es völlig unangebracht, vom Norden des Landes zu schwärmen. Schließlich sind die Wunden, die bei der Teilung des Landes entstanden sind, längst noch nicht ausgeheilt. Äußert man sich nicht oder neutral zum Norden, bleiben die Bewohner des südlichen Großteils dem Reisenden gewogen. In Sri Lanka wiederum stellt lautstarkes Reden oder Schreien ein Fehlverhalten dar. Das widerspricht der Kultur des Landes, sich unaufdringlich zu verhalten, sodass Touristen gleich als störend wahrgenommen werden, wenn sie laut sind. Unterhalten sie sich dagegen in einer moderaten Lautstärke, können sie sicher sein, freundlich aufgenommen zu werden. In der Dominikanischen Republik sollte man auf keinen Fall Geld schwarz tauschen und in Wien nicht das Trinkgeld vergessen.

So hat jeder Kulturkreis im Laufe seiner Geschichte bestimmte Verhaltensregeln und Verbote entwickelt. Diese sollte ein Reisender unbedingt befolgen, wenn er gut behandelt werden will. Derartige „Bloß nicht"-Tipps helfen sehr, sich in einem unbekannten Land nicht daneben zu benehmen und nicht in die bekannten „Fettnäpfchen" zu treten. In Academia gibt es mehrere „Bloß nicht!"-Verhaltensweisen, die es auf jeden Fall zu vermeiden gilt, will man keinen sofortigen Platzverweis riskieren. „Bloß nicht"-Ratschläge basieren in der Regel auf intensiver Erfahrung mit der jeweiligen Kultur und sollten ernst genommen werden. Auch der Wissenschaftsbetrieb, der genauso ein geschlossener Kulturkreis ist wie Sri Lanka oder Südzypern, hat spezifische Verhaltensregeln entwickelt, die man möglichst einhalten sollte.

Weil dieses Buch dazu dienen soll, jungen wissenschaftlichen Nachwuchskräften zu helfen, in dieser sehr speziellen universitären Subkultur zu überdauern und voranzukommen, beschreibt es einige der gängigsten Tabus, die im gesamten universitären Bereich Gültigkeit haben und die es tunlichst einzuhalten gilt.

14.1 ... Unwissenheit vertuschen wollen! Das mögliche Wissen ist unendlich.

Auch wenn berühmte Philosophen bekannt haben, dass sie wissen, nichts zu wissen – in der Bluff-Welt der Universität[49] würde niemand seine Wissenslücken zugeben. Es soll der schöne Schein des unendlichen Wissens kultiviert werden. Jeder versucht, klüger als der andere zu sein bzw. zu wirken. Dadurch machen alle sich und anderen Menschen enormen Druck. Ihre Sucht nach Perfektion und Alleswisserei führt zu skurrilen Situationen im Wissenschaftsbetrieb.

Hält man dem Druck nicht stand, sondern zeigt sich verletzlich, wird man – so scheint es auf den ersten Blick – eher den Schlangen zum Fraß vorgeworfen. Doch dieser oberflächliche Eindruck trügt. Denn verfolgt man die Vertuschungsstrategie, verleugnet man sich selbst und macht sich krank. Man wird unsicher, angreifbar und verletzlich. In diesem Fall ist es sinnvoller, sich nicht in Täuschungsmanöver zu verwickeln, sondern eine Form zu finden, die Unwissenheit umsichtig und der vorherrschenden Kultur entsprechend zuzugeben.

Es wäre unklug, platt zu sagen: „Oh, das weiß ich leider nicht." Noch schlimmer ist die hilflose Variante: „Oh, das habe ich noch nicht gelesen." Vielmehr sollte man die eigene Unwissenheit offensiv kundtun und damit andere in Zugzwang bringen, um nicht sich selbst unter

49 Diese wurde sehr plastisch hervorgehoben im Buch von Wolf Wagner: Uni-Angst und Uni-Bluff. Wie studieren und sich nicht verlieren. 3. Aufl. Berlin: Rotbuch Verlag 1992.

Druck zu geraten. Das eigene Nichtwissen sollte geschickt in Fragen verpackt werden. Allerdings nicht wie oben beschrieben im Sinne eines Notrufs, sondern offensiv, z.B.: „Können Sie mir zu diesem Thema/Problem konkrete Literaturtipps geben?“ oder „Welche Forschungsgruppen haben denn noch an diesem Problem gearbeitet?“ oder „Mir ist gerade der Name des Leiters der Forschungsgruppe entfallen. Können Sie mir dabei eine Erinnerungsstütze geben?“

Die Fragen dieser Art führen dazu, dass der Schwarze Peter an das Gegenüber weitergegeben wird, das höchstwahrscheinlich weder die Literatur, noch die genauen Forschungsgruppen, noch deren Leitung benennen kann. Wenn Kollegen fürchten müssen, dass Sie Rückfragen stellen könnten, mit deren Antwort sie sich blamieren würden, können Sie sicher sein, dass Sie bei den nächsten Debatten nicht in die Enge getrieben werden. Und Sie verwandeln die Position des Schwächeren in die des Stärkeren, ohne die eigene Authentizität zu verraten oder zu tricksen. Denn indem man Fragen stellt, zeigt man einerseits ehrlich seine Unwissenheit und bringt andererseits die anderen in Erklärungsnot.

Weil das Vertuschen von Nichtwissen zum System gehört, geht die Kommunikation über Inhalte in der Wissenschaft verloren. Deshalb können derartige Rückfragen nach Fakten auch ein Weg sein, die Aufrichtigkeit im wissenschaftlichen Diskurs zu retten. Denn wo nur um den heißen Brei herum geredet wird und Allgemeinplätze ausgetauscht werden, um Wissenslücken zu verbergen, dort stirbt der wissenschaftliche Diskurs. Damit verkümmert die eigentliche Perle des Wissenschaftssystems, sich über Fragen der Welt auszutauschen und zu verständigen. Wenn niemand wagt, aus Angst vor einer Blamage des Kaisers neue Kleider anzusprechen, wird das Täuschungssystem fortgesetzt.

Stellen Sie Fragen in einer Form, die die eigene Unwissenheit nicht betont und doch den Dingen auf den Grund geht! Denn so wird man nicht auf Ablehnung stoßen oder gar ausgegrenzt. Im Gegenteil, es gelingt, sich selbst zu behaupten, ohne sich zu verraten. Das Nachfragen ist eine wichtige Gegenstrategie gegen ein Unisystem des schönen, aber substanzlosen Scheins (vgl. Wagner 1992, S. 95). Gleichzeitig schreckt man damit Blender ab, die derartige Nachfragen fürchten müssen, weil sie selbst nicht genug wissen. Diese Strategie fällt unter die Kategorie „Prävention“: Man verhindert eine Blamage und bringt gleichzeitig andere in Zugzwang.

14.2 ... klüger sein wollen als der Professor! Primus und Primadonna sind sakrosankt.

In der Scientific Community herrschen strenge Hierarchien. Wer unten auf der Leiter steht und sich dennoch anschickt, klüger erscheinen zu wollen als die Großen im Fach, wird eine mehr oder weniger deutliche Reaktion bekommen. Sie ist ein Ausdruck der gegebenen Hierarchie. Selbst Goethes erste Gedichte wurden an der Leipziger Universität von einem Hilfsprüfer seines Professors als inakzeptabel abgelehnt. Auch der nun weithin anerkannte Soziologe Jürgen Habermas hatte Probleme, mit seiner Habilitationsschrift an der Frankfurter Johann Wolfgang Goethe-Universität angenommen zu werden. Er musste auf die nördlich gelegene Marburger Philipps-Universität ausweichen, wo ihn Wolfgang Abendroth, ein sehr kritisch eingestellter Gesellschaftswissenschaftler, akzeptierte und förderte und letztlich sein Habilitationsverfahren in erfolgreiche Bahnen lenkte. Die Habilitationsschrift mit dem Titel „Strukturwandel der Öffentlichkeit" ist mittlerweile in viele Sprachen übersetzt und mehrfach aufgelegt worden. Wer also den Machthabern in der eigenen Institution missfällt, hat schlechte Karten.

Hilfe beim beruflichen Aufstieg zu haben ist unumgänglich und sollte von oben kommen. Wer in einer Institution das Sagen hat und einen potenziellen Nachfolger nicht goutiert, wird schon beweisen, dass er nicht an das eigene Niveau heranreicht. Denn auch sie sind von der im System Hochschule allgegenwärtigen „Angst vor der Abwertung als Nichtwissende" (Wagner 1992, S. 27) befallen.

Deshalb ist es wichtig, seine neuen Erkenntnisse nicht konkurrenzorientiert oder hämisch zu präsentieren, sondern möglichst sachlich. Es lassen sich potenzielle Kränkungen leicht vermeiden, wenn man Forschungsergebnisse so präsentiert, dass nicht gleich der berühmte Fachguru widerlegt ist. Zudem würde man das System noch verstärken, das man eigentlich überwinden will. Sachlichkeit ist daher der richtige Weg, der zugleich von Konkurrenzgehabe befreit und die eigene Person stärkt. Das Klüger-Sein-Wollen ist deutlich anstrengender.

Zur Besserwisserei zählt ferner, dass man die Schriften seines betreuenden Professors nicht für wichtig hält und nicht zitiert. Es gibt kaum eine Stelle, an der die Professorenseele so verletzlich ist wie bei der Zitation. Nicht ohne Grund gibt es internationale Zitationsindizes. Dort wird deutlich, dass es regelrechte Zitierkartelle nach dem Motto gibt: „Ich zitiere dich und du zitierst mich." Wenn eine junge Nachwuchswissenschaftlerin dieses unfeine Geschäft nicht mitmachen will, wird sie nicht auf Gegenliebe stoßen. Wissenschaftler sehen sich bei einschlägigen Schriften zuerst die alphabetisch sortierte Literaturliste an und prüfen, ob sie oft genug zitiert worden sind. Wer diese Eitelkeit ignoriert, hat es schwerer, langfristig in der akademischen Welt Fuß zu fassen. Und selbstverständlich lohnt es sich, sich inhaltlich mit diesen Schriften auseinanderzusetzen, um eigene Bewertungsmaßstäbe zu entwickeln und die eigenen Erkenntnisse besser begründen zu können.

Deshalb empfiehlt es sich nicht nur aus taktischen Gründen, die einschlägigen Bücher der jeweiligen Prüfenden von sich aus zu zitieren. Dabei sollte ein Nachwuchswissenschaftler nicht darauf warten, dass der Doktorvater ihm seine Schriften empfiehlt. Entweder sind sie zu bescheiden oder wollen die eigene Eitelkeit nicht zugeben. Dass sie erwarten, dass die eigenen Schriften zitiert werden, ist allerdings sicher.

14.3 ... mit der Nachbaruniversität paktieren! Der Feind steht immer links oder rechts.

Immer mehr geraten Hochschulen in Wettbewerb untereinander. Nicht selten werden von anderen Universitäten überdeutliche Feindbilder gezeichnet. So wird die eine wissenschaftstheoretische Denkrichtung in Fach X an Universität A vertreten, die gegensätzliche Denkrichtung in Fach X aber an Universität B. Wenn man sich an Universität B befindet, jedoch eigentlich die Ansätze der Fachkollegen von Universität A sinnvoller findet, sollte man sich davor in Acht nehmen, solche Gedanken zu äußern. Universitäre fachliche Gruppierungen sind Kampfverbände und dulden das Paktieren mit dem Gegenlager nicht.

Oft ist eine solche Gegnerschaft aus den universitären Gründungszeiten abzuleiten, etwa wenn in kurzen zeitlichen Abständen an zwei Hochschulen Fakultäten zum selben Fach errichtet wurden. Über Jahrzehnte andauernd wird die Konkurrenz gehegt und gepflegt. Eine Fakultät hält beispielsweise abstrakte Zahlentheorie in der Mathematik für das Nonplusultra, die andere angewandte Mathematik. Dieser Streit kann ewig dauern. Jede Partei erwartet, dass die jungen Nachwuchskräfte sich tapfer in die eigenen Reihen einordnen und keine Sympathie für das gegnerische Lager zeigen.

Daher lohnt es sich, bei Eintritt in eine universitäre Institution genau hinzuhören, was von den Ortsmatadoren über andere gesagt wird. Selbst wenn man den Ansatz der gegnerischen Universität plausibel findet, sollte man dies nicht allzu lautstark zu Markte tragen, solange man an der anderen Universität beschäftigt ist.

Wer mit wem verbandelt ist und wer wen ablehnt, lässt sich ebenfalls sehr leicht an den Literaturlisten ablesen. Die eigene Denkrichtung wird häufig zitiert, die Gegenrichtung selten oder gar nicht. Wenn Sie ohnehin nicht aus beiläufigen Gesprächen mit Kollegen despektierliche Kommentare entnommen haben, können Sie einen einfachen Test anhand von Literaturlisten machen, wer Freund und wer Feind ist. Nehmen Sie dazu eine Schrift eines einflussreichen Kollegen Ihres Instituts und schauen Sie sich das Literaturverzeichnis an! Manchmal reicht bereits die zitierte Literatur bei der Einleitung und den Schlussfolgerungen für eine Einschätzung aus.

Dann recherchieren Sie in seriösen Datenbanken zum Inhaltsschwerpunkt dieses Artikels, welche Wissenschaftler noch dazu gearbeitet haben! Wenn jemand mehrere Publikationen zur gesuchten Thematik aufzuweisen hat, aber im fraglichen Aufsatz nicht zitiert worden ist, dann können Sie für sich den begründeten Verdacht hegen, dass die Person ausgegrenzt wird. Allerdings: Trägt der Autor einen weiblichen Vornamen, relativiert sich der Verdacht. Denn Frauen werden generell weniger zitiert und dadurch mehr ausgegrenzt, das muss kein Indikator für besondere Aversion sein. Handelt es sich um einen Mann, dann lohnt es sich näher zu recherchieren, an welcher Hochschule er lehrt und was sonst noch über ihn herauszufinden ist.

Sie werden feststellen, dass der universitäre Herkunftsort des nicht geachteten Wissenschaftlers durchaus – grob betrachtet – ein ähnliches Profil aufweist wie Ihr eigenes Institut. Wenn Sie nach all diesen Informationen den Eindruck gewonnen haben, dass der nicht zitierte Autor zu Unrecht nicht erwähnt wurde und fachlich eigentlich etwas zu sagen hat, sollten Sie einen Artikel von ihm lesen und genau darauf achten, welchen wissenschaftstheoretischen, methodischen oder philosophischen Zugang er zur Thematik hat. Dann können Sie für sich eine Skizze des an Ihrem Institut vorherrschenden Feindbildes anfertigen und sich bemühen, diesen Ansatz zwar gedanklich zu verarbeiten, aber nicht allzu offensiv vor sich herzutragen. Denn aller Voraussicht nach ist dieser Wissenschaftler eine Persona non grata an Ihrem Ort.

Es lohnt sich nicht, diese Person etwa für Gastvorträge vorzuschlagen. Der Vorschlag würde ohnehin nicht angenommen und Sie selbst erleiden einen massiven Imageschaden. Ihnen schlägt Misstrauen entgegen. Als „schwarzes Schaf" können auch interne Personen gelten. Manchmal reicht die Geschichte der negativen Etikettierung schon viele Jahre zurück. Wichtige Größen Ihrer Fakultät hatten damals politischen, fachlichen oder schlicht persönlichen Clinch mit dieser Person.

Fest steht: Wenn Sie diese Persona non grata befürworten, verlieren Sie selbst möglicherweise Fürsprecher. Denn Sie haben ein „schwarzes Schaf" beachtet und damit ungeschriebene Gesetze missachtet. Von daher lohnt es sich, bei informellen Gesprächen genau hinzuhören, wer was über wen sagt, um nicht zu schnell in ein Fettnäpfchen zu treten, das Ihnen auf Dauer schaden könnte.

14.4 ... Nestbeschmutzung betreiben! Universitäten wollen nicht befleckt werden.

Kritik und Kritikfähigkeit zählen in Sonntagsreden zu den besonderen Tugenden einer Universität. Allerdings ist damit nur gemeint, dass andere oder anderes kritisiert werden, nie das eigene Institut oder die eigene Universität. Wenn man dennoch die eigene Einrichtung kritisiert, wird das nicht goutiert. Noch schlimmer wäre es, die eigene Institution in der Öffentlichkeit oder gar vor der Presse in schlechtes Licht zu rücken. Das ist unverzeihlich. Es gehört sich nicht, die eigene Universität nicht im Glorienschein akademischer Würde erleuchten zu lassen. Sie negativ zu beschreiben, hieße, sich selbst außerhalb des eigenen Clans zu manövrieren – mit Folgen, denn die nächsten Karrierebarrieren würden sich bald vor der eigenen Laufbahn auftürmen.

Hierzu ein Beispiel: Ein junger Wissenschaftler aus der Biologiefakultät einer Universität war enttäuscht, dass in der Botanik die Stellen immer mehr ausgedünnt wurden und dass nur von den Leistungen der Biochemie in der Presse berichtet wurde. In einem Profilplan wurde selbst die Stelle seines Professors, der in zwei Jahren in den Ruhestand gehen würde, der Biochemie zugeschlagen. Dabei hatte er sich vor etlichen Jahren für genau diese Universität entschieden, weil er von ihrem exzellenten Ruf in der Botanik beeindruckt war. Der Leiter seiner Arbeitsgruppe hatte hervorragende Fachartikel über seine Forschung veröffentlicht und galt als Koryphäe. Obgleich selbst nur wissenschaftlicher Mitarbeiter, drückte er sein Bedauern darüber aus, dass die Botanik nun nur noch ein Schattendasein führen sollte.

Bei einem Pressegespräch zur Vorstellung von Forschungsergebnissen zur Pflanzenmorphologie von einer Journalistin auf die Zukunft des Studiengangs angesprochen, antwortete er frank und frei: „Ich sehe, dass es bald keine herausragende Forschung auf unserem Gebiet mehr gibt. Unsere Fakultät will durch Stellenumwidmung die Botanik erwürgen.“ Am nächsten Tag stand in der Lokalzeitung: „Fakultät erwürgt Botanik.“ Der Skandal war da. Der Professor, der vergebens in den Gremien den Ruf seiner Einrichtung zu retten versuchte, teilte zwar die Einschätzung seines Mitarbeiters, gab dies aber in der Öffentlichkeit nicht zu. Er wollte sich nicht aus der Deckung wagen und hoffte, dass dadurch am Ende doch noch eine positive Entscheidung für die Botanik möglich sei. Das Dekanat bewegte ihn sogar zu einer distanzierenden

Stellungnahme. Er wusste, dass es mit Sanktionen zu rechnen habe, wenn er diesem Rat nicht folgen würde – bis hin zu Sanktionen bei der nächsten Mittelvergabe. Nun stand sein Mitarbeiter allein auf weiter Flur. Er wurde als Nestbeschmutzer angesehen. Selbst bei der Mittelbauversammlung der Fakultät merkte er, dass niemand direkt neben ihm sitzen wollte. Der Stuhl an seiner Seite blieb leer.

Nestbeschmutzung wird immer negativ sanktioniert. Ob sie der Wahrheit entspricht oder nicht, ist unerheblich. Der gute Ruf einer universitären Einrichtung steht an erster Stelle und muss verteidigt werden. Dagegen Stellung zu nehmen ist ein unglaublich großes Sakrileg – auch wenn intern oft ein Hauen und Stechen um Stellen und Ressourcen an der Tagesordnung ist. Vielleicht gilt das Tabu der Nestbeschmutzung gerade kompensatorisch wegen der vielen Intrigen, um damit die Hoffnung auf Sachlichkeit nicht ganz aufzugeben.

14.5 ... Plagiate veröffentlichen! Die Grundregeln von Wissenschaft müssen bleiben.

Das einzige Merkmal wissenschaftlichen Arbeitens, das selbst in der breiten Öffentlichkeit bekannt ist, ist das Verbot des Plagiats. „Abschreiben" ist schon Schulkindern untersagt. Gefragt ist grundsätzlich eine individuelle Leistung, nicht – wie in einer mittelalterlichen Klosterschule – das schön säuberliche Abschreiben der Schriften der Kirchenväter.

Doch wie so oft klaffen auch beim Thema Plagiat Norm und Verhalten auseinander. Dies zeigte sich insbesondere anlässlich der sogar öffentlich diskutierten Verfahren zur Aberkennung der Doktorwürde etwa von Karl-Theodor zu Guttenberg, Sylvana Koch-Mehrin oder Jorgo Chatzimarkakis: Sie alle hatten versucht, mit möglichst wenig persönlichem Arbeitsaufwand den Doktorgrad zu erwerben und sich anschließend mit akademischen Titeln geschmückt. Die Unkultur des Plagiierens geht bis hin zu neueren Fällen, die nicht mehr so starkes öffentliches Interesse hervorrufen. Immer leugnen die Betroffenen zu Beginn. Erst nach öffentlich dargelegten Beweisen oder sogar nur nach formal gültigen Aberkennungsverfahren durch die Universitäten geben sie klein bei.

Zwar gab es schon immer geschriebene und ungeschriebene Regeln wissenschaftlichen Arbeitens. Darin wurde stets deutlich gemacht, dass es zu den sakrosankten Handlungen im Wissenschaftsbereich gehört, fremdes geistiges Eigentum als eigenes auszugeben. Darin unterscheidet sich die Wissenschaft seit der Aufklärung von der des Mittelalters. Seither ist es Norm, die eigene Leistung von der anderer zu unterscheiden und in Schriften kenntlich zu machen.

In der Ära des Internet kann jeder jederzeit auf eine schier unendliche Vielzahl an Informationen zugreifen, sie leicht kopieren und in eigene Texte einfügen. Das ist möglich, aber deshalb noch lange nicht rechtens. Nach wie vor gilt es, die geschriebenen und mündlich überlieferten Standards wissenschaftlicher Redlichkeit einzuhalten. Wer dem zuwider handelt, entzieht dem Wissenschaftsbereich letztlich die Existenzberechtigung. Plagiate sind gefährlicher als bloßes Mogeln in der Schule, denn sie untergraben das Können anderer Menschen.

In der Praxis sind verschiedene Formen des Plagiats möglich. Die bekannteste Form ist das Kopieren ganzer Textpassagen aus online-Veröffentlichungen ohne Nennung der Quelle. Das suggeriert eine eigene geistige Leistung. Ich nenne diesen geistigen Diebstahl „Flächenplagiat“. Ähnlich verhält es sich mit dem „Zitatenklau“. Hier wird es (bewusst) versäumt, ganze Sätze oder kurze Abschnitte als Zitat zu kennzeichnen und mit Quellenangabe zu versehen. Daneben finden wir noch den „Gedankenklau“ als Plagiatsform. Dabei werden Theorien oder Deutungen anderer mit leicht veränderten Worten übernommen, selbstverständlich ohne Hinweis, dass diese Theorie nicht von einem selbst stammt, sondern schon vorher von anderen entwickelt und publiziert wurde. Der „Datenklau“ bezieht sich darauf, dass Messergebnisse anderer oder Erfindungen anderer als eigene ausgegeben werden.

Der Datenklau funktioniert vor allem hierarchisch. Ein Beispiel: Eine Doktorandin entdeckt in mühevoller Forschungsarbeit ein Kleinlebewesen im Boden. Ihr Doktorvater liest die Arbeit vor der Veröffentlichung und gibt vor, der Doktorandin damit behilflich zu sein. Bei Abgabe der Arbeit stellt diese aber fest, dass ihre Entdeckung bereits als offizielles Patent eingetragen worden ist – vom Doktorvater.

Besonders häufig bedient sich der Datenklauer bei weniger bekannten Publikationen. Noch schwerer zu identifizieren sind einfach nur übersetzte Texte aus anderen Ländern, vorwiegend nicht englischsprachigen. Solche Publikationen sind weniger bekannt und sind durch Suchmaschinen nur schwer zu finden. Die einzelnen Wörter lassen sich durch die Übersetzung nicht mehr mit den ursprünglichen Textmerkmalen vergleichen. Diese Form des „Übersetzungsklaus“ ist ausgesprochen perfide und schwer aufzudecken.

Dass Studierende plagiieren, ist angesichts hoher subjektiver Belastung durch Prüfungsstress durchaus nachvollziehbar. Aber es ist niemals legitim, denn sie wollen sich der lästigen Pflichten zum Verfassen von Hausarbeiten schnell erledigen – jedenfalls wenn sie inhaltlich über keine ausgeprägte Motivation verfügen. Zugleich treten sie aber den Ehrenkodex der Wissenschaftlichkeit mit Füßen, da sie nur an ihr eigenes Bestehen der Prüfungen denken. Und sie zerstören den Wert ihrer eigenen Arbeit. Dies ist bei jenen umso verwerflicher, die sich selbst auf den Weg in die Wissenschaftswelt gemacht haben.

Die letztlich einzige Prävention gegen das Plagiieren ist es, das Studium so interessant zu gestalten, dass alle Studierenden mit ehrlicher Forschungsmotivation an die Sache gehen und selbst etwas herausfinden wollen. Doch die Realität sieht anders aus. Langweilige Vorlesungen werden gar nicht besucht, es findet eine Stoffüberfüllung bei den zu erreichenden Kreditpunkten statt. Studierende lesen bzw. kopieren Online-Scripts auf den zur Vorlesung gehörenden Plattformen. So lässt sich keine inhaltliche Motivation über die Vorlesung wecken. Im Gegenteil: Die Supplemente der Vorlesungen im Netz verleiten dazu, primär dieses als Wissensquelle zu benutzen.

Tatsächlich verfallen Studierende leicht der Versuchung, im Internet gefundenes Textmaterial zu kopieren und in die eigene Arbeit einzufügen. Mittlerweile gibt es allerdings gute Möglichkeiten, solche Passagen mittels einer Software oder der Suchwortrecherche zu identifizieren. Doch diese Verfahren versagen, wenn Studierende ein professionelles Schreibbüro beauftragen und sich von Ghostwritern ihre Masterarbeit verfassen oder verbessern lassen. Oft besteht nicht einmal ein Unrechtsbewusstsein, weil geglaubt wird, durch die Honorarzahlung eine Eigenleistung erbracht zu haben. Als ich einmal bei einer Masterstudentin eine besonders hohle Schreibweise à la „Die Wissenschaft hat festgestellt, dass..." monierte, erwiderte sie: „Das finde ich ja ärgerlich, jetzt dafür noch Kritik zu erhalten, denn für diese Formulierung habe ich viel Geld gezahlt. Das kommt von dem Büro aus Berlin, das meine Masterarbeit verbessern sollte." Ich war völlig perplex über so viel Naivität ...

Um es klarzustellen: Studierende lernen im Laufe des Studiums durchaus, dass Hilfestellungen wie die beschriebenen bei der eigenen wissenschaftlichen Arbeit nicht legitim sind. Sie unterschreiben schließlich eine Erklärung, die Arbeit allein verfasst und nur die genannten Hilfsmittel verwendet zu haben. Und sie wissen in der Regel sogar, dass sauber aufgeführte Zitate den Wert der eigenen Arbeit erhöhen. Da die elektronischen Techniken zum Aufspüren von Plagiaten noch zuverlässiger werden, ist es ausgesprochen dumm zu plagiieren. Schon in absehbarer Zukunft werden nämlich nicht nur die Arbeiten von Politikern und anderen Prominenten überprüft, sondern systematisch alle.

14.6 ... auf später hoffen und Datenberge anhäufen!

Viele, die sich noch an der untersten Stufe der universitären Karriereleiter befinden und zeitaufwändige Stellen im akademischen Mittelbau ausfüllen, glauben, dass der nächste Vertrag besser sein wird und sammeln erst mal Daten, Daten und noch mal Daten. Sie denken, dass bald die Zeit kommen wird, in der sie diese in Ruhe für eine Doktorarbeit auswerten können. Doch diese Zeit wird selten erreicht werden. Denn immer wieder gibt es neue Anschlussverträge mit noch mehr Dienstaufgaben als bei der vorigen Vereinbarung. Und so vergehen Jahre, ohne dass man mit dem eigenen Forschungsvorhaben weiter kommt. Es ist eine trügerische Vorstellung, dass es später besser wird und mehr Zeit für die eigene Dissertation zur Verfügung steht.

Die einzige sinnvolle Möglichkeit des Weiterkommens besteht darin, wirklich sofort nach der Erhebung der Daten mit der Auswertung zu beginnen und erste Textbausteine zu formulieren. Einmal aufgetürmte Datenberge bereiten Angst und untergraben die Motivation. Deshalb sollte stets versucht werden, bereits während des aktuellen Vertrags an der akademischen Arbeit zu schreiben. Später geht ohnehin die Erinnerung an Details der Datenerhebung und an die eigenen Hintergrundüberlegungen verloren.

Die weiterführende Arbeit muss nicht in Form eines ausformulierten Textes erfolgen. Es reichen Gedankenbruchstücke und Textmarkierungen mit der *-Methode, die ich in Tipp 11 bei den Insidertipps konkreter beschrieben habe.

14.7 ... die Karriere allein versuchen! Netzwerke sind stärker.

Grundsätzlich kommt es zwar auf individuelle Leistungen an, doch diese werden nur wahrgenommen, wenn man mächtige Stützpfeiler hinter sich weiß. Wer glaubt, die akademische Karriere ohne Netzwerke und stärkere Personen schaffen zu können, wird scheitern. Wer einen Doktorvater als Karrierecoach hat, kann sich dagegen zuversichtlich auf die wissenschaftliche Zukunft freuen. Ein Fördernetzwerk ist unverzichtbar, weil sich bei der wissenschaftlichen Karriere viele Sollbruchstellen finden. Deshalb ist es unerlässlich, mehrere Förderer zu Beginn der eigenen Laufbahn zu gewinnen. Speziell für Frauen ist das oft nicht einfach, denn in der Regel werden Männer aus dem wissenschaftlichen Nachwuchs durch väterliche Figuren gefördert, aber nicht Frauen (Wagner 1992, S. 61). Sie sind noch stärker darauf angewiesen, einander gegenseitig zu unterstützen. Ich selbst habe die Wirkung der Kontaktpflege bereits in den 1980er Jahren in einem nordrhein-westfälischen Netzwerk junger Wissenschaftlerinnen erfahren.

Heute gibt es eine Vielzahl an Netzwerken von Nachwuchswissenschaftlern und Nachwuchswissenschaftlerinnen, die sich gegenseitig unterstützen und bestärken oder als kritische Freunde[50] fungieren. Allein und ohne soziale Bezüge sowie ein Fördernetzwerk ist das Karrierestreben dagegen Sisyphosarbeit. Allerdings kann man sich nicht ausschließlich auf die Gruppenarbeit in Netzwerken verlassen. Die inhaltliche Fundierung durch einsame Gedankenarbeit bei der eigenen Forschung ist zwingend erforderlich. Insbesondere in interdisziplinären Graduiertenschulen kann ein weniger konkurrentes Klima der wechselseitigen Unterstützung bei der jeweiligen Karriere entstehen. Das ist vor allem der Fall, wenn die Mitglieder sich später in anderen Fachgebieten bewerben werden, also nicht in Konkurrenz zueinander stehen.

Hierzu habe ich beste Erfahrungen in interdisziplinären Promotionsprogrammen gemacht. Die Doktorandinnen und Doktoranden teilen hier eine gemeinsame Grundidee. Sie treffen sich oft zu gemeinsamen Lehrveranstaltungen, Vorträgen und Workshops und tauschen sich über den Stand ihrer Arbeiten aus. Gleichzeitig wissen sie, dass sie auf dem Wissenschaftsmarkt nie zueinander in Konkurrenz treten werden. Jeder und jede hat ein anderes Schwerpunktfach und wird sich nur in diesem bewerben können. Das Gemeinsame ist eine Forschungsidee und Fragerichtung. So können diese Doktoranden und Doktorandinnen einander wirklich helfen und sich gegenseitig unterstützen. Alle sind auf den Erfolg des gemeinsamen Programms angewiesen, so dass die Stipendien gegebenenfalls verlängert werden. Gleichzeitig muss niemand mit Misstrauen die anderen betrachten, da es keine Konkurrenzsituation gibt. Herkunftsfach und inhaltliche Schwerpunktsetzung sind zu unterschiedlich.

Und auch auf Seiten der betreuenden Hochschullehrenden herrscht Solidarität, denn alle sind daran interessiert, dass möglichst viele Doktorandinnen und Doktoranden der anderen Fächer erfolgreich sind. So bekommt das Programm die Chance auf eine weitere Bewilligung. Eine Win-win-Situation für alle Beteiligten.

Solche Programme sind ein Privileg. Aber man kann versuchen, diese Struktur am eigenen Ort herzustellen, ohne über eine kostenintensive Graduiertenschule zu verfügen. Der interdisziplinäre Forschungsaustausch von Doktorandinnen und Doktoranden lässt sich jederzeit or-

50 Vgl. Abschnitt 9.11.

ganisieren, besonders im Zeitalter von E-Mails und anderen komfortablen Kommunikationsmedien. Informelle Hilfsstrukturen sind wirksamer als abstrakte formelle Rechtsnormen der Bildungsgerechtigkeit.

An der Geschichte von Frauen an Universitäten lässt sich sehr gut nachvollziehen, dass eine allgemeine Rechtslage nicht unbedingt zu Erfolgen führt. Frauen waren ursprünglich von allen akademischen Würden ausgeschlossen. Doch die Frauenbewegung des 19. Jahrhunderts kämpfte erfolgreich für bessere Bildungschancen. So wurden im Laufe des frühen 20. Jahrhunderts Frauen nicht mehr von Promotionen und Habilitationen ausgeschlossen. Faktisch gab es aber nur eine deutsche Hochschule, an der es mehreren Frauen gelungen ist, sich zur Zeit der Weimarer Republik zu habilitieren (Marggraf o.J.), nämlich die spätere Humboldt Universität. Die Autorin vermutet, dass neben der Rechtslage, die seit 1920 weibliche Habilitationen zuließ, an dieser Universität besondere Netzwerke dazu beitrugen, dass es faktisch etliche Habilitationen gab: „Die hohe Anzahl der Habilitationen spricht dafür, dass sich hier hinreichend Mentoren fanden, die bereit waren, Frauen zur Habilitation zu bringen“ (Marggraf o.J., S. 34).

Dieses Unterstützernetzwerk muss auch heute noch aufgebaut werden. Ohne derartige Verbindungen ist es sehr schwer, in der akademischen Welt voran zu schreiten. Es gibt zwar mittlerweile ein professionell arbeitendes, interdisziplinäres Netzwerk[51] für den wissenschaftlichen Nachwuchs, in dem gegen Bezahlung die Teilnahme an Workshops, Netzwerktreffen und Forschungscoachings möglich ist. Nach eigenen Angaben verfügt es über 600 eingeschriebene Promovierende. Allerdings bleibt der Bezug zum eigenen Fachgebiet eher gering, so dass die Notwendigkeit, selbst ein fachliches und fachübergreifendes Netzwerk zu gründen, bestehen bleibt.

14.8 ... Dankbarkeit erwarten! Wir sind nicht im Feudalsystem.

Die Universität ist ein konkurrentes System. Es soll ständig höher hinausgehen. Immer größer sollen die Summen der eingeworbenen Drittmittel sein, andauernd steigt das Anspruchslevel in den internationalen Publikationsorganen. Und die Selbstbespiegelung durch Zitation, Beachtung und Anerkennung nimmt gleichzeitig zu. Dieses ständige Streben nach Mehr birgt gerade für Neulinge die Gefahr, im universitären Sumpf zu versinken. Sie sind schließlich noch keine trai-

---

51 http://www.thesis.de. Abruf 1.7.2015.

nierten Kletterkünstler. Sie müssen erst die Aufwärtsbewegung üben und sich von der in der menschlichen Entwicklung üblichen Fortbewegung des aufrechten Gangs über dem Boden nach vorn abnabeln.

Dabei wird es immer schwerer, eine längere Zeit über Publikationen wahrgenommen zu werden. Della Briotta Paroli und andere (2015) haben festgestellt, dass international in ausgewählten Naturwissenschaften die Zahl der publizierten Artikel enorm wächst, aber die darin veröffentlichten Ergebnisse immer geringere Lebensdauer haben. Sie werden stets weniger zitiert. Denn nur kurz nach der Veröffentlichung besteht noch eine gewisse Wahrscheinlichkeit zitiert zu werden, danach gehen sie meist im Nirwana des wissenschaftlichen Schriftentums verloren. Das heißt für Nachwuchswissenschaftlerinnen und Nachwuchswissenschaftler, dass die vielen Mühen auf dem Wissenschaftsmarkt immer weniger honoriert werden.

Eine bittere Wahrheit, denn ein Artikel für eine anerkannte wissenschaftliche Zeitschrift kostet enorm viel Lebenszeit. Dankbarkeit oder Gerechtigkeit spielen dabei keine Rolle. In der Wissenschaftswelt Academias muss man in Gedanken Abschied nehmen von den sozialen Beziehungen wie sie in der Familie und unter Freunden üblich sind. Rücksichtnahme und Hilfsbereitschaft sind weit weniger gefragt. Die Universität ist kein Sozialclub, in dem jede Wohltat, die andere erfahren, zurückgegeben wird. Alles, was Sie jemals Hilfreiches und Unterstützendes für andere gemacht haben, wird selten oder nie honoriert. Sie sollten es nur tun, weil es sinnvoll ist, oder weil Sie die Sache so wertschätzen oder wichtig finden, dass Sie sie gern unterstützen. Grundregel: Niemals auf Dankbarkeit und gegenseitige Hilfe hoffen. Dazu sind Sie am falschen Ort. Sie können froh sein, wenn diejenigen, denen Sie uneigennützig geholfen haben, nicht zurückbeißen. Dankbarkeit ist ein Fremdwort in einer durch und durch auf Konkurrenz, Elite und Exzellenz gepolten Einrichtung. In einer Universität geht es darum, besser zu sein als andere.

Elite ist das Zauberwort. Soziale Verbundenheit und Eigenschaften wie Dankbarkeit haben keinen Tauschwert in einer auf hierarchische Karrieren ausgerichteten Institution. Sie sind Relikte des feudalen Lehenssystems. Zu dessen Zeit bekam man vom Fürsten Land geliehen und zeigte sich mehr oder weniger freiwillig dankbar, indem man den zehnten Teil der Ernte zurückgab und den Landherrn verehrte. Auch unser moralisches Denken ist tief von dieser Epoche beeinflusst. Schon im römischen Kulturraum hieß es „do ut des" („Ich gebe, damit du gibst"). Derartige Beziehungsverbindlichkeiten haben keinen Platz im intriganten Schlangensystem. Hier ist jeder sich selbst der Nächste. Christliche Nächstenliebe gehört nicht zum universitären

Wertekanon. Deshalb ist auch jede Erwartung an andere fehl am Platze.

Besonders die Nachfolger berühmter Professoren erweisen sich in der Regel als wenig dankbare Geister. Sie suhlen sich in der Aura ihres Vorgängers und betonen, dass sie auf seinem Lehrstuhl sitzen. Meist wurde dies bereits in der Stellenausschreibung hervorgehoben. Aber wenn die Nachfolger nach langen Entscheidungsprozessen tatsächlich auf den „Lehrstuhl von Prof. X." berufen werden, vergessen sie schnell. Sie beißen um sich, statt Dankbarkeit zu zeigen, so einen bekannten Fachvertreter zu beerben. Ich habe bei mehreren von mir hoch verehrten Professoren von Rang beobachtet, dass sie manchmal schon vor dem formellen Abtritt durch ihre Nachfolge gedemütigt wurden. Ihr wissenschaftliches Erbe wurde selten mit Dankbarkeit angenommen. Die Vatermörder[52] handeln ohne Erbarmen.

Aber auch beim wissenschaftlichen Nachwuchs kann Dankbarkeit nicht erwartet werden. Nur das eigene Handeln sollte Maßstab sein. Alle Hoffnungen auf Dankbarkeit der anderen werden in der Regel nicht erfüllt. Denn das Nächstenliebesystem hat hier weniger Strahlkraft als das Konkurrenzsystem. Und im Zweifel werden die anderen immer eher vom Konkurrenzvirus befallen als von der Wärme der Dankbarkeit.

14.9 ... an Freundschaft glauben! Judasküsse können töten.

Eine Universität ist eine formelle Institution und kein privates Gebilde. Selbst wenn Menschen darin miteinander interagieren und freundschaftliche Beziehungen aufbauen, bestimmt Konkurrenz das Bild. Dabei können immer wieder private Bindungen auseinander brechen, häufig unter äußerst unschönen Begleitumständen. Äußerlich wird mit freundlichem Lächeln weiter geduzt und bei Begrüßungen umarmt, aber innerlich haben sich die Interessen der Beteiligten konträr entwickelt. Oft geht es um Stellen, Stellenverlängerungen oder Aufstockungen in Forschungsprojekten.

Der Konkurrenzdruck führt oft dazu, dass die Freundschaft an Wert verliert. Die eigenen Interessen werden massiv verfolgt. Äußerlich wird das gedeihliche Miteinander keineswegs aufgekündigt, sondern in Ritualen weiter praktiziert. Gerade dies ist es, was emotional

52 Nähere Ausführungen zu dieser Spezies sind im 5. Kapitel unter Flora und Fauna zu finden.

besonders verletzend wirkt. Es entstehen leere Gesten der Verbundenheit, die mit der Wirklichkeit der bisherigen Interaktionen nur noch äußerlich übereinstimmen.

Wer diese Judasküsse vermeiden will, sollte versuchen, mit Kolleginnen und Kollegen aus anderen Fakultäten private Bündnisse zu schließen. Aus verschiedenen fachlichen Domains kann nicht so schnell Konkurrenz erwachsen, sondern allenfalls Neid über die Aufstiegsschritte der anderen Person. Noch klüger ist es, sich persönlich mit Menschen anzufreunden, die gar nichts mit dem Wissenschaftsbetrieb zu tun haben und ein kritisches Korrektiv sein können, wenn man sich selbst gedanklich verirrt. Derartige kritische Freunde[53] können schon allein durch Nachfragen deutlich machen, wie viel Irrationalität in manchen Systemprozessen des Wissenschaftsbetriebs verborgen ist. Das stärkt die realistische Sicht der Dinge.

Innerhalb der wissenschaftlichen Gemeinschaft ist Freundschaft eine sehr fragile Beziehung. Sie kann sich bis zur Heuchelei und zu frostigem Lächeln pervertieren. Dies irritiert und bewirkt in den meisten Fällen Unsicherheit. Aus der Psychiatrie ist bekannt, dass solche double-bind-Beziehungen in der frühen Kindheit schwere psychische Schädigungen nach sich ziehen können. Aber selbst Erwachsene können unter unwahren emotionalen Beziehungen leiden. Zur eigenen Stabilisierung sollte niemand an universitäre Freundschaften glauben, denn das sind meist nur temporäre Zweckbündnisse. Viel wichtiger ist es, selbst immer zu hinterfragen, was die andere Person tatsächlich macht. Das Handeln zeigt viel klarer, wie viel von Kolleginnen und Kollegen zu erwarten ist. Umarmungen und Küsse haben oft den Beigeschmack vom Judasverrat, bei dem der Pakt mit der hierarchisch höher stehenden politischen Macht wichtiger war als die jahrelange und durch viele gemeinsame Erfahrungen geprägte Freundschaft zu Jesus.

Je weniger Sie von ihren Kolleginnen und Kollegen erwarten, umso produktiver können Sie mit ihnen zusammenarbeiten. Wenn Sie persönliche Emotionen aus der institutionellen Ebene ausklammern, können Sie nicht enttäuscht werden. Das Wichtigste ist, gegenüber Kolleginnen und Kollegen keine privaten Schwächen zu gestehen. Sonst müssten Sie später befürchten, dass Ihr Gegenüber die ihr oder ihm anvertrauten Geheimnisse gegen Sie verwendet.

Die Universität ist keine persönliche Auffanggesellschaft, sondern allenfalls eine Einrichtung, in der man kooperativ zusammen forschen und lehren kann. Wer mehr auf der emotionalen Seite erleben will,

53 Vgl. Abschnitt 9.11 zu kritischen Freunden.

sollte sich diese Beziehungswünsche im privaten Bereich suchen und lieber weniger Überstunden in der Universität aushalten.

14.10 ... Mobbing zulassen! Niemals Opfer werden!

Universitäten sind keine heiligen Räume, sondern Institutionen wie jede andere – inklusive des menschlichen Miteinanders. Aber Vorsicht: Meist handelt es sich eher um ein Gegeneinander, bei dem Macken und Besonderheiten der verschiedenen Beteiligten zum Tragen kommen. So finden sich auch in Universitäten genau jene gruppendynamischen Quälereien, die aus anderen gesellschaftlichen Bereichen bekannt sind. Eine besondere Form der Herabwürdigung anderer Menschen ist das Mobbing. Meist ist die Richtung von oben nach unten. In der Hierarchie weniger hoch angesiedelte Personen werden von ihren Vorgesetzten oder im Fall von Kindern in der Schule von den etwas älteren abgewertet. Hinter vorgehaltener Hand gibt es Verächtliches oder Herabwürdigendes über das Mobbingopfer zu hören – vergleichbar anonymen Postings im Internet. Ziel aller Mobbingaktivitäten ist es, einen Menschen in seiner Würde und Kompetenz herabzusetzen und dies über ein Netzwerk mehrerer Menschen zu verstärken.

Wer sich Mobbing gefallen lässt, rutscht schnell noch stärker ab und verliert den Halt. Mobbing findet man in Universitäten nicht nur von oben, sondern auch von der Seite und von unten. Es zeigt sich in unterschiedlichen Ausprägungen. Da wird gegen eine Kollegin immer wieder in ihrer Abwesenheit gelästert, ohne dass sie sich wehren kann. Da werden Halbwahrheiten zur Herabwürdigung des Vorgesetzten geäußert, um ihn in schlechtem Licht stehen zu lassen. Und frei nach dem lateinischen Spruch „semper aliquid haeret" („Immer bleibt etwas hängen"), werden seine Autorität und Kompetenz ausgehöhlt. Mobbingopfer stehen häufig in der Hierarchie weiter unten – wie wissenschaftliche Mitarbeiterinnen und Mitarbeiter oder Doktorandinnen und Doktoranden in Forschungsprojekten.

Die beste Strategie gegen Mobbing ist, sich nicht wegzuducken, sondern das Verhalten der anderen offen anzusprechen. Wer seinen Kopf in den Sand steckt und so tut, als bemerke er die herabwürdigenden Gemeinheiten der anderen nicht, wird noch härtere und hinterhältigere Attacken hervorrufen. Die einzige Chance der Gemobbten ist, dem Tun durch klare Ansagen Einhalt zu gebieten. Dazu ist der erste Schritt, das Mobbing überhaupt als solches zu erkennen. Das ist nicht leicht, denn gleichzeitig steckt in jedem Mobbing auch die Absicht, jemanden persönlich zu kränken. Dagegen hilft nur klare Kante: bis hierher und nicht weiter!

14.11 ... dem Mainstream hinterher laufen! Eigenständigkeit zahlt sich aus.

Im Wissenschaftsbetrieb gibt es immer wieder neue Richtungen und Begriffe. Als Fachwort ist in der Wissenschaftssoziologie vom Paradigmenwechsel die Rede. Zurzeit etwa ist es Standard in den Sozialwissenschaften, quantitativ zu forschen. Mit Sicherheit können wir davon ausgehen, dass in ein paar Jahren qualitative Forschung wieder an Ansehen gewinnt.

Auch in der Medizin war lange Jahre quantitativ belegte Forschung das Nonplusultra. Dann wurde darauf verwiesen, dass gute Heilerfolge oft ohne Bezug auf empirische Studien erzielt werden. Schon war der Begriff der evidenzbasierten Medizin geboren. Begeistert griffen ihn Vertreter anderer Fachdisziplinen auf. Ob Konstruktivismus oder Kulturpessimismus, ob Positivismus oder Kritische Theorie und ob Empirie oder Evidenzbasierung – je nach Trend und Zeitspanne gewinnen bestimmte Denkmuster an Macht. Alle bemühen sich dann, dem normierenden Diktat der Scientific Community zu folgen.

Aber dieses Hinterhertrotten im Mainstream tötet eigenständiges Denken. Man wird unselbstständig und versucht nur, es den Meinungsmachern recht zu machen. Das aber ist gefährlich, denn wer weiß heute schon, ob sich die Denkmuster nicht längst wieder geändert haben, wenn die eigene wissenschaftliche Arbeit beendet ist. Viel besser liegen diejenigen, die keinem ausgetretenen Pfad folgen, sondern sich um einen eigenständigen wissenschaftlichen Weg bemühen und ihn sowohl theoretisch als auch methodisch begründen. So wird einerseits Phrasendrescherei vermieden und andererseits ein Werk geschaffen, das tatsächlich auf eigenen Gedanken beruht. Den akademischen Stichwortgebern nach dem Munde zu reden, das lohnt sich nicht.

Aber: Die wesentlichen Denk- und Methodenansätze des Mainstreams genau kennenzulernen und beurteilen zu können, schadet nicht. Gerade wer über genaue Kenntnis des vorherrschenden Gedankenguts verfügt, kann verständlicher eigene Positionen darstellen und vermitteln. Und das ist ja ein wesentliches Ziel, das sich umso eher erreichen lässt, wenn man eine Sprache spricht, die für die anderen verständlich ist.

Diese hier vorgestellten Bloß-Nicht-Verhaltensregeln sollten sehr ernst genommen werden. Wer sich nicht daran orientiert, kann schnell Schiffbruch erleiden – auch mit einem Verhalten, das andernorts als vollkommen normal gilt.

15 Nachwort: Ethische Bedenken

In diesem Buch wurden viele Ratschläge zusammengetragen, die helfen sollen, sich in der heutigen akademischen Welt als Nachwuchswissenschaftlerin bzw. Nachwuchswissenschaftler zu orientieren und dabei den eigenen Karriereweg nicht aufzugeben. Aus moralischer Perspektive könnte man anmerken, dass damit lediglich eine Anpassung an das gegebene System propagiert wird und nicht dessen Kritik oder gar Überwindung. Dem kann entgegnet werden, dass der vorliegende Ratgeber nicht die Angleichung an Academia mit ihren Problemfeldern fördern soll, sondern im Gegenteil eine kluge Orientierung geben will, wie der akademische Nachwuchs authentisch und stark bleiben kann, um sich nicht in der Umgebung zu verlieren. Allerdings sollte man durchaus kleine Zugeständnisse ans System machen, etwa die Fachgrößen zu zitieren. Gerade um sich in einer komplizierten Institution zurechtfinden zu können, ist es nötig, diese genauer zu kennen und die Regeln darin zu beachten. Dabei kommt es darauf an, trotzdem die eigenen Ziele zu verfolgen.

Um es metaphorisch auszudrücken: Hier soll keine Anleitung dafür gegeben werden, selbst zur Schlange zu werden oder das Gift in die eigene Persönlichkeit aufzunehmen. Vielmehr zielen alle Ratschläge in diesem Buch darauf ab, sich ins Gebiet von Academia zu begeben, ohne sich dabei in die Tiefe der Schlangengrube ziehen zu lassen. Das zentrale Ziel besteht darin, nicht wie ein Kaninchen auf die Schlange zu starren und zu versteinern, sondern beweglich zu bleiben und notfalls entkommen zu können. Das Kaninchen sollte sich der Gefahr der Schlange, ihrer Hinterlist und ihres Einflusses bewusst sein, sich jedoch nicht verbiegen. Es sollte dagegen umsichtige Wege einschlagen, um nicht Opfer zu werden, sondern am Leben zu bleiben, angstfrei in der Welt zu agieren und sich nicht in seinem Tatendrang lähmen zu lassen.

Das Hauptaugenmerk liegt auf der eigenen Forschungsmotivation. So sollte es jedenfalls sein. Ein Nachwuchswissenschaftler braucht eine Forschungsfrage, die ihm wirklich wichtig ist. Dann hat er ein Ziel, das ihm Antrieb gibt und vor dem Absturz in die Schlangengrube bewahrt. Denn sobald er selbst in dem System mitmacht und nach seinen Regeln handelt, wird er ein Teil von ihm und kann ihm nicht mehr entfliehen. Er gehört jetzt dazu und kann in die Tiefe stürzen. Darum sollte man das System so gut kennen, dass man um seine Regeln weiß und sie durchschauen kann, ohne sich zuvor davon einfangen zu lassen. Schließlich gilt es doch, die Karriereschritte aufwärts zu schaffen.

Dieses Buch soll die Realität mit ihren Schattenseiten widerspiegeln und nicht beschönigen – manchmal sogar karikierend überzeichnen. Gleichzeitig zeigt es Wege auf, wie man sich vor psychologischen Erkrankungen wie Stress, Depression und Burn-out, die unter Studierenden häufiger vorkommen (Wagner 1992, S. 23), präventiv schützen kann. Insbesondere Konzentrationsprobleme, Antriebsschwäche und die Suizidrate, die bei Studierenden (Wagner 1992, S. 24) höher liegt im Vergleich zur übrigen Bevölkerung, deuten darauf hin, dass das universitäre System psychisches Leiden bei den eigentlich Privilegierten, die dort studieren dürfen, verursachen kann.

Gerade weil dieses System der Anonymität und des Massenbetriebs (Wagner 1992, S. 22) schon sehr lange existiert und seelische Schäden bewirken kann, ist es wichtig, die Mechanismen dieses Betriebs kritisch zu hinterfragen und nach Möglichkeiten zu suchen, unbeschadet und autonom seinen Weg darin zu suchen. Dazu soll dieses Buch eine Hilfestellung geben. Es soll nicht zur Flucht vor dem universitären Konkurrenzsystem auffordern, sondern zum Bleiben und schrittweisen Verändern. Denn je mehr Menschen an Universitäten ihre Forschungsarbeit wertschätzen und sich mit den Aufgaben um der Sache willen und nicht aus Geltungsgründen auseinandersetzen, umso schneller verliert dieses System seine vergiftete Atmosphäre.

Dieser Prozess lässt sich sicherlich nicht in wenigen Jahrzehnten durchlaufen. Aber schrittweise kann es gelingen, die Wirkung des anonymen Massenbetriebs „Universität“ mit seinen streng hierarchischen Strukturen zu relativieren und sich ein wenig mehr den eigentlichen Forschungsaufgaben zu widmen – nämlich einen offenen und ehrlichen wissenschaftlichen Austausch zu fördern, sich der Lehre zu widmen und die Forschung für eine humane und soziale Welt voranzutreiben.

Wolf Wagner (2010, S. 169) hat dazu bereits eine Utopie einer kreativen Hochschule formuliert. Allerdings sind wir noch weit davon entfernt, uns ihrer Realisierung anzunähern. Umso wichtiger ist es, konkrete Ziele zu definieren, um sich dem Anpassungsdruck des heutigen Academia zu entziehen.

Literaturverzeichnis

Both, Alix (2013): Muss ich das alles lesen, Frau Professor?. München: Ullstein.

Chirico, Rosaria/Selders, Beate (Hrsg.) (2010): Bachelor statt Burnout. Göttingen: Vandenhoeck & Ruprecht.

Bremer, Claudia (o.J.): Präsentation, Moderation und hochschuldidaktische Methoden. In: http://www.bremer.cx/material/Bremer_Methoden.pdf. Abruf 21.3.2015.

Currey, Mason (2013): Daily Rituals. How Artists Work. New York: Knopf.

Della Briotta Parolo, Pietro/Pan, Raij Kumar/Gosh, Rumi et al. (2015): Attention decay in science. http://arxiv.org/pdf/1503.01881v1.pdf. Abruf 11.3. 2015.

Dietze, Lutz (1999): Mündlich ausgezeichnet. Prüfer ausrechnen. Stärker wirken. Informationen, Tipps und Übungen für ein optimales Examen. Berlin: Cornelsen.

Diez, Georg (2014): Universität in der Krise: Monster, die nur auf Selbsterhalt aus sind. In: http://www.spiegel.de/kultur/gesellschaft/universitaeten-avanessian-bemaengelt-akademische-rueckschrittlichkeit-a-1006790.html. Abruf 05.12.2014.

Dueck, Gunther (2011): Professionelle Intelligenz. Worauf es morgen ankommt. Frankfurt: Eichborn Verlag.

Faerber, Christine (2008): Wer wird berufen? In: Lack, Elisabeth/Markschies, Christoph (Hrsg.): What the hell is quality? Geisteswissenschaften und Qualitätsstandards, Frankfurt, New York: Campus, S. 153-172.

Frank, Renate (2010): Wohlbefinden fördern: Positive Therapie in der Praxis. Stuttgart: Klett Cotta Verlag.

Günther, Kerstin (2015): Wer sich zweimal bitten lässt, hat schon verloren. In: http://www.spiegel.de/karriere/berufsleben/karrierefrauen-telekom-managerin-kerstin-guenther-erzaehlt-a-1015173.html. Abruf 20.3.2015.

Gunzenhäuser, Randi/Haas, Erika (2006): Promovieren mit Plan: Ihr individueller Weg: von der Themensuche zum Doktortitel. 2. Aufl. Opladen: Barbara Budrich Verlag.

Holt, Victoria/Längsfeld, Margarete (2014): Die Schlangengrube. Kindle Edition.

Isegawa, Moses/Heller, Barbara (2002): Die Schlangengrube. Blessing Verlag.

Kaiser, Astrid (Hrsg.) (1997): Geschichten für den Sachunterricht. Essen: Verlag neue deutsche Schule.

Kunz, Armin (1986): Der Weg zum erfolgreichen Studium. Heidelberg: R.v. Decker's Verlag, G. Schenck.
Marggraf, Stefanie (o.J.): Eine Ausnahmeuniversität? Habilitationen und Karrierewege von Wissenschaftlerinnen an der Friedrich-Wilhelms-Universität vor 1945. In: texte23pkt4.pdf, S. 32-47. Abruf 29.6.2014.
Meyer, Hilbert (2004): Was ist guter Unterricht? Berlin: Cornelsen Verlag Scriptor.
Rischka, Peter (1987): Uni, ich komme! Ein Ratgeber für Erstsemester und alle, die es werden wollen. Wien – München – Zürich: Verlag Perlen – Reihe.
Schmid-Egger, Christian/Krüll, Caroline (2014): Körpersprache – Das Trainingsbuch: Überzeugend auftreten – Die unbewussten Signale deuten können. München: Verlag C.H. Beck.
Schumacher, Eva-Maria (2011): Schwierige Situationen in der Lehre. Methoden der Kommunikation und Didaktik für die Lehrpraxis. Opladen: Barbara Budrich Verlag.
Sturm, Daniel (2014): Die neue Generalin muss in die Schlangengrube. In: Die Welt vom 19.1.2014 http://www.welt.de/politik/deutschland/article123982089/Neue-SPD-Generalin-muss-in-die-Schlangengrube.html. Abruf 19.1.2015.
Tannen, Deborah (1998): Du kannst mich einfach nicht verstehen: Warum Männer und Frauen aneinander vorbeireden. München: Goldmann.
Wagner, Wolf (1992): Uni-Angst und Uni-Bluff. Wie studieren und sich nicht verlieren. 3. Aufl. Berlin: Rotbuch Verlag.
Wagner, Wolf (2010): Tatort Universität. Vom Versagen deutscher Hochschulen und ihrer Rettung. Stuttgart: Klett Cotta Verlag.
Ufert, Detlef (Hrsg.) (2015): Schlüsselkompetenzen im Hochschulstudium. Eine Orientierung für Lehrende. Opladen: Barbara Budrich Verlag.
Walzik, Sebastian (2012): Kompetenzorientiert prüfen. Leistungsbewertung an der Hochschule in Theorie und Praxis. Opladen: Barbara Budrich Verlag.
Ward, Mary Jane/Firmer, Walter (1948): Die Schlangengrube. Zürich: Artemis Verlag.
Weiner, Christine (2014): Ab durch die Decke: Erfolgsstrategien für Frauen, die nach oben wollen. München: Ariston Verlag.
Wymann, Christian (2015): Der Schreibzeitplan: Zeitmanagement für Schreibende. Opladen: UTB/Barbara Budrich Verlag.